新日本有限責任監査法人──［編］

ヘッジ会計の実務詳解Q&A

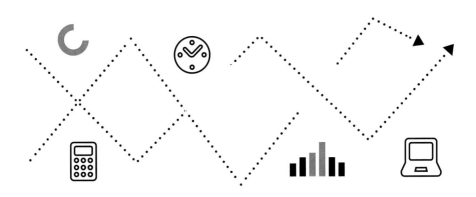

中央経済社

刊行にあたって

　企業活動は様々なリスクにさらされています。その中でもマーケット（市場）における価格変動に起因するリスクには，為替リスク，金利リスク，株価リスク，商品価格リスクなどがあります。そして，これらのリスクを回避するために，デリバティブ取引などを使って，変動を相殺する取引を「ヘッジ取引」と呼びます。本書は，このヘッジ取引を決算書に反映する「ヘッジ会計」について記述しています。

　ヘッジ会計とは，企業経営において為替や金利などの変動リスクを負っている場合に，当該取引から生じる損益と，リスク回避のために取得したデリバティブ取引などから生じた反対サイドの損益を，同じ年度の損益計算書に計上することによって，リスク軽減（回避）を決算に表そうとする会計手法です。「ヘッジ取引」「ヘッジ会計」というと，少し敷居が高いような印象も受けますが，外貨建取引（外貨建の仕入や売上，外貨建の貸付金や借入金など）について為替予約を取得して円貨額を固定する取引や，変動金利を支払う契約となっている借入金について支払金利を固定化する金利スワップを締結する取引などは，意外と多くの企業で実行されているヘッジ取引ではないでしょうか。このような取引においてヘッジの目的で用いられるデリバティブ取引（為替予約や金利スワップなど）は，原則として時価評価（時価の変動を損益計算書に計上）されますが，ヘッジ会計の要件を満たした場合には，その損益を繰り延べることになります。そして，このヘッジ会計の要件として，色々なルールが細かく決められています。

　本書では，このように意外と身近で，しかし複雑なヘッジ会計の実務上の論点を，多くのQ＆Aで分かりやすく解説しています。第1章から第3章まででヘッジ会計の基本を押さえた上で，第4章以降では，順に金利，為替，有価証券，商品，在外投資持分（為替）に係るヘッジ取引について解説しています。そして第9章以降では，連結および企業結合，複合金融商品，税効果会計とヘッジ会計の関係といった複合的な論点についても掘り下げ，さらに第12章以降では，開示，税務，そしてIFRS（国際財務報告基準）上の取扱いについて記

述しています。実務におけるポイントを中心に,ヘッジ会計に関してなるべく網羅的に,かつ,Q&A方式で分かりやすく解説していますので,知りたい論点に素早く辿り着いていただき,決算業務に役立てていただければと思います。

　最後に,本書の企画から出版までのすべての過程においてご尽力頂いた株式会社中央経済社会計編集部の末永芳奈氏に,心より御礼申し上げます。

平成29年3月

新日本有限責任監査法人
執筆者一同

目 次

第1章
ヘッジ会計の概要

- Q1-1 デリバティブ取引とは　*1*
- Q1-2 ヘッジ取引に係る会計基準　*5*
- Q1-3 ヘッジ会計とは　*8*
- Q1-4 ヘッジ対象およびヘッジ手段の適格性　*10*
- Q1-5 ヘッジ会計の方法（原則・例外）　*12*
- Q1-6 予定取引に係るヘッジ会計の適用　*17*
- Q1-7 内部統制上の留意事項　*20*

第2章
ヘッジ会計のための準備

- Q2-1 事前テストとは　*23*
- Q2-2 同種のヘッジ関係について個別ヘッジと包括ヘッジを使い分けることの可否　*25*
- Q2-3 予定取引に係る包括ヘッジ適用の可否　*27*
- Q2-4 ヘッジ対象となり得る予定取引の判断基準（短期借入金の借換え）　*28*
- Q2-5 ヘッジ対象となり得る予定取引の判断基準（為替予約）　*29*
- Q2-6 事後的にヘッジ指定を行うことの妥当性について　*31*
- Q2-7 取得時ではなく事後的にヘッジ指定した場合の会計処理の概要　*32*
- Q2-8 ヘッジ対象の部分指定　*36*
- Q2-9 ヘッジ手段の部分指定　*37*

第3章

ヘッジ会計の要件

- Q3-1 事後テストとは *39*
- Q3-2 オプション取引のヘッジ有効性判定 *42*
- Q3-3 ヘッジ有効性評価の頻度 *45*
- Q3-4 ヘッジ有効性評価が省略可能なケース *46*
- Q3-5 ヘッジ会計の中止と終了 *47*
- Q3-6 四半期末で有効性の評価基準を満たさなくなった場合の会計処理 *51*
- Q3-7 包括ヘッジのヘッジ対象が一部消滅した場合の取扱い *53*
- Q3-8 ヘッジ指定解除の可否 *54*

第4章

金利ヘッジ取引に係る会計処理と実務論点

- Q4-1 金利スワップ取引を利用したヘッジ会計の概要 *57*
- Q4-2 ヘッジ対象より先に実行している金利スワップ取引に対するヘッジ会計の適用の可否 *60*
- Q4-3 予定取引（利付負債）に係る繰延ヘッジ損益の配分方法 *62*
- Q4-4 変動利付借入金にキャッシュ・フロー・ヘッジを適用した場合の有効性判定方法 *68*
- Q4-5 借入実行前に金利スワップ契約を締結し，借入実行が早まった場合の有効性評価 *77*
- Q4-6 ヘッジ会計の要件を満たさなくなった場合の会計処理 *78*
- Q4-7 ヘッジ対象である借入金を借換えし，借入期間が延長された場合のヘッジ会計への影響 *82*
- Q4-8 オーバー・ヘッジ部分に対するヘッジの再指定 *84*
- Q4-9 金利スワップの特例処理とは *86*

Q4-10	金利スワップの特例処理を行うための判断基準　*91*
Q4-11	借入期間と金利スワップ取引の契約期間が相違する場合の金利スワップの特例処理適用の可否　*96*
Q4-12	スプレッド金利を変更した場合の金利スワップの特例処理の継続適用の可否　*98*
Q4-13	借入期間の一部のみが変動金利の場合に，金利固定化スワップを締結した場合の金利スワップの特例処理の適用の可否　*99*
Q4-14	シンジケートローンに対して，複数の金利スワップ取引をヘッジ手段とする場合の金利スワップの特例処理の適用の可否　*102*
Q4-15	シンジケートローンの個々の借入を対象とした金利スワップ契約を締結し全体がヘッジされている場合の金利スワップの特例処理の適用の可否　*103*
Q4-16	金融商品の時価開示において，金利スワップの特例処理を適用している固定化スワップ締結済みの借入金の時価算定　*104*
Q4-17	マイナス金利下における金利スワップの特例処理等の適用可否（新規契約のケース）　*108*
Q4-18	マイナス金利により借入金の利息がゼロフロアーとなった場合のヘッジ会計の取扱い　*112*

第5章

為替ヘッジ取引に係る会計処理と実務論点

Q5-1	為替変動リスクのあるヘッジ対象に対するヘッジ会計の適用　*115*
Q5-2	為替ヘッジ取引の会計処理　*116*
Q5-3	為替予約等の振当処理の適用が認められる為替予約以外のデリバティブ　*126*
Q5-4	為替予約等の振当処理から独立処理への変更　*128*
Q5-5	予定取引ごとの繰延ヘッジの会計処理　*129*

Q5-6　外貨建工事契約に為替予約等を締結した場合の
　　　会計処理　*133*
Q5-7　外貨建予定取引の商品価格が下落した場合の
　　　ヘッジ会計の終了　*136*
Q5-8　予定取引が予定よりも遅れた場合の会計処理　*139*
Q5-9　為替予約を締結した外貨建満期保有目的の債券　*142*
Q5-10　通貨スワップを締結した外貨建満期保有目的の
　　　債券　*143*
Q5-11　連結会社間の外貨建金銭債権債務等に対するヘッジ会計適
　　　用の可否　*144*
Q5-12　外貨建予定取引および外貨建金銭債権債務の
　　　包括ヘッジ　*147*
Q5-13　包括的長期為替予約によるヘッジ　*151*
Q5-14　金利通貨スワップの会計処理　*155*
Q5-15　NDF取引とヘッジ会計　*157*
Q5-16　外貨建前受金とヘッジ会計　*158*

第6章
有価証券ヘッジ取引に係る会計処理と実務論点

Q6-1　その他有価証券をヘッジする方法　*161*
Q6-2　満期保有目的の債券をヘッジする方法　*167*
Q6-3　予定取引実行時の処理　*168*
Q6-4　時価ヘッジへの会計方針の変更　*173*
Q6-5　時価ヘッジと有効性評価との関係　*177*
Q6-6　時価ヘッジにおける損益の表示　*178*
Q6-7　時価ヘッジを行う場合のヘッジ会計中止後のその他有価
　　　証券の評価差額の取扱い　*179*
Q6-8　時価ヘッジを適用した場合のその他有価証券の
　　　減損処理　*182*
Q6-9　金利スワップの特例処理と同様の要件を満たす場合の
　　　その他有価証券のヘッジ有効性の判定の省略　*185*

Q6-10 上場株式について受渡期間が通常より長い譲渡契約を締結した場合のヘッジ会計　*187*

Q6-11 外貨建債券等の受取外貨額を円転せずに外貨建有形固定資産を取得する場合のヘッジ会計の適用可否　*192*

Q6-12 外貨建債券を減損処理した場合の利息部分についてのヘッジ会計継続の適否　*196*

第7章
商品ヘッジ取引に係る会計処理と実務論点

Q7-1 商品デリバティブの概要とヘッジ会計　*199*

Q7-2 金融商品会計の適用対象とならない商品先渡契約　*204*

Q7-3 ヘッジ対象と異なる商品によるヘッジの可否　*206*

Q7-4 ウェザー・デリバティブを用いたヘッジ取引におけるヘッジ会計適用の可否　*208*

Q7-5 商品デリバティブにおける期末時価の算定　*210*

Q7-6 商品ヘッジ取引における事前テストや包括ヘッジの取扱い　*212*

Q7-7 商品ヘッジにおける期末有効性の評価　*215*

Q7-8 商品ヘッジ取引と取得原価の調整　*218*

Q7-9 ヘッジ会計終了時点における損失の見積り　*220*

Q7-10 商品ヘッジが活用される場面　*224*

Q7-11 商品ヘッジ取引に係る予定取引の対象期間　*226*

Q7-12 取引の価格決定とヘッジ取引との関係　*227*

Q7-13 金属地金の仕入値のヘッジをしていた場合のヘッジ会計の中止および評価損の関係　*229*

Q7-14 外貨建の商品価格を固定化し，さらに為替予約で円貨固定する場合の取扱い　*232*

第8章

持分ヘッジ取引に係る会計処理と実務論点

- Q8-1 在外子会社に対する持分に係るヘッジ取引（借入金） *235*
- Q8-2 在外子会社に対する持分に係るヘッジ取引（為替予約） *241*
- Q8-3 在外子会社からの外貨建の配当金のヘッジ *244*
- Q8-4 子会社株式の追加取得により生じた資本剰余金の持分ヘッジの可否 *245*
- Q8-5 子会社持分に対するヘッジ取引のオーバー・ヘッジ部分の個別財務諸表上の取扱い *247*

第9章

ヘッジ会計と連結・企業結合

- Q9-1 企業結合時の取得企業の再度のヘッジ指定の会計処理 *253*
- Q9-2 吸収合併消滅会社からのヘッジ会計の引継ぎ（特例処理の場合） *256*
- Q9-3 外貨建子会社株式の取得に際して為替予約を締結していた場合の投資と資本の相殺消去 *259*
- Q9-4 外貨建予定取引に該当する連結会社間取引のヘッジ *264*
- Q9-5 連結会社が行う外部取引を別の連結会社がヘッジする場合のヘッジ会計適用の可否 *265*
- Q9-6 子会社株式の当初取得時における繰延ヘッジ損益実現の会計処理 *266*
- Q9-7 子会社株式追加取得時における繰延ヘッジ損益実現の会計処理 *270*
- Q9-8 IFRS第9号を適用する在外子会社と連結手続 *275*

第10章

複合金融商品とヘッジ会計

- Q10 – 1　複合金融商品の概要　*279*
- Q10 – 2　その他の複合金融商品の区分処理の要件　*282*
- Q10 – 3　複合金融商品の区分処理に関する留意点　*290*
- Q10 – 4　複合金融商品会計とヘッジ会計の概要　*296*
- Q10 – 5　複合金融商品会計とヘッジ会計のケーススタディ①組込デリバティブのリスクが現物の金融資産に及ぶ可能性がある複合金融商品のケース　*300*
- Q10 – 6　複合金融商品会計とヘッジ会計のケーススタディ②損益を調整する複合金融商品のケース　*305*

第11章

繰延ヘッジ損益と税効果会計

- Q11 – 1　繰延ヘッジ損益および税効果会計の会計処理の概要　*311*
- Q11 – 2　繰延ヘッジ損失に係る繰延税金資産の回収可能性　*313*
- Q11 – 3　繰延ヘッジ利益に課税される場合の表示　*317*
- Q11 – 4　繰延ヘッジ損益に税効果会計が適用されない場合　*320*

第12章

ヘッジ会計と表示・開示

- Q12 – 1　繰延ヘッジ損益の損益計上時における処理科目　*323*
- Q12 – 2　ヘッジ手段の貸借対照表の表示　*324*
- Q12 – 3　ヘッジ会計適用後の支払利息がマイナスとなった場合の表示方法　*326*
- Q12 – 4　ヘッジ会計に関して求められる開示の概要　*327*

Q12－5	ヘッジ会計に関する重要な会計方針の開示　*330*
Q12－6	金融商品に関する注記およびデリバティブ取引に関する注記の開示方法　*332*
Q12－7	その他の包括利益に関する注記（組替調整額）の概要　*336*
Q12－8	組替調整額の算定方法　*339*
Q12－9	為替予約取引のキャッシュ・フロー計算書上の表示　*342*
Q12－10	外貨建取引の後で為替予約の契約が締結された場合のキャッシュ・フロー計算書上の表示　*343*
Q12－11	ヘッジ会計の中止および終了に関するキャッシュ・フロー計算書上の表示　*345*

第13章

ヘッジ会計と税務

Q13－1	デリバティブ取引の範囲に関する会計と税務の相違　*347*
Q13－2	いわゆる事前テストにおける会計と税務の相違　*349*
Q13－3	有効性評価における会計と税務の相違　*351*
Q13－4	繰延ヘッジ処理における会計と税務の相違　*353*
Q13－5	非有効部分の税務処理における特例　*355*
Q13－6	予定取引をヘッジ対象とするヘッジ取引における会計と税務の異同点　*357*
Q13－7	包括ヘッジに関する税務上の取扱い　*359*
Q13－8	時価ヘッジを採用した場合の税務上の取扱い　*360*
Q13－9	会計上で金利スワップの特例処理・為替予約等の振当処理を適用した場合の税務処理　*362*
Q13－10	ヘッジ会計の中止と終了と税務上の処理との関係　*365*

第14章

IFRSの取扱い

- Q14－1 IFRS第9号におけるヘッジ会計　*369*
- Q14－2 IFRSにおけるヘッジ会計の適格要件①　*376*
- Q14－3 IFRSにおけるヘッジ会計の適格要件②　*381*
- Q14－4 キャッシュ・フロー・ヘッジの会計処理
  （金利スワップ取引）　*387*
- Q14－5 キャッシュ・フロー・ヘッジの会計処理
  （為替予約取引）　*390*
- Q14－6 公正価値ヘッジの会計処理（先物取引）　*394*
- Q14－7 在外営業活動体に対する純投資のヘッジの
  会計処理　*397*
- Q14－8 ヘッジのリバランス（バランス再調整）とヘッジ会計の
  中止　*400*

参考文献　*405*

【凡例】　　　　　　　　　　　　　　　　　　　（2021年5月31日現在）

正式名称	略称
「外貨建取引等会計処理基準」	外貨建取引会計基準
「税効果会計に係る会計基準」	税効果会計基準
企業会計基準第9号「棚卸資産の評価に関する会計基準」	棚卸資産会計基準
企業会計基準第10号「金融商品に関する会計基準」	金融商品会計基準
企業会計基準第15号「工事契約に関する会計基準」	工事契約会計基準
企業会計基準第21号「企業結合に関する会計基準」	企業結合会計基準
企業会計基準第22号「連結財務諸表に関する会計基準」	連結会計基準
企業会計基準第24号「会計上の変更及び誤謬の訂正に関する会計基準」	過年度遡及会計基準
企業会計基準第25号「包括利益の表示に関する会計基準」	包括利益会計基準
企業会計基準第30号「時価の算定に関する会計基準」	時価算定会計基準
企業会計基準適用指針第10号「企業結合会計基準及び事業分離等会計基準に関する適用指針」	企業結合適用指針
企業会計基準適用指針第12号「その他の複合金融商品（払込資本を増加させる可能性のある部分を含まない複合金融商品）に関する会計処理」	複合金融商品処理
企業会計基準適用指針第19号「金融商品の時価等の開示に関する適用指針」	金融商品時価開示適用指針
企業会計基準適用指針第26号「繰延税金資産の回収可能性に関する適用指針」	回収可能性適用指針
企業会計基準適用指針第31号「時価の算定に関する会計基準の適用指針」	時価算定適用指針
実務対応報告第18号「連結財務諸表における在外子会社の会計処理に関する当面の取扱い」	実務対応報告第18号
会計制度委員会報告第4号「外貨建取引等の会計処理に関する実務指針」	外貨建取引実務指針
会計制度委員会報告第7号「連結財務諸表における資本連結手続に関する実務指針」	資本連結実務指針
会計制度委員会報告第14号「金融商品会計に関する実務指針」	金融商品実務指針
「金融商品会計に関するQ&A」	金融商品Q&A
財務諸表等の用語，様式及び作成方法に関する規則（昭和38年大蔵省令第59号）	財規
連結財務諸表の用語，様式及び作成方法に関する規則（昭和51年大蔵省令第28号）	連結財規
四半期連結財務諸表の用語，様式及び作成方法に関する規則（平成19年内閣府令第64号）	四半期連結財規

中間財務諸表等の用語，様式及び作成方法に関する規則（昭和52年大蔵省令第38号）	中間財規
中間連結財務諸表の用語，様式及び作成方法に関する規則（平成11年大蔵省令第24号）	中間連結財規
「財務諸表等の用語，様式及び作成方法に関する規則」の取扱いに関する留意事項について	財規ガイドライン
「連結財務諸表の用語，様式及び作成方法に関する規則」の取扱いに関する留意事項について	連結財規ガイドライン
法人税法（昭和40年法律第34号）	法法
法人税法施行令（昭和40年政令第97号）	法令
法人税法施行規則（昭和40年大蔵省令第12号）	法規
法人税基本通達（昭和44年5月1日付 直審（法）第25号）	法基通
金融商品取引法（昭和23年法律第25号）	金商法
「財務報告に係る内部統制の評価及び監査に関する実施基準」	内部統制実施基準
国際財務報告基準	IFRS
IFRS第9号「金融商品」	IFRS第9号
IAS第12号「法人所得税」	IAS第12号
IAS第39号「金融商品：認識及び測定」	IAS第39号

第1章

ヘッジ会計の概要

Q1-1 デリバティブ取引とは

デリバティブ取引の概要および原則的な会計処理について教えてほしい。

A

デリバティブ取引とは，株式，債券，金利，外国為替など原資産となる金融商品から派生した金融派生商品（デリバティブ）を対象とした取引であり，デリバティブ取引により生じる正味の債権および債務は，時価をもって貸借対照表価額とし，評価差額は，原則として，当期の純損益として処理する。

解説

1 デリバティブ取引の概要

（1） デリバティブとは

　金融商品には株式，債券，貸付金，預金，外国為替などがあるが，これらの金融商品のリスクを低下させたり，リスクを取って高い収益性を追求する手法として考案されたのがデリバティブである。

　こうしたリスク管理や収益追求を企図したデリバティブの取引には，基本的なものとして，その元になる金融商品について，将来売買を行うことをあらかじめ約束する取引（先物取引）や将来売買する権利をあらかじめ売買する取引（オプション取引）などがあり，さらにこれらを組み合わせた多種多様な取引

がある。

デリバティブはそれぞれの元となっている金融商品と強い関係があるため，「デリバティブ取引」という場合のデリバティブ（derivative）という言葉は，日本語では一般に「金融派生商品」と訳される。

（2） デリバティブ取引の種類

デリバティブ取引は，大きく分けて，先渡取引・先物取引，スワップ取引，オプション取引に分類される。

① 先渡取引・先物取引

先渡取引・先物取引ともに将来のある時点の取引価格を現時点で約定する取引である。両者の違いは，先渡取引が取引条件を自由に設定できる店頭取引が中心であるのに対し，先物取引は取引条件が標準化されている取引所取引が中心であるという点にある。

代表的な取引として，為替予約が挙げられる。為替予約は，将来の米ドル等外国通貨の外国為替換算レートを現在決めてしまう取引で，為替変動リスクのヘッジに使うことができる。

② スワップ取引

スワップとは，等価値のものの「交換」という意味であり，デリバティブのスワップ取引において交換する代表的なものは，金利や通貨である。

金利スワップは，同一通貨間で異なるタイプの利息を交換する取引である。例えば，変動金利から生じる利息を受け取り，固定金利から生じる利息を支払う金利スワップ取引を行うことにより，変動金利の借入金の金利変動リスクのヘッジに使うことができる。

通貨スワップは，異なる通貨間で将来の金利および元本を交換する取引である。例えば，米ドル建借入金の元本と利息を円建の元本と利息に交換する通貨スワップ取引を行うことにより，米ドル建借入金の為替変動リスクのヘッジに使うことができる。

③ オプション取引

オプション取引とは，「特定の商品」を，「あらかじめ決められた日（期日）（ま

たは期間)」に,「あらかじめ取り決めた価格」で受渡しする「権利」を「売買」する取引である。

オプションの種類には「コールの買い」・「コールの売り」・「プットの買い」・「プットの売り」の4種類があり,買う権利をコール,売る権利をプットという。先渡取引・先物取引およびスワップ取引が権利とともに義務も取引していることになるのに対し,オプション取引は権利のみが取引の対象となる。したがって,権利を買った側は,権利を行使しようがしまいが自由に決められるが,権利を買うための対価としてオプション料(オプション・プレミアム)を支払う必要がある。

④ その他のデリバティブ取引

これらの他に,先物取引とオプション取引を組み合わせた先物オプション取引,スワップ取引とオプション取引を組み合わせたスワップション取引,将来の市場金利等の変動に上限(キャップ)と下限(フロアー)を設けるカラー取引など,デリバティブ取引とデリバティブ取引を組み合わせた商品も多く開発されている。

2 デリバティブ取引の原則的な会計処理

デリバティブ取引の会計処理の原則は,金融商品会計基準第25項において「デリバティブ取引により生じる正味の債権及び債務は,時価をもって貸借対照表価額とし,評価差額は,原則として,当期の損益として処理する。」と定められている。すなわち,原則的な処理では,毎期末に時価評価を行い,評価差額を当期の純損益として計上することとなる。

株式の先物取引を例に,約定日から決済日までの原則的な会計処理を,設例1－1－1に示す。

設例1－1－1　原則的なデリバティブの会計処理

[前提条件]
① 約定日:X1年2月末(株式先物の売約定:約定価格100円)
② 決算日:X1年3月末
③ 契約内容:X1年4月末にその時点の株価による買いと株式先物の約定

価格による売りの反対売買による差金決済を行う。
④ 株価の推移は以下のとおり
X1年2月末：100　X1年3月末：90　X1年4月末：70

[会計処理]

＜約定日（X1年2月末）＞
通常，約定日時点においてはデリバティブの時価はゼロのため，仕訳なし。

＜決算日（X1年3月末）＞
デリバティブの時価評価を行い，評価差額を損益として計上する。

| （借）先物損失（P/L） | （※）10 | （貸）株式先物契約（B/S） | （※）10 |

（※）　10＝約定価格100－決算日株価90

＜翌期首（X1年4月1日）＞
前期末のデリバティブの時価評価額の洗替処理を行う。

| （借）株式先物契約（B/S） | （※）10 | （貸）先物損失（P/L） | （※）10 |

（※）　前期末仕訳の逆仕訳。

＜決済日（X1年4月末）＞
決済時の受払額と簿価との差額を損益計上する。

| （借）先物損失（P/L） | （※）30 | （貸）現金預金 | （※）30 |

（※）　30＝約定価格100－決済日株価70

以上がデリバティブ取引の原則的な会計処理であるが，例外的な処理として，ヘッジ会計の要件を満たすものについては，ヘッジ会計を適用することで，ヘッジ対象の純損益が認識されるまで評価差額を繰り延べる処理や，ヘッジ対象に係る相場変動を純損益に反映させることにより，その損益とヘッジ手段に係る損益とを同一の会計期間の純損益に認識する処理が認められる。詳細は後記「Q1-5　ヘッジ会計の方法（原則・例外）」参照のこと。

Q1-2 ヘッジ取引に係る会計基準

我が国の会計基準において，ヘッジ取引に関連する会計基準はどのような体系になっているのか。

A

ヘッジ取引の原則的な会計処理は，金融商品会計基準や金融商品実務指針等に定められており，為替予約等の振当処理や金融機関固有の会計処理等，一部の取引については固有の定めが設けられている。

解説

ヘッジ取引の全般的な事項については，金融商品会計基準をはじめとして，具体的な会計処理は金融商品実務指針や金融商品Q&Aに定められている。また，為替予約等に係る特例的処理である為替予約等の振当処理，繰延ヘッジ損益の表示に関する取扱い，計算書類や有価証券報告書における注記事項については，それぞれ固有の定めが設けられている。さらに，銀行業および保険業については，業種特有のリスク管理手法や取引慣行等を考慮して，特別な取扱いが設けられている。

ヘッジ取引について定めた会計基準等を，会計処理や業種別の取扱いごとに分類すると，図表１－２－１のとおりとなる。

図表1-2-1　ヘッジ取引に係る会計基準

ヘッジ会計

【全般】
- 企業会計基準第10号「金融商品に関する会計基準」
- 会計制度委員会報告第14号「金融商品会計に関する実務指針」
- 会計制度委員会「金融商品会計に関するQ&A」

為替予約等の振当処理
- 企業会計審議会「外貨建取引等会計処理基準」
- 会計制度委員会報告第4号「外貨建取引等の会計処理に関する実務指針」

繰延ヘッジ損益の表示
- 企業会計基準第5号「貸借対照表の純資産の部の表示に関する会計基準」
- 企業会計基準適用指針第8号「貸借対照表の純資産の部の表示に関する会計基準等の適用指針」

注記
- 企業会計基準適用指針第19号「金融商品の時価等の開示に関する適用指針」

金融機関
- 業種別監査委員会報告第24号「銀行業における金融商品会計基準適用に関する会計上及び監査上の取扱い」
- 業種別監査委員会報告第25号「銀行業における外貨建取引等の会計処理に関する会計上及び監査上の取扱い」
- 業種別監査委員会報告第26号「保険業における金融商品会計基準適用に関する会計上及び監査上の取扱い」

　また，図表1-2-2は金融商品実務指針と金融商品Q&Aのうち，ヘッジ会計について定めた部分を抜粋して対応関係をまとめたものである。実務において，適宜参照されたい。

図表１－２－２　金融商品実務指針と金融商品Ｑ＆Ａの対応関係

項目	実務指針	Ｑ＆Ａ
ヘッジ会計の適用要件	141－146	Q 48, Q 49
リスク管理方針文書の記載事項	147	－
ヘッジ対象の識別	148－153	Q 49, Q 50 Q 51, Q 52
ヘッジ有効性の評価方法	155－159	Q 53, Q 54
その他有価証券の価格変動リスクのヘッジ	160	－
満期保有目的の債券のヘッジ対象としての適格性	161	－
ヘッジ対象となり得る予定取引の判断基準	162	Q 55, Q 55－2
連結会社間取引のヘッジの可否	163－164	－
デリバティブ取引以外のヘッジ手段	165	－
売建オプションによるヘッジの可否	166	－
外貨建取引に係るヘッジ	167－169	Q 56
予定取引実行時の処理	170	Q 57
オプションの時間的価値およびプレミアム・ディスカウントの処理	171	－
ヘッジ非有効部分の処理	172	－
包括ヘッジ（複数の資産・負債から構成されるヘッジ対象のヘッジ）	173	Q 52
繰延ヘッジ損益の会計処理	174	－
繰延ヘッジ損益の損益計上時における処理科目	176	－
金利スワップの特例処理の対象	177－179	Q 55, Q 56 Q 58, Q 59
ヘッジ会計の要件を満たさなくなった場合の会計処理	180	Q 59－2
ヘッジ会計の終了	181	Q 59－2
ヘッジ会計終了時点における損失の見積り	182－184	－
時価ヘッジの適用対象	185	－

Q1-3　ヘッジ会計とは

> ヘッジ会計の概要を教えてほしい。

A

　ヘッジ会計とは，ヘッジ取引のうち一定の要件を満たすものについて，ヘッジ対象とヘッジ手段の純損益計上のタイミングを合わせることによって，ヘッジの効果を会計に反映させるための特殊な会計処理である。

解説

1 ヘッジ取引

　ヘッジ取引とは，資産や負債に係る相場変動リスクの回避やキャッシュ・フローの固定化などを目的としてデリバティブ取引を利用する取引をいう（金融商品会計基準96項参照）。

　例えば，保有する株式の時価下落リスクを回避したい場合，株式の先物を売り建てることにより，保有株の時価下落による損失を，先物利益によって相殺し，カバーすることが可能となる。この時，リスクを回避したい資産や負債を「ヘッジ対象」，手段としてのデリバティブ取引を「ヘッジ手段」という。

2 ヘッジ取引の種類

　一般に，ヘッジ取引の種類は，ヘッジ取引の目的に応じて図表1－3－1の2つに分けられる（金融商品実務指針141項）。

図表１－３－１　ヘッジ取引の種類

相場変動を相殺するヘッジ取引	ヘッジ対象が相場変動リスクにさらされており，かつ，ヘッジ対象の相場変動とヘッジ手段の相場変動との間に密接な経済的相関関係があり，ヘッジ手段がヘッジ対象の相場変動リスクを減少させる効果をもつもの
キャッシュ・フローを固定するヘッジ取引	ヘッジ対象がキャッシュ・フロー変動リスクにさらされており，かつ，ヘッジ対象のキャッシュ・フロー変動とヘッジ手段のキャッシュ・フロー変動との間に密接な経済的相関関係があり，ヘッジ手段がヘッジ対象のキャッシュ・フローの変動リスクを減少させる効果をもつもの

　相場変動を相殺するヘッジ取引の代表例としては，保有有価証券の将来の価格下落リスクに備えて先物の売建を行う取引が挙げられ，キャッシュ・フローを固定するヘッジ取引の代表例としては，変動利付借入金に対して将来の金利上昇リスクを見越して金利固定化スワップ取引を行う取引が挙げられる。

3 ヘッジ会計とは

　前記「1　ヘッジ取引」のとおり，ヘッジ取引とは，ヘッジ対象の相場変動による損益をヘッジ手段の損益で相殺することなどを目的とした取引をいうが，このとき，ヘッジ対象に係る損益とヘッジ手段に係る損益とが同一の会計期間に認識されなければ，ヘッジの効果を財務諸表で適切に表わすことができない。ヘッジ手段であるデリバティブ取引は時価評価を原則としているが，ヘッジ対象が原則的評価方法では時価評価の対象とならない場合などにおいては特別な会計的手法が必要となる。そのための方法がヘッジ会計である。

4 ヘッジ会計の適用要件

　ヘッジ取引についてヘッジ会計が適用されるための要件としては，ヘッジ対象が相場変動等による損失の可能性にさらされており，ヘッジ対象とヘッジ手段とのそれぞれに生じる損益が互いに相殺されるか，またはヘッジ手段によりヘッジ対象のキャッシュ・フローが固定されその変動が回避される関係になければならない。なお，ヘッジ対象が複数の資産または負債から構成されている

場合は，個々の資産または負債が共通の相場変動等による損失の可能性にさらされており，かつ，その相場変動等に対して同様に反応することが予想されるものであることが必要である（金融商品会計基準（注11））。

また，企業のリスク管理等に関して，以下の要件をともに満たすことが必要である（金融商品会計基準31項）。

(1) ヘッジ取引時において，ヘッジ取引が企業のリスク管理方針に従ったものであることが，次のいずれかによって客観的に認められること（後記「第2章　Q2-1　事前テストとは」参照）
① 当該取引が企業のリスク管理方針に従ったものであることが，文書により確認できること
② 企業のリスク管理方針に関して明確な内部規定および内部統制組織が存在し，当該取引がこれに従って処理されることが期待されること
(2) ヘッジ取引時以降において，ヘッジ対象とヘッジ手段の損益が高い程度で相殺される状態またはヘッジ対象のキャッシュ・フローが固定され，その変動が回避される状態が引き続き認められることによって，ヘッジ手段の効果が定期的に確認されていること（後記「第3章　Q3-1　事前テストとは」参照）

Q1-4　ヘッジ対象およびヘッジ手段の適格性

ヘッジ会計の適用にあたり，適格なヘッジ対象および適格なヘッジ手段として取り扱うことができる取引の範囲を教えてほしい。

A

適格なヘッジ対象として取り扱うことができるのは，認識されている資産または負債，予定取引，未履行の確定契約，在外子会社に対する持分への投資のうち，一定の要件を満たすものである。一方，適格なヘッジ手段として取り扱うことができるのは，一部の例外を除き，原則としてデリバティブ取引のみである。

解 説

1 ❙ 適格なヘッジ対象

　ヘッジ会計が適用されるヘッジ対象は，相場変動等による損失の可能性がある資産または負債のうち，相場等の変動が評価に反映されていないもの，および相場等の変動が評価に反映されていてもその評価差額が純損益として処理されないものの他，相場等の変動を純損益として処理することができるものであっても，当該資産または負債に係るキャッシュ・フローが固定されその変動が回避されるものである（金融商品会計基準100項）。したがって，評価差額が純損益として処理されるデリバティブ取引や売買目的有価証券はヘッジ対象とすることはできない。

　この他，予定取引（未履行の確定契約を含む。）により発生が見込まれる資産または負債もヘッジ対象に含まれる。ただし，予定取引については，主要な取引条件が合理的に予測可能であり，かつ，その実行される可能性が極めて高い取引に限定される（金融商品会計基準30項なお書き，同基準（注12））（後記「Q1-6　予定取引に係るヘッジ会計の適用」参照）。

　さらに，在外子会社等に対する持分への投資については，ヘッジ対象として認められる（外貨建取引会計基準注解注13，金融商品実務指針165項（1）③）。

　なお，満期保有目的の債券については，原則として金利リスクをヘッジ対象として指定することはできないが，債券取得当初から金利スワップの特例処理の要件を満たす場合は，ヘッジ対象となり得る（後記「第6章　Q6-2　満期保有目的の債券をヘッジする方法」参照）。

2 ❙ 適格なヘッジ手段

　デリバティブ取引以外の現物資産について，ヘッジ手段としての適格性を幅広く認めるとすると，その評価基準は一様ではないため，多くの例外処理を認めることとなり，会計基準としての統一性を欠く結果となるおそれがある。

　したがって，ヘッジの効果を適切に財務諸表に反映するために，ヘッジ会計の適用が不可避なデリバティブ取引のみにヘッジ手段を限定し（金融商品実務指針334項），例外は以下の項目に限定されている（金融商品実務指針165項）。

> (1) 次の外貨建取引等の為替変動リスクをヘッジする目的の外貨建金銭債権債務または外貨建有価証券
>   ① 予定取引
>   ② その他有価証券
>   ③ 在外子会社等に対する持分への投資
> (2) 保有するその他有価証券の相場変動をヘッジする目的の信用取引（売付け）または有価証券の空売り

　また，他に適当なヘッジ手段がなく，ヘッジ対象と異なる類型のデリバティブ取引をヘッジ手段として用いるいわゆるクロスヘッジもヘッジ会計の対象となる（金融商品会計基準102項）。例えば，政府保証債や社債の価格変動リスクを国債の先物を利用してヘッジする場合などがクロスヘッジにあたる。

　なお，デリバティブ取引については，そのすべてがヘッジ手段となり得るわけではなく，ヘッジ手段として適格とは認められないものもある。

　オプションの売建は，獲得可能な利益が限定されている一方で，潜在的に不利な取引の履行義務が伴うため，積極的にリスクを削減する効果よりもリスクを負う効果がより強く発生する。例えば，現物資産と組み合わせてコールオプションを売却する取引の場合，受取オプション料の範囲内で，保有資産の価格が下落した場合の損失を削減する効果はあるものの，損失発生のリスクを限定する効果はない。

　このように，オプションの売建については，全体としてリスクを有効に減殺するものとは認め難いため，ヘッジ手段として適格ではないとされている（金融商品実務指針166項本文，335項）。

Q1-5　ヘッジ会計の方法（原則・例外）

> ヘッジ会計を適用した場合の会計処理にはどのようなものがあるか。

A
　ヘッジ会計の方法には「繰延ヘッジ」と「時価ヘッジ」があり[1]，原則は繰

延ヘッジである。その他，例外的な方法として，金利スワップの特例処理や為替予約等の振当処理がある。

解説

1 ヘッジ会計の方法

ヘッジ取引において，ヘッジ手段となるデリバティブ取引は原則として時価評価差額が純損益として計上される（金融商品会計基準25項）。一方，ヘッジ対象に係る時価評価差額についても純損益計上の対象となっているのであれば，特殊な会計処理は必要ないことになる。問題となるのは，ヘッジ対象の時価評価差額が純損益計上されない場合における純損益の認識時点のズレの調整である。この調整法としてヘッジ会計には，図表1－5－1のように繰延ヘッジと時価ヘッジと2つの方法がある。

図表1－5－1　ヘッジ会計の方法

繰延ヘッジ	時価評価差額が損益計上されているヘッジ手段に係る損益または評価差額を，ヘッジ対象に係る純損益が認識されるまで純資産の部において繰り延べる方法である。
時価ヘッジ	ヘッジ対象である資産または負債に係る相場変動等を純損益に反映させることにより，その損益とヘッジ手段に係る損益とを同一の会計期間に認識する方法である。

2 繰延ヘッジ

ヘッジ会計における原則的な会計処理方法である（金融商品会計基準32項）。

繰延ヘッジにおいて繰り延べられるヘッジ手段に係る損益または評価差額を「繰延ヘッジ利益（または損失）」という。

また，繰延ヘッジ利益（または損失）を純資産の部に計上する際には，税効果会計を適用しなければならない。具体的には，繰延ヘッジ損益に係る繰延税金資産または繰延税金負債の額を控除した金額を純資産の部に計上することと

1　この他に在外子会社等に対する持分への投資のヘッジ取引がある（後記「第8章　持分ヘッジ取引に係る会計処理と実務論点」参照）。

なる（金融商品会計基準32項なお書き）。

3 ┃ 時価ヘッジ

ヘッジ会計における例外的な会計処理方法である（金融商品会計基準32項ただし書き）。

この処理方法の適用対象は，ヘッジ対象の時価を貸借対照表価額とすることが認められているものに限定され，金融商品会計基準において，現時点ではその他有価証券のみであると解釈されている（金融商品実務指針185項）。

すなわち，その他有価証券をヘッジ対象とする場合には，ヘッジ手段となるデリバティブの時価評価差額を繰延ヘッジにより純資産の部において繰り延べることによってヘッジ対象とヘッジ手段の損益の認識時点を同一の会計期間に合わせることもできるが，逆に，その他有価証券の時価評価差額を当期の純損益として処理することによっても，同様に，損益の認識時点を合わせることができるということである。

繰延ヘッジと時価ヘッジのそれぞれの会計処理について，単純な例で確認する（設例1－5－1参照）。

設例1－5－1　繰延ヘッジと時価ヘッジ

[前提条件]

① ヘッジ対象であるその他有価証券（債券）とヘッジ手段であるデリバティブ（ヘッジ対象とは反対の値動きをするもの）の時価の変動は以下のとおりである。

	購入日／売建約定日	決算日	売却日／反対売買約定日
その他有価証券（債券）	1,000	800	700
デリバティブ（債券先物（売建））	600	800	900

② ヘッジ会計の要件を満たしているものとする。
③ 税効果は考慮しないものとする。

[会計処理]
＜購入日＞
① ヘッジ対象

（借）投資有価証券	（※）1,000	（貸）現金預金	（※）1,000

（※） 1,000…前提条件①参照。

② ヘッジ手段

仕訳なし

繰延ヘッジと時価ヘッジで処理は変わらない。

＜決算日＞
① ヘッジ対象
　ⅰ　繰延ヘッジ

（借）その他有価証券評価差額金	（※）200	（貸）投資有価証券	（※）200

（※）　200＝購入日時価 1,000 －決算日時価 800

　ⅱ　時価ヘッジ

（借）投資有価証券評価損	（※）200	（貸）投資有価証券	（※）200

（※）　200＝購入価格 1,000 －決算日時価 800

　繰延ヘッジはヘッジ対象の評価差額を純資産の部に計上するのに対し，時価ヘッジはヘッジ対象の評価差額を当期の純損益に計上する。

② ヘッジ手段
　ⅰ　繰延ヘッジ

（借）債券先物契約	（※）200	（貸）繰延ヘッジ損益	（※）200

（※）　200＝決算日時価 800 －売建約定価額 600

　ⅱ　時価ヘッジ

（借）債券先物契約	（※）200	（貸）先物損益	（※）200

(※) 200＝決算日時価800－売建約定価額600

繰延ヘッジはヘッジ手段の評価差額を純資産の部に計上するのに対し，時価ヘッジはヘッジ手段の評価差額を当期の純損益に計上する。

＜売却日（期首に決算日の仕訳を洗替済とする。）＞
① ヘッジ対象

（借）現金預金	(※1) 700	（貸）投資有価証券	(※1) 1,000
投資有価証券売却損	(※2) 300		

(※1) 700，1,000…前提条件①参照。
(※2) 差額で算出。

② ヘッジ手段

（借）現金預金	(※) 300	（貸）先物損益	(※) 300

(※) 300＝売却日時価900－売建約定価額600

　繰延ヘッジと時価ヘッジで売却日における最終的な会計処理は変わらない。つまり，両者の違いは，決算日における処理の違いのみである。

4 その他の例外的な方法（金利スワップの特例処理・為替予約等の振当処理）

　ヘッジ会計の方法には繰延ヘッジと時価ヘッジのほかに，いくつかの例外的な方法が認められている。その代表的なものが金利スワップの特例処理と為替予約等の振当処理である。

(1) 金利スワップの特例処理

　金利スワップを利用した取引がヘッジ会計の適用要件を満たし，かつ，追加的な一定の要件を満たすときは，金利スワップを時価評価せず，その金銭の受払の純額等を当該資産または負債に係る利息に加減して処理（特例処理）することができる（金融商品会計基準（注14））。詳細は，後記「第4章　Q4－9　金利スワップの特例処理とは」を参照されたい。

(2) 為替予約等の振当処理

為替予約等の会計処理には独立処理と振当処理の2つの方法がある。

独立処理とは，為替予約等と外貨建金銭債権債務とを別個の取引として，それぞれ金融商品会計基準および外貨建取引会計基準に従って処理する方法であり，為替予約等の会計処理においてはこの独立処理が原則的処理方法とされている（金融商品実務指針168項本文）。

一方，振当処理とは，為替予約等により固定されたキャッシュ・フローの円貨額により外貨建金銭債権債務を換算し，直物為替相場による換算額との差額を，為替予約等の契約締結日から外貨建金銭債権債務の決済日までの期間にわたり配分する方法をいう（外貨建取引会計基準注解注6）。詳細は，後記「第5章 Q5－2 為替ヘッジ取引の会計処理」を参照されたい。

Q1-6 予定取引に係るヘッジ会計の適用

> 将来予定される取引から発生が見込まれる資産または負債がヘッジ対象となるための条件および当該取引に係る会計処理の概要を教えてほしい。

A

将来予定される取引のうち，主要な取引条件が合理的に予測可能であり，かつ，それが実行される可能性が極めて高い取引はヘッジ対象になり得る。

予定される取引のヘッジによりヘッジ手段に生じた損益または評価差額は，ヘッジ対象に係る損益が認識されるまで，繰延ヘッジ損益として繰り延べられる。

解説

1 ヘッジ対象となり得る予定取引

ヘッジ対象に含まれる取引には，すでに貸借対照表に計上されている資産または負債だけでなく，将来計上される予定の取引も含まれる。これは，将来実行する取引に係る相場変動等の影響をヘッジするために，当該契約の履行前か

らヘッジ手段の契約をしている場合は，ヘッジの実態を純損益に適切に反映させるためにヘッジ会計を適用することが必要になるからである。

予定取引は，金融商品会計基準（注12）において，「未履行の確定契約に係る取引及び契約は成立していないが，取引予定時期，取引予定物件，取引予定量，取引予定価格等の主要な取引条件が合理的に予測可能であり，かつ，それが実行される可能性が極めて高い取引をいう。」と定義されている。

すなわち，大きく分けて以下の2つの取引が予定取引とされる。

> （1）契約は未締結であるが，主要な取引条件が合理的に予測可能で，かつ，実行される可能性が極めて高い取引（契約未締結取引）
> （2）未履行の確定契約に係る取引（未履行確定契約）

金融商品実務指針第162項では，金融商品会計基準（注12）における予定取引の定義のうち「契約は成立していないが，取引予定時期，取引予定物件，取引予定量，取引予定価格等の主要な取引条件が合理的に予測可能であり，かつ，それが実行される可能性が極めて高い取引」に該当するか否かの判断基準を示しており，具体的には，図表1－6－1の項目に照らして総合的に検討する必要がある。

図表1－6－1　ヘッジ対象となり得る予定取引の判断基準

検討項目	内容
過去に同様の取引が行われた頻度	当該取引と同様の取引が過去において一度も行われていない場合には，他の要素を充分に吟味する。
企業が当該予定取引を行う能力を有しているか	企業が，法的，制度的および資金的に当該取引を実行する能力を有しない場合には，ヘッジ対象になり得ないものとする。
当該予定取引を行わないことが企業に不利益をもたらすか	当該取引を行わないことが企業に不利益をもたらさない場合には，他の要素を充分に吟味する。
当該予定取引と同等の効果・成果をもたらす他の取引がないか	当該取引と同等の効果・成果をもたらす他の取引がある場合には，他の要素を充分に吟味する。
当該予定取引発生までの期間が妥当か	予定取引発生までの期間が長い場合ほど実行される可能性は低くなると考えられる。特に当該期間が概ね1年以上である場合には，他の要素を充分に吟味する。

予定取引数量が妥当か	過去において行った同様の取引の数量を超過する部分については，他の要素を充分に吟味する。

2 予定取引のヘッジに係る会計処理

　ヘッジ会計は，ヘッジ対象に係る損益とヘッジ手段に係る損益を同一の会計期間に認識し，ヘッジの効果を当期純損益の計算に反映させるための会計処理である。予定取引のヘッジによりヘッジ手段に生じた損益または評価差額は，ヘッジ対象に係る損益が純損益として認識されるまで繰延ヘッジ損益として繰り延べる。この原則に従い，繰延ヘッジ損益の処理は，予定取引の種類ごとに次のように処理される（金融商品実務指針170項）。

（1）予定取引により損益が直ちに発生する場合
　　ヘッジ対象である予定取引に係る損益は，予定取引の実行時に認識されるため，繰延ヘッジ損益もその時点で損益認識することになる。
（2）予定取引が資産の取得である場合
　　繰延ヘッジ損益は，資産の取得原価に加減算し，当該資産の取得原価が費用計上される期の損益として計上する。
（3）予定取引が社債，借入金等の利付負債を生じるものである場合
　　前記「（2）予定取引が資産の取得である場合」と同様，損益は直ちには発生せず，発生した利付負債に係る損益は支払利息の形で発生するため，繰延ヘッジ損益を引き続き純資産の部に計上し，当該支払利息に対応するように各期の損益に反映させる。

　なお，予定取引のヘッジに係る具体的な会計処理については以下の後記各Q＆Aを参照されたい。
金利ヘッジ…「第4章　Q4－3　予定取引（利付負債）に係る繰延ヘッジ損益の配分方法」
為替ヘッジ…「第5章　Q5－5　予定取引ごとの繰延ヘッジの会計処理」
有価証券ヘッジ…「第6章　Q6－3　予定取引実行時の処理」
商品ヘッジ…「第7章　Q7－8　商品ヘッジ取引と取得原価の調整」

Q1-7　内部統制上の留意事項

内部統制報告制度（J-SOX）とヘッジ会計との関係について教えてほしい。

A

ヘッジ取引に係る業務プロセスに重要性がある場合は，財務報告への影響を勘案して個別に評価対象に追加するものとして評価対象プロセスとすることが考えられる。また，ヘッジ取引に係る業務プロセスは，ヘッジ対象に係る業務プロセスと一体として識別する場合もあると考えられる。

なお，ヘッジ取引に係る業務プロセスには，ヘッジの有効性判定まで含める必要がある。

解説

1　評価対象プロセスの決定

我が国の上場会社に義務付けられる金融商品取引法上の内部統制報告制度（J-SOX）は，重要な会社，重要なプロセスに対象を絞って評価範囲を決定する。具体的には，大きく分けて，以下の3つの点から評価を行う。

（1）　全社的な内部統制の評価
（2）　業務プロセスに係る内部統制の評価
（3）　決算・財務報告プロセスに係る内部統制の評価

これらのうち，（2）の「業務プロセス」については，選定された重要な事業拠点における企業の事業目的に大きく関わる勘定科目に係るものは，原則として，すべて評価対象とする必要がある。一般的な事業会社の場合，原則として，売上，売掛金および棚卸資産と例示されているが，重要な勘定科目は経営者が事業の特性などを踏まえて慎重に検討すべきである（内部統制実施基準Ⅱ2(2)②イ）。

また，重要な事業拠点か否かにかかわらず，財務報告への影響を勘案して重要性の大きい業務プロセスについては，以下のような視点で，個別に評価対象

に追加する（内部統制実施基準Ⅱ2(2)②ロ）。

① リスクが大きい取引を行っている事業または業務に係る業務プロセス
② 見積りや経営者による予測を伴う重要な勘定科目に係る業務プロセス
③ 非定型・不規則な取引など虚偽記載が発生するリスクが高いものとして，特に留意すべき業務プロセス

　これらを勘案し，ヘッジ取引が評価対象に含まれるか否かを検討する。ヘッジ取引に関する会計処理は複雑なものが多く，財務報告の重要な虚偽記載に繋がる事業上のリスクが相対的に高いと考えられるため，①に該当する可能性がある。したがって，経営者は，ヘッジ取引が財務報告に重要な影響を与えると判断した場合，個別に評価対象の業務プロセスに追加する必要がある。
　ヘッジ取引に係る業務プロセスが内部統制の評価対象となる場合として，外貨建売掛金の為替変動リスクや棚卸資産の価格変動リスクをヘッジするためのデリバティブ取引に重要性がある場合などが考えられる。
　また，ヘッジ取引のうち，例えば期末における繰延ヘッジ損益の計上などのように決算作業の一部として主に期末日後に実施するものは，（3）の「決算・財務報告プロセス」に含まれる。決算・財務報告プロセスは，全社的な観点で評価する決算・財務報告プロセスと固有の業務として評価する業務プロセスに分けられ，固有の業務として評価する業務プロセスには，例えば，引当金の計上，税効果会計，固定資産の減損などといった項目がある。
　固有の業務プロセスとして評価対象とするか否かの判断基準は前記①～③と同様であり，決算・財務報告プロセスに含まれるヘッジ取引についても，これらに照らして個別に評価対象に追加するか否かを検討する必要がある。

2　ヘッジ取引に係る業務プロセスの識別

　外貨建売掛金の為替変動リスクのヘッジ取引として為替予約等を行っている場合，為替予約等の振当処理を採用していれば，為替予約等により固定化されたキャッシュ・フローの円貨額により外貨建売掛金が換算され，貸借対照表に計上される。したがって，この場合の為替予約等によるヘッジ取引は，売掛金に係る業務プロセスの一部を構成することとなる。
　また，予定仕入取引をヘッジ対象として，商品先物等のデリバティブ取引を

ヘッジ手段として利用している場合，ヘッジ手段に係る損益または評価差額は仕入取引が行われるまで繰り延べられ，実際に仕入が行われた時に仕入勘定に加減することにより棚卸資産の取得価額に反映される。したがって，この場合の商品先物等によるヘッジ取引は，棚卸資産勘定に関係する業務プロセスの一部を構成することとなる。

　ヘッジ会計は，ヘッジ対象に係る損益とヘッジ手段に係る損益を同一の会計期間に認識する処理であることから，ヘッジ対象とヘッジ手段は紐付きの関係にあるといえる。したがって，ヘッジ取引に係る業務プロセスは，ヘッジ対象に係る業務プロセスと一体として識別する場合もあると考えられる。また，ヘッジ取引に係る業務プロセスには，ヘッジの有効性判定（後記「第3章　Q3－1　事後テストとは」参照）まで含める必要がある。

　ただし，どのように業務プロセスを識別し，整理するかについては各企業の業務の態様等によってさまざまであると考えられることから，慎重な判断が求められる。

第2章

ヘッジ会計のための準備

Q2-1 事前テストとは

ヘッジ取引開始時に求められる事前テストとはどのような手続か。

A

事前テストとは，ヘッジ取引開始前の要件チェックであり，ヘッジ取引が企業のリスク管理方針に従ったものであることを，第三者に理解できる正式な文書により明確化することである。

解説

1 事前テストが求められる理由

同一の取引であっても，ある企業にとってはヘッジ取引であるが，他の企業にとってはヘッジ取引でなかったりすることがある。

例えば，将来の金利変動に対して，変動金利はキャッシュ・フローが変動するリスクがあり，固定金利は時価（割引現在価値）が変動するリスクがあるため，借入金や貸付金の金利の固定化（変動→固定）と変動化（固定→変動）は，いずれもヘッジ会計の対象になり得る。

ここで，どちらのリスクをヘッジすべきであるかということは，各企業のリスク管理方針によることとなるが，経営者の主観が介在するため，明確にどれをヘッジ取引であるか定めておかなければ，過去に遡ってヘッジ指定が行われ

るなど，利益操作が可能となる。

　このため，ヘッジ取引を開始する企業は，取締役会等で承認されたリスク管理方針に従い，客観的に第三者に理解できる正式な文書によりヘッジ取引を明確化すること，またはリスク管理方針に関して明確な内部規定および内部統制組織が存在し，ヘッジ取引がこれに従って処理されることが期待されることが求められている（金融商品会計基準31項，金融商品実務指針143項，144項，313項）。

2 ┃ 正式な文書によるヘッジ取引の明確化

　金融商品実務指針第143項では，ヘッジ取引開始時に，以下の事項を正式な文書によって明確にすることを要求している。

> （1）　ヘッジ対象のリスク（為替変動，金利変動，価格変動等）を明確にし，これらのリスクに対してどのような種類のヘッジ手段を用いるか
> （2）　ヘッジ手段に関しては，その有効性について事前に予測しておくこと
> （3）　相場変動またはキャッシュ・フロー変動の相殺の有効性を評価する方法

3 ┃ リスク管理方針への準拠性

　企業がさらされているリスクに対して，ヘッジ対象のリスクを明確にし，どのようなヘッジ手段を用いるかを明確にし，ヘッジの有効性を管理する企業の基本的な方針のことをリスク管理方針という。

　リスク管理方針には，少なくとも管理の対象とするリスクの種類と内容，ヘッジ方針，ヘッジ手段の有効性の検証方法などのリスク管理の基本的な枠組みを文書化することが必要となる（金融商品実務指針147項）。

　事前テストではその要件として，ヘッジ取引時において，ヘッジ取引が企業のリスク管理方針に従ったものであることが図表2－1－1のいずれかによって客観的に認められることを求めている。

図表２－１－１　事前テストの要件

要件 （金融商品実務指針144項）	想定 （金融商品実務指針145項）
（１）　ヘッジ取引が企業のリスク管理方針に従ったものであることが，文書により確認できること	比較的単純な形でヘッジ取引を行っている場合
（２）　企業のリスク管理方針に関して明確な内部規定および内部統制組織が存在し，当該取引がこれに従って処理されることが期待されること	多数のヘッジ取引を行っている場合（金融機関など）

なお，リスク管理方針については，取締役会承認など経営意思決定に関する社内の適切な承認手続を経ることが必要となり，また，企業の環境変化等に対応して見直しを行っていく必要がある（金融商品実務指針147項，314項）。

Q2-2　同種のヘッジ関係について個別ヘッジと包括ヘッジを使い分けることの可否

同種のヘッジ関係には同様の有効性の評価方法を適用すべきであるとされているが，同種のヘッジ関係にある取引について個別ヘッジと包括ヘッジを使い分けることは可能か。

A

同種のヘッジ関係にある取引について，個別ヘッジと包括ヘッジを使い分けることは認められる。

解説

1　個別ヘッジと包括ヘッジ

個別ヘッジとは，ヘッジ対象となる一つの資産や負債に対して一つの取引をヘッジ手段として利用する取引をいい，この１対１の個別対応がヘッジ会計の原則とされている（金融商品実務指針151項）。

一方，例外として，特定の要件を満たした場合，複数の資産や負債に対して

一つの取引をヘッジ手段として利用することが認められている。これを包括ヘッジという。

包括ヘッジ適用のための特定の要件として，金融商品会計基準（注11）では，「ヘッジ対象が複数の資産又は負債から構成されている場合は，個々の資産又は負債が共通の相場変動等による損失の可能性にさらされており，かつ，その相場変動等に対して同様に反応することが予想されるものでなければならない。」と定められている。

例えば，個々の資産または負債の時価の変動割合またはキャッシュ・フローの変動割合が，ポートフォリオ全体の変動割合に対して，上下10％を目安にその範囲内にある場合には，個々の資産または負債はリスクに対する反応がほぼ一様であるものとして取り扱うことができる。

包括ヘッジの要件を満たすものとしては，複数銘柄の債券の相場変動を債券先物などでヘッジする場合や，複数の変動利付借入金の金利の上昇を金利スワップなどでヘッジする場合などが考えられる。

一方，複数銘柄による株式ポートフォリオの時価変動を株価指数先物取引などでヘッジしようとする場合には，個々の銘柄の株価が株価指数先物価格と同様に反応するとはいえず，株式ポートフォリオは一般的に包括ヘッジの対象とはならない（金融商品実務指針152項）。

ヘッジ取引開始時において，企業は個別ヘッジを採用するか，包括ヘッジを採用するかを明示する必要がある。

2 ┃ 個別ヘッジ・包括ヘッジと有効性評価の関係

通常，同種のヘッジ関係には同様の有効性評価の方法を適用すべきであり，同種のヘッジ関係に異なる有効性の評価方法を用いるべきではないとされている（金融商品実務指針143項）。

個別ヘッジの場合は，ヘッジ対象とヘッジ手段が単純に1対1の関係にあるため，ヘッジ対象とヘッジ手段の相場変動またはキャッシュ・フロー変動を直接結びつけてヘッジの有効性評価を行う。これに対し，包括ヘッジの場合，リスクの共通する複数の資産または負債をグルーピングしたヘッジ対象とヘッジ手段との間に包括的な対応関係を認識して有効性評価を行う。

ここで，同種のヘッジ関係にある取引について，個別ヘッジと包括ヘッジを

使い分けた場合，有効性の評価について異なる方法を適用したことになるか，すなわち金融商品実務指針第143項違反となるかが問題となる。

この点，個別ヘッジと包括ヘッジは，金融商品実務指針第151項で述べられているようにヘッジ対象の識別（ヘッジ指定）の方法であり，有効性の評価方法そのものではないと解される。したがって，例えば，包括ヘッジの方法でヘッジ指定されているヘッジ関係と同種のものについて，個別ヘッジによりヘッジ指定しているものがあったとしても，金融商品実務指針第143項の趣旨に反するものではない（金融商品Q&A　Q49）。

Q2-3　予定取引に係る包括ヘッジ適用の可否

> 予定取引については，経営計画の修正その他の要因により，途中で予定が変更される場合もあり得ると思われるが，予定取引であっても包括ヘッジを適用することは可能か。

A
あらかじめ変更が予測されるような取引は予定取引の要件を充足しないため，包括ヘッジを適用することはできないと考えられる。

解説

1　ヘッジ対象となり得る予定取引

予定取引がヘッジ対象の要件を満たすか否かについては，金融商品実務指針第162項の要件に照らして総合的に検討する必要がある（詳細は前記「第1章　Q1-6　予定取引に係るヘッジ会計の適用」参照）。

2　予定取引に対する包括ヘッジ適用の可否

金融商品会計基準第30項で「ヘッジ対象には，予定取引により発生が見込まれる資産又は負債も含まれる。」とされているため，予定取引であっても包

括ヘッジの対象とすることは可能である。

　しかし，予定取引をヘッジ対象とするためには，前記のとおり，過去の取引実績，今後の計画内容等から予測可能性と実現可能性が極めて高いことが必要とされることから，途中で経営計画により変更が予測されるような取引は，ヘッジ対象となる予定取引の要件を満たさないと考えられる。

　したがって，経営計画の中でも，過去の取引実績等から実現可能性の極めて高い部分のみを予定取引として取り扱い，金融商品実務指針第152項の包括ヘッジの要件を充足するかどうかを検討することとなる。

Q2-4　ヘッジ対象となり得る予定取引の判断基準（短期借入金の借換え）

> 　当社は短期借入金を6か月ごとに借り換えて資金調達を行っており，当面，借換えを継続していく予定である。
> 　この短期借入金の借換予定を対象として，今後5年間の金利支払を固定する目的で金利スワップ取引を行っているが，予定取引としてヘッジ会計の対象となるか。
> 　また，このような場合に金利スワップの特例処理は適用できるか。

A

　短期借入金の借換予定の実行可能性が極めて高いと認められる場合，予定取引としてヘッジ会計の対象になると考えられる。しかし，金利スワップの特例処理の対象とはならない。

解説

1　ヘッジ会計の対象となるか否か

　短期借入金の借換予定についても，金融商品実務指針第162項の判断基準に照らして，実行される可能性が極めて高いと認められる場合には，予定取引としてヘッジ対象になり得る。この場合，以下の点なども考慮して，実行可能性を総合的に判断することが求められる。

- 過去相当期間にわたり6か月ごとの借換えの形で金利スワップの変動金利と高い相関関係を持つ金利により借入れが継続されている実績があること
- 当該条件で借換えを行わないことは事業活動に重大な影響が生じ明らかに不利益であること

　なお，金融商品実務指針第162項では，予定取引発生までの期間が概ね1年以上である場合には，他の要素を十分に吟味すべきものとしているが，これは当該期間が1年以上である場合にヘッジ会計の適用をすべて排除するものではなく，過去の借換え実績や借換えを行わないことによる影響等を総合的に考慮して判断する（金融商品Q＆A　Q55）。

2　金利スワップの特例処理の適用可否

　金利スワップの特例処理については，基本的にヘッジ対象と金利スワップとの実質的一体性を根拠とするもので，契約期間がほぼ一致することが要件の一つとなっている。短期借入金の借換えについては，契約期間の一致とはみなせないため，このような予定取引は金利スワップの特例処理の対象とはならない（金融商品Q＆A　Q55）。

Q2-5　ヘッジ対象となり得る予定取引の判断基準（為替予約）

　当社は食品加工メーカーで，海外からの原料の仕入につき外貨建取引を行っており，為替相場の変動リスクをヘッジするために，同一外貨の為替予約を行っている。
　この場合，実績取引数量が予定取引数量に対して80％から125％の範囲に収まっていれば，ヘッジ対象となり得る予定取引としてヘッジ会計の対象とすることは認められるか。

A

　ヘッジ手段が予定取引数量を超過する場合，当該超過する部分については，ヘッジ会計の対象とすることは認められず，ヘッジ会計の終了の処理を行うことになると考えられる。

解 説

1　基本的な考え方

　前記「第1章　Q1－6　予定取引に係るヘッジ会計の適用」に記載したとおり，ヘッジ対象となり得る予定取引の判断基準として，予定取引数量について実行される可能性が極めて高い取引であることが求められている。このため，当初は予定取引数量について実行される可能性が極めて高いと判断していたとしても，その後の市況の変動や当初想定した以上のキャンセルにより，予定取引数量のうち実行されないことが明らかになった数量または実行されないことが見込まれる数量が発生する場合には，予定取引数量をヘッジ手段が超過する数量についてヘッジ会計の終了の処理を行うことになると考えられる（金融商品会計基準34項）。

2　事後テストの結果を予定取引の判断基準に用いることの可否

　会社は予定取引の事後テストとして，金融商品実務指針第156項を援用して，実績取引数量が予定取引数量に対して80％から125％の範囲に収まっていれば，「ヘッジ対象となり得る予定取引」足り得ると考えている。
　しかし，まず予定取引数量について「実行される可能性が極めて高い取引」か，すなわちヘッジ対象となり得るかの判断を行う必要があり，その上でヘッジ対象となり得る部分について，ヘッジ手段とヘッジ対象の相場変動等を基礎にヘッジの有効性判定を行い，両者の間に高い相関関係があるか判断する必要がある。
　金融商品実務指針第156項はそのヘッジの有効性判定のための定めであり，予定取引数量について「実行される可能性が極めて高い取引」であるかを判断するために当該定めを援用することは認められないものと考えられる。

Q2-6 事後的にヘッジ指定を行うことの妥当性について

当社はデリバティブ取引開始時にヘッジ指定を行わず，当初取引時以後の時価の変動を純損益として処理した。その後，翌期首の時点で事後的にヘッジ指定を行うこととしたが，このような場合にヘッジ会計を適用し，ヘッジ指定時（翌期首時点）以後の時価の変動について繰延ヘッジを適用することは可能か。

A

一定の要件を満たす場合，事後的にヘッジ指定した上でヘッジ会計（繰延ヘッジ）を適用することは認められる。

解説

ヘッジ会計は，基本的には，ヘッジ会計の適用要件を満たす限り，企業の意思に基づいて採用できる会計処理と考えられるが，企業がヘッジ会計を行うに当たっては，事前にヘッジ対象をヘッジ指定により識別し，ヘッジ手段と対応させ，ヘッジの意図を明確にする必要がある（金融商品実務指針150項）。

ヘッジ取引時の事前の要件として，ヘッジ手段とヘッジ対象およびヘッジ有効性の評価方法が正式な文書により明確にされるとともに（金融商品実務指針142項），ヘッジ取引が企業のリスク管理方針に従ったものであることが，客観的に認められる必要がある（金融商品会計基準31項（1））。

このため，前記の要件が満たされている限りにおいて，先行して取得しているデリバティブ取引をヘッジ手段として用いるものであっても，ヘッジ会計の適用は認められるものと考えられる。

ただし，ヘッジ取引時においてヘッジ指定することが求められているため（金融商品実務指針143項），遡及的にヘッジ指定することは認められない。したがって，例えば，期末時点でのデリバティブ取引の含み損を不当に繰り延べる目的で，過去に遡ってヘッジ指定することは禁止される。また，期末日後の相場変動を見た上で，期末に遡ってヘッジ指定することも当然認められない。

Q2-7 取得時ではなく事後的にヘッジ指定した場合の会計処理の概要

前期まで原則法により会計処理していた金利スワップについて当期にヘッジ会計を適用した場合，どのような会計処理が求められるか。

A

ヘッジ会計適用開始時における金利スワップの時価は，その後のヘッジ会計適用期間に応じて純損益として処理する。また，各期末の繰延ヘッジ損益は，各期末の金利スワップの時価からアップフロントフィー相当額の損益未処理額を控除した額になると考えられる。

解説

1 会計処理の考え方

　ヘッジ会計適用開始時点で金利スワップの時価評価額が計上されている場合，当該時価評価額は金利スワップ取引開始時からヘッジ会計適用開始時までに生じた金利の変動により生じたものであり，ヘッジ指定によって生じたアップフロントフィーに相当するものであると考えられる。

　このため，当該時価評価額についてその後の契約期間に応じて純損益（支払利息または受取利息に加減）として処理を行うことになると考えられる。また，例えば，借入金の金利支払いに係る将来のキャッシュ・フローを固定するものとして，金利スワップがヘッジ手段として指定されている場合，前記のアップフロントフィーに相当する損益は将来のキャッシュ・フローを固定するものとは関連がないことから，繰延ヘッジ損益として繰り延べられないと考えられる。

　したがって，各期の繰延ヘッジ損益は，各期末の金利スワップの時価からアップフロントフィー相当額の損益未処理額を控除した額となり，各期において繰延ヘッジ損益として追加的に繰り延べられる損益は，金利スワップの時価の変動から前記のアップフロントフィーに相当する損益を控除した額になると考えられる。

2 設例による検討

　金利スワップを事後的にヘッジした場合の時系列別の会計処理について，設例2－7－1で確認する。

設例2－7－1　金利スワップを事後的にヘッジ指定した場合

[前提条件]
① 会社（3月決算）はX0年12月末に金利スワップ取引を開始した（ヘッジ会計は未適用）。
② X1年12月末に借入金の金利変動リスクをヘッジするため，当該金利スワップをヘッジ指定し，ヘッジ会計を適用した。
③ 税効果は考慮しないものとする。
④ 金利スワップ取引開始から当該スワップ終了までの金利スワップの時価と各勘定科目の推移は以下のとおりであった。

<フロー>

No.	時期	金利スワップの時価	時価増減		金利スワップ評価損		支払利息		繰延ヘッジ損益	
①	X0/12月末	－	－	－	－	－	－	－	－	－
②	X1/3月期	△190	△	190	借方	190	－	－	－	－
③	X1/12月末	△160	＋	30	貸方	30	－	－	－	－
④	X2/3月期	△135	＋	25	－	－	貸方	10	貸方	15
⑤	X3/3月期	△100	＋	35	－	－	貸方	40	借方	5
⑥	X4/3月期	△40	＋	60	－	－	貸方	40	貸方	20
⑦	X5/3月期	△25	＋	15	－	－	貸方	40	借方	25
⑧	X5/12月末	－	＋	25	－	－	貸方	30	借方	5

<残高>

No.	時期	金利スワップの時価	B/S計上額			
			金利スワップ		繰延ヘッジ損益	
①	X0/12月末	−	−	−	−	−
②	X1/3月期	△190	負債	190	−	−
③	X1/12月末	△160	負債	160	−	−
④	X2/3月期	△135	負債	135	貸方	15
⑤	X3/3月期	△100	負債	100	貸方	10
⑥	X4/3月期	△40	負債	40	貸方	30
⑦	X5/3月期	△25	負債	25	貸方	5
⑧	X5/12月末	−	−	−	−	−

[会計処理]

<① X0年12月末（金利スワップ契約締結時）>

仕訳なし

<② X1年3月期>

ヘッジ会計を適用しないため，金利スワップの評価損は当期の損失として処理する。

(借) 金利スワップ評価損　　(※)190　(貸) 金利スワップ　　(※)190

(※) △190…X1年3月期の金利スワップの時価（前提条件④参照）。

<③ X1年12月末>

前期の評価損の洗替仕訳とX1年12月末の金利スワップの時価評価

(借) 金利スワップ　　(※1)190　(貸) 金利スワップ評価損　(※1)190
(借) 金利スワップ評価損　(※2)160　(貸) 金利スワップ　　(※2)160

(※1) 前期末仕訳の戻し仕訳。
(※2) △160…X1年12月末の金利スワップの時価（前提条件④参照）。

<④ X2年3月期>

X2年3月末の金利スワップの時価評価（ヘッジ会計の適用）

ヘッジ会計適用時点の金利スワップ時価評価額（アップフロントフィー相当）をその後の契約期間に応じて純損益（支払利息の控除）として処理し，当該金額控除後の残額を繰り延べる。

| (借) 金利スワップ | (※1) 10 | (貸) 支払利息 | (※1) 10 |
| (借) 金利スワップ | (※2) 15 | (貸) 繰延ヘッジ損益 | (※2) 15 |

(※1) 10 = 160（ヘッジ会計適用時点（X1/12末）の金利スワップ時価評価額）×（3か月（X1/12末〜X2/3末）÷ 48か月（X1/12末〜X5/12末））
(※2) 15 = 160（X1/12末金利スワップ時価）− 135（X2/3末金利スワップ時価）− 10 (※1)

<⑤ X3年3月期>

X3年3月末の金利スワップの時価評価（ヘッジ会計の適用）
考え方は④と同様である。

| (借) 金利スワップ | (※1) 40 | (貸) 支払利息 | (※1) 40 |
| (借) 繰延ヘッジ損益 | (※2) 5 | (貸) 金利スワップ | (※2) 5 |

(※1) 40 = 160（ヘッジ会計適用時点（X1/12末）の金利スワップ時価評価額）×（12か月（X2/3末〜X3/3末）÷ 48か月（X1/12末〜X5/12末））
(※2) △5 = 135（X2/3末金利スワップ時価）− 100（X3/3末金利スワップ時価）− 40 (※1)

（⑥，⑦は省略する。）

<⑧ X5年12月末>

借入金の完済（ヘッジ対象の消滅）によるヘッジ会計の処理

| (借) 金利スワップ | (※1) 30 | (貸) 支払利息 | (※1) 30 |
| (借) 繰延ヘッジ損益 | (※2) 5 | (貸) 金利スワップ | (※2) 5 |

(※1) 30 = 160（ヘッジ会計適用時点（X1/12末）の金利スワップ時価評価額）×（9か月（X5/3末〜X5/12末）÷ 48か月（X1/12末〜X5/12末））
(※2) △5 = 25（X5/3末金利スワップ時価）− 0（X5/12末金利スワップ時価）− 30 (※1)

Q2-8　ヘッジ対象の部分指定

ヘッジ対象の一部をヘッジするケースについて，①期間5年，金額100百万円の変動金利の借入金を期間3年，想定元本100百万円の金利スワップ（変動受け，固定払い）で当初3年間の利払いをヘッジする場合と，②期間5年，金額100百万円の固定金利の借入金を期間3年，想定元本100百万円の金利スワップ（固定受け，変動払い）で，当初3年間の利払いをヘッジする場合はいずれも認められるか。

A

①はキャッシュ・フローを固定化するヘッジであり，有効性の評価において特に問題となることはないが，②は相場変動を相殺するヘッジであり，時価変動の全部をヘッジする取引として，その有効性が確認されない限り，ヘッジ会計の対象として認められない。

解説

ヘッジ指定は，ヘッジ対象の金額の一定割合またはヘッジ対象の保有期間の一部の期間のみを対象として行うこともできる（金融商品実務指針150項）。

ヘッジ取引には，キャッシュ・フローを固定するヘッジ取引と相場変動を相殺するヘッジ取引とがあり，前記①のケースはキャッシュ・フローを固定するヘッジ取引に該当する。したがって，有効性の評価はキャッシュ・フローの変動額に基づくこととなるが，当初3年間におけるヘッジ対象である借入金から生じるキャッシュ・フローとヘッジ手段である金利スワップから生じるキャッシュ・フローは，通常，高い相関関係を示すことが想定されることから，有効性の評価において特に問題となることはないと思われる。

これに対し，前記②のケースは，固定金利を金利スワップにより実質的に変動化する取引であり，相場変動を相殺するヘッジに該当する。したがって，有効性の評価は，金利変動による借入金の時価変動と金利スワップの時価変動を比較することとなる。

すなわち，期間3年の金利スワップの時価変動と比較するのは期間5年の固定金利の借入金の当初3年間の金利支払いに関する時価変動となり，元本が一

致していることから時価変動の全部をヘッジする取引として，その有効性が確認されない限り，ヘッジ会計の対象として認められない（金融商品Q＆A　Q51）。

Q2-9　ヘッジ手段の部分指定

> 　金利通貨スワップのうち，金利リスクの変動に起因する部分のみを取り出してヘッジ手段として指定し，為替リスクの変動に起因する部分についてはヘッジ手段として指定しないことは可能か。

A
　ヘッジ手段の一部を取り出して，部分的にヘッジ指定することは認められないと考えられる。

解説

　ヘッジ「対象」の部分指定については，金融商品実務指針第150項等において取扱いが定められているが，ヘッジ「手段」の部分指定については，その取扱いが明らかにされていない。

　ここで，IFRSにおけるヘッジ会計を定めるIFRS第9号「金融商品」を参考とすれば，デリバティブの一部のみを取り出してヘッジ手段として部分指定することは，一部の例外（例えば，オプションの時間的価値と本源的価値を区分して本源的価値のみをヘッジ手段として指定する場合やフォワードの直先差額をヘッジ手段から除外し，直物要素のみをヘッジ手段として指定する場合）を除き，禁止とされている。

　本質問のケースのように，金利リスクと為替リスクといった複数のリスクの影響を受けるデリバティブについて，一方のリスクの変動に起因する部分のみを取り出してヘッジ手段として指定することは認められないと考えられる。

第3章

ヘッジ会計の要件

Q3-1 事後テストとは

> ヘッジ取引時以降に求められる事後テストとはどのような手続か。

A

事後テストとは，ヘッジ取引時以降において，ヘッジ対象とヘッジ手段の変動状況に高い相関関係があることを確認する手続である。

解説

1 事後テストの概要

企業は，指定したヘッジ関係について，ヘッジ指定期間中，継続して高い有効性が保たれていることを確かめなければならない。すなわち，ヘッジ対象の相場変動またはキャッシュ・フロー変動とヘッジ手段の相場変動またはキャッシュ・フロー変動との間に高い相関関係があったかどうか（ヘッジ対象の相場変動またはキャッシュ・フロー変動がヘッジ手段によって高い水準で相殺されたかどうか）をテストしなければならない。

なお，有効性評価の頻度は，決算日には必ずヘッジ有効性の評価を行い，さらに少なくとも6か月に1回程度は有効性の評価を行わなければならないとされている。

また，ヘッジ有効性の評価は，文書化されたリスク管理方針・管理方法と整

合性が保たれていなければならない（金融商品実務指針146項）。

2 有効性の評価方法

　金融商品実務指針は，有効性評価の方法として，回帰分析等の統計的手法も考えられるとした上で，事後テストに必ずしも適さないものと考えられることから，ヘッジ手段とヘッジ対象の損益（またはキャッシュ・フロー変動）を単純に比較する比率分析の方法のみを想定している（金融商品実務指針323項）。

　ヘッジ有効性の判定は，原則としてヘッジ開始時から有効性判定時点までの期間において，ヘッジ対象の相場変動またはキャッシュ・フロー変動の累計とヘッジ手段の相場変動またはキャッシュ・フロー変動の累計とを比較し，両者の変動額等を基礎にして判断する。両者の変動額の比率が概ね80〜125％までの範囲内にあれば，ヘッジ対象とヘッジ手段との間に高い相関関係があると認められる（設例3－1－1参照）。

　なお，オプション取引については，ヘッジ方針に従い，オプション価格の変動額とヘッジ対象の時価変動額を比較するか，またはオプションの基礎商品の時価変動額とヘッジ対象の時価変動額を比較して判定を行う。

　例えば，ヘッジ手段の損失額が80でヘッジ対象の利益額が100ならば，相殺は100分の80で80％と算定され，また，ヘッジ手段の利益額が100でヘッジ対象の損失額が80ならば，相殺は80分の100で125％と算定され，これらのヘッジ手段とヘッジ対象には高い相関関係があり，ヘッジは有効であるといえる（金融商品実務指針156項）（後記「Q3－2　オプション取引のヘッジ有効性判定」参照）。

設例3－1－1　事後テスト

[前提条件]
① 　会社（3月決算）は製品Xを保有しているが，市況の悪化が予測されたため，3月1日に商品先物売契約を締結し，ヘッジ指定した。
② 　事前テストにより，製品Xと商品先物の相場変動には高い相関が見込まれた。
③ 　製品Xと商品先物の時価の変動は以下のとおりである。

日付	製品X（ヘッジ対象）		先物（ヘッジ手段）	
	時価	変動額	時価	変動額
3月 1日	2,450	−	2,400	−
3月31日	2,390	△60	2,350	△50
6月30日	2,350	△40	2,320	△30
9月30日	2,330	△20	2,310	△10

[ヘッジ有効性の判定]

(1) 3月31日

　会社がヘッジを開始した日である3月1日時点からヘッジ対象とヘッジ手段の時価の変動の累計額を比較して有効性判定を行う。ヘッジ取引開始後の製品Xの時価変動額に対する先物時価の変動額の比率は△50÷△60 = 83.3％であり，ヘッジは有効であると判断できる。

(2) 6月30日

　ヘッジ開始時から判定時までの現物価格の変動額に対する先物時価の変動額の比率は（△50 +△30）÷（△60 +△40）= 80％であり，ヘッジは有効であると判断できる。

(3) 9月30日

　ヘッジ開始時から判定時までの現物変動額に対する先物時価の変動額の比率は（△50 +△30 +△10）÷（△60 +△40 +△20）= 75％となり，相場変動の累計額の比率が80％から125％の範囲にないため，ヘッジの有効性は失われていると考えられる。

3 非有効部分の処理

　ヘッジ取引の開始時点において，ヘッジ対象に係る相場変動またはキャッシュ・フロー変動の100％をヘッジすることを意図したヘッジ取引について，ヘッジ手段の有効性の限界のために，ヘッジ手段に係る相場変動またはキャッシュ・フロー変動がヘッジ対象に生じた変動を超え，結果として非有効部分が生じる場合がある。

　このような場合に，非有効部分の区分を要求することとすると，多数のヘッ

ジ取引を行っている企業では実務上の処理が非常に煩雑となるおそれがあることを考慮し，金融商品実務指針では，ヘッジ会計の要件が満たされている限りにおいては，非有効部分の区分を要求しないこととしている。

すなわち，ヘッジ全体が有効と判定され，ヘッジ会計の要件が満たされている場合には，ヘッジ手段に生じた損益のうち結果的に非有効となった部分についても，ヘッジ会計の対象として繰延処理することができる。

なお，非有効部分を合理的に区分できる場合には，非有効部分を繰延処理の対象とせずに当期の純損益に計上する方針を採用することができる（金融商品実務指針172項）。

例えば，ヘッジ対象資産の時価変動累計額が100，ヘッジ手段であるデリバティブの時価変動累計額が△120とした場合，会計処理は以下のとおりとなる（税効果は考慮しない。）。

（1） 非有効部分を含めて全額繰り延べる処理

| （借）繰延ヘッジ損益 | 120 | （貸）デリバティブ負債 | 120 |

（2） 非有効部分を当期の損益とする処理

| （借）繰延ヘッジ損益 | 100 | （貸）デリバティブ負債 | 120 |
| デリバティブ評価損(※) | 20 | | |

(※) この非有効部分は営業外損益の区分に計上する。したがって，ヘッジ対象の損益に対応して計上される有効（繰延）部分の損益とは表示科目が異なる。

Q3-2 オプション取引のヘッジ有効性判定

オプション取引のヘッジ有効性判定はどのようにして行えばよいか。

A

オプション取引のヘッジ有効性判定は，原則的な方法に加え，オプションの基礎商品の時価変動額とヘッジ対象の時価変動額を比較する方法が認められている。

解 説

　事後テストにおけるヘッジ有効性の判定は，原則としてヘッジ開始時から有効性判定時点までの期間において，ヘッジ対象の相場変動またはキャッシュ・フロー変動の累計とヘッジ手段の相場変動またはキャッシュ・フロー変動の累計とを比較し，両者の変動額を基礎として判断する。

　ただし，オプション取引をヘッジ対象の相場変動リスクのヘッジ手段として用いた場合，ヘッジ有効性の判定は以下の2つの方法が認められている（金融商品実務指針156項）。

> ① オプション価格の変動額とヘッジ対象の時価変動額を比較する方法
> ② オプションの基礎商品の時価変動額とヘッジ対象の時価変動額を比較する方法

　オプション取引のヘッジ有効性の判定において，原則的な方法である①とは別に②の方法が認められているのは，アウト・オブ・ザ・マネー[1]の状態で締結したオプション取引（例えば，オプションの基礎商品の時価より低い価格でプットオプションを設定したり，基礎商品の時価より高い価額でコールオプションを設定する場合）について，有効性判定に支障を生じさせないという趣旨である。

　すなわち，オプション取引により，ヘッジ対象の相場変動またはキャッシュ・フロー変動のうち片側のみをヘッジしている場合には，ヘッジ対象の損失削減またはキャッシュ・フロー固定の効果は，一般にオプションがイン・ザ・マネー[2]の状態にあるときに生じるが，有効性判定の時点においてオプションがアウト・オブ・ザ・マネーの状態であれば，ヘッジ対象の時価またはキャッシュ・フローに不利な変動は生じておらず，基礎商品の相場の動きによって行使時期においてイン・ザ・マネーの状態となれば，損失削減またはキャッシュ・フロー固定のヘッジ効果が生じることとなる（設例3−2−1参照）。

1　オプションにおいて，本質的価値を有していない状態（不利な状態）をいう。一般に，権利行使価格（行使価格）と原資産価格（市場価格）との関係において，オプション取引の買手が権利行使をした場合に「損失が発生する状態」である。

2　オプションにおいて，本質的価値がゼロより大きい状態（有利な状態）をいう。一般に，権利行使価格（行使価格）と原資産価格（市場価格）との関係において，オプション取引の買手が権利行使をした場合に「利益が発生する状態」である。

この考えは，キャッシュ・フローを固定するヘッジについても適用され，オプション取引の基礎商品価格の変動に基づいて計算したキャッシュ・フロー変動額をヘッジ対象のキャッシュ・フロー変動額と比較して判定する。

設例３－２－１　オプションの有効性判定

[前提]
① 買建プットオプションによりドル建資産の為替リスクをヘッジする。
② 現在の為替レート：110円／米ドル
③ 権利行使価格 100円／米ドル
④ 支払プットオプション料：10円
⑤ オプションの時間的価値および時価の変動は考慮しない。

[オプション損益および有効性割合]

円／ドル	85	90	95	100	105	110
①ヘッジ対象時価変動額	△25	△20	△15	△10	△5	0
②オプション損益	5	0	△5	△10	△10	△10
③有効性割合（②／①×100）	20%	0%	—	—	—	—
④基礎商品変動額	＋25	＋20	＋15	＋10	＋5	0
⑤有効性割合（④／①×100）	100%	100%	100%	100%	100%	100%

　ヘッジの有効性判定をオプション価格の変動額とヘッジ対象の時価変動額を比較する方法（上表③）により行う場合，有効性割合が80～125％の範囲外となる。しかし，基礎商品の相場の動きを見れば，ヘッジ対象資産とオプション取引の相関関係は明確である。このような場合の有効性判定は，オプションの基礎商品の時価変動額とヘッジ対象の時価変動額を比較する方法（上表⑤）によることが合理的であると考えられる。

Q3-3 ヘッジ有効性評価の頻度

ヘッジの有効性評価は四半期決算ごとに行う必要があるか。

A

四半期報告書の提出会社においては，ヘッジの有効性評価を四半期決算ごとに行うことが望ましいと考えられる。

解説

金融商品実務指針第146項において，企業は，決算日には必ずヘッジ有効性の評価を行い，少なくとも6か月に1回程度，有効性の評価を行わなければならないとされている。

しかし，この定めは四半期報告制度が導入される前のかつての中間財務諸表を前提としたものと考えられる。したがって，四半期報告書の提出会社においては，四半期決算ごとにヘッジの有効性評価を行うべきか否かについて問題となる。

この点，現行の日本基準においては，四半期財務諸表を前提としたヘッジの有効性評価の頻度については特段の定めは存在しない。ここで，IFRSにおけるヘッジ会計を定めるIFRS第9号「金融商品」を参考とすれば，ヘッジの有効性評価はヘッジ開始日以降は最低限，①報告日ごとと，②ヘッジ有効性要件に影響を与える重要な変化が生じた時のいずれか早い時期に行う必要があるとされている。

金融商品実務指針第146項がいわゆる中間決算を前提としたものと解せば，「少なくとも6か月に1回程度」とは報告日ごとを想定したものと考えられ，また，企業会計基準第12号「四半期財務諸表に関する会計基準」等においても四半期特有の取扱いは特段定められていないことから，四半期報告を行っている会社については，ヘッジの有効性評価を四半期決算ごとに行うことが望ましいと考えられる。

Q3-4 ヘッジ有効性評価が省略可能なケース

ヘッジの有効性評価が省略可能なケースについて教えてほしい。

A

ヘッジ手段とヘッジ対象の資産，負債または予定取引に関する重要な条件が同一である場合等については，ヘッジの有効性評価が省略可能となる。

解説

一般的にヘッジ手段とヘッジ対象の資産・負債または予定取引に関する重要な条件が同一である場合には，ヘッジ開始時およびその後も継続して，相場変動またはキャッシュ・フロー変動を完全に相殺するものと想定することができる。具体的には，以下のような取引がある（金融商品実務指針158項）。

① 先渡契約が，ヘッジ対象となるべき予定購入と同一商品，同量，同時期，同一場所である場合
② ヘッジ開始時の先渡契約の時価がゼロである場合
③ 先渡契約のディスカウントまたはプレミアムの変動がヘッジの有効性評価から除かれている，または予定取引のキャッシュ・フロー変動がその商品の先物価格に依存している場合
④ 金利スワップが特例処理の要件に該当する場合

これらの場合には，ヘッジの有効性に係る事後テストを省略することができる。例えば，外貨建輸入取引の為替リスクをヘッジする場合，輸入取引（ヘッジ対象）の外貨の種類とヘッジ手段である為替予約等の外貨の種類が同一（例えば，いずれも米ドル）であれば，事後テストを行う必要はない。

逆に，以下のような場合はヘッジの非有効部分が存在することになるため，事後テストを行う必要がある（金融商品実務指針159項）。

① ヘッジ手段とヘッジ対象の想定元本，期限，取引量，場所，引渡日等の重要な条件が相違する場合
② ヘッジ手段とヘッジ対象の通貨が異なり，両者の為替相場変動が完全には連動していない場合

前記の外貨建輸入取引の例でいえば、ヘッジ対象である輸入取引が米ドル建、ヘッジ手段である為替予約がカナダドル建の場合には、事後テストを行う必要がある。

Q3-5　ヘッジ会計の中止と終了

ヘッジ会計の中止と終了の違いについて教えてほしい。

A

ヘッジ対象が引き続き存在している場合においてヘッジ会計の適用を取りやめることをヘッジ会計の中止といい、ヘッジ対象が存在しなくなった場合においてヘッジ会計の適用を取りやめることをヘッジ会計の終了という。

両者は、繰り延べられたヘッジ手段に係る損益または評価差額の会計処理において相違する。

解説

1　ヘッジ会計の中止

金融商品実務指針第180項では、以下の場合には、ヘッジ会計を中止しなければならないとされている。

(1) 当該ヘッジ関係が企業のヘッジ有効性の評価基準を満たさなくなった場合
(2) ヘッジ手段が満期、売却、終了または行使のいずれかの事由により消滅した場合

ヘッジ会計の中止に該当した場合、ヘッジ会計の要件が満たされていた間のヘッジ手段に係る損益または評価差額は、ヘッジ対象に係る損益が認識されるまで引き続き繰り延べられ、ヘッジ対象に係る損益の認識に伴って繰り延べたヘッジ損益または評価差額を中止以後の純損益に計上する。

これは、ヘッジ会計の中止時点まではヘッジ関係が有効であったことから、

当該ヘッジ関係に係るヘッジ手段の損益等はヘッジ対象の損益に対応させることが合理的であるという考え方によっている。

ただし，繰り延べられたヘッジ手段に係る損益または評価差額について，ヘッジ対象に係る含み益が減少することによりヘッジ会計の終了時点で重要な損失が生じるおそれがあるときは，当該損失部分を見積り，当期の損失として処理しなければならない（金融商品会計基準33項）。

2 ヘッジ会計の終了

金融商品実務指針第181項では，以下の場合には，ヘッジ会計を終了しなければならないものとされている。

(1) ヘッジ対象が消滅したとき
(2) ヘッジ対象である予定取引が実行されないことが明らかになったとき

ヘッジ会計の終了に該当した場合，繰り延べられていたヘッジ手段に係る損益または評価差額は当期の純損益として処理しなければならない。

これは，ヘッジ対象がもはや存在しないため，繰延処理することはできないという考え方によるものである。

3 設例による検討

ヘッジ会計の中止と終了のそれぞれの処理について，金利スワップにおける単純な例で確認する（設例3-5-1，設例3-5-2，設例3-5-3参照）。

設例3-5-1　ヘッジ会計の中止
―①ヘッジ有効性の基準を満たさなくなった場合

［前提条件］
① 会社は前期，その他有価証券の金利変動による価格変動リスクをヘッジするため，金利スワップを行った。
② 取得時から当期末のその他有価証券と金利スワップの時価の推移は次のとおりである。

	取得時	前期末	中止時	当期末
その他有価証券	100	120	150	180
金利スワップ	-	△20	△50	△70

③ 税効果は考慮しないものとする。
④ 取得時および前期末（翌期首振戻し）の仕訳は省略する。

[会計処理]
＜中止時および当期末の合算仕訳＞

　ヘッジ対象であるその他有価証券の損益が認識されていないため，ヘッジ有効期間に係る繰延ヘッジ損益（△50）は繰り延べられ，ヘッジ中止時以降のヘッジ手段の損益（△20）は，当期の純損益として認識される。

(借) 投資有価証券	(※1) 80	(貸) その他有価証券評価差額金	(※1) 80
(借) 繰延ヘッジ損益 　　 金利スワップ評価損	(※2) 20 (※3) 50	(貸) 金利スワップ	(※2) 70

(※1)　80＝当期末時価180－取得価額100（その他有価証券）
(※2)　50…中止時金利スワップ時価（前提条件②参照）。
(※3)　20＝当期末時価70－中止時時価50（金利スワップ）
(※4)　70…当期末金利スワップ時価（前提条件②参照）。

設例3-5-2　ヘッジ会計の中止－②ヘッジ手段が消滅した場合

[前提条件]
① 当期中にヘッジ手段である金利スワップを解約した。
② 取得時から当期末のその他有価証券と金利スワップの時価の推移は次のとおりである。

	取得時	前期末	スワップ解約時	当期末
その他有価証券	100	120	150	180
金利スワップ	-	△20	△50	-

③ その他の条件は設例3-5-1と同様とする。

[会計処理]

その他有価証券に係る仕訳は設例3－5－1と同様であるため，ヘッジ手段解約時の仕訳のみを示す。

＜金利スワップ解約時＞

ヘッジ対象であるその他有価証券の損益が認識されていないため，ヘッジ有効期間に係る繰延ヘッジ損益は設例3－5－1と同様に繰り延べられる。

| (借) 繰延ヘッジ損益 | (※)50 | (貸) 金利スワップ | (※)50 |
| (借) 金利スワップ | (※)50 | (貸) 現金預金 | (※)50 |

(※) 50…ヘッジ手段消滅時金利スワップ時価（前提条件②参照）。

設例3－5－3　ヘッジ会計の終了

[前提条件]
① 当期中にヘッジ対象であるその他有価証券を売却した。
② その他有価証券の売却後においても金利スワップを解約せずに保有し続ける。
③ 取得時から当期末のその他有価証券と金利スワップの時価の推移は次のとおりである。

	取得時	前期末	有価証券売却時	当期末
その他有価証券	100	120	150	－
金利スワップ	－	△20	△50	△70

④ その他の条件は設例3－5－1と同様とする。

[会計処理]

＜有価証券売却時＞

| (借) 現金預金 | (※1)150 | (貸) 投資有価証券 | (※2)100 |
| | | 投資有価証券売却益 | (※3)50 |

(※1) 150…その他有価証券売却時時価（前提条件③参照）。
(※2) 100…その他有価証券取得価額（前提条件③参照）。
(※3) 差額で算出。

<当期末>

 ヘッジ対象が消滅した場合，繰り延べられていたヘッジ手段の損益（△50）は，その後のヘッジ手段の損益（△20）とあわせてすべて当期の純損益として認識される。

(借) 金利スワップ評価損 (※) 70 　(貸) 金利スワップ (※) 70

(※) 70…当期末金利スワップ時価（前提条件③参照）。

Q3-6　四半期末で有効性の評価基準を満たさなくなった場合の会計処理

当社（3月決算）は四半期ごとにヘッジの有効性評価（事後テスト）を行っており，第1四半期末の事後テストにおいて有効性の評価基準を満たしていたが，第2四半期末の事後テストにおいて有効性の評価基準を満たさなかった。この場合，ヘッジ会計の中止の処理はどの時点を基準として行うべきか。

A

ヘッジの有効性は第2四半期会計期間において失われているため，第2四半期期首（7月1日）に遡ってヘッジ会計の中止の処理をすべきと考えられる。

解説

1　会計処理の考え方

ヘッジ会計の要件を満たさなくなった場合の会計処理について，金融商品実務指針第180項は，ヘッジ会計の適用を中止しなければならない事態が発生した場合，その時点までのヘッジ手段に係る損益または評価差額はヘッジ対象に係る損益が純損益として認識されるまで繰り延べると定めている。

ここで，四半期末の事後テストの結果，ヘッジが有効性の評価基準を満たさなくなり，ヘッジ会計の中止の処理を行う場合，「その時点」とは具体的にどこを指すのかが問題となる。

本質問においては，第1四半期末の事後テストでは有効，第2四半期末の事

後テストでは非有効と判定されていることから，前回有効と判定された後の期間，すなわち第2四半期会計期間の有効性が失われていると考えられる。したがって，第2四半期会計期間の期首から有効性は失われていると考えるのが妥当であり，ヘッジ会計の中止の処理は，第2四半期会計期間の期首に遡って行うべきであると考えられる。

2 設例による検討

四半期末においてヘッジが有効性の評価基準を満たさなくなった場合の処理について，金利スワップの例で確認する（設例3－6－1参照）。

設例3－6－1　四半期末でヘッジ有効性の基準を満たさなくなった場合

[前提条件]
① 会社（3月決算）は，四半期決算ごとにヘッジの有効性評価を行っている。
② 当期首にその他有価証券を取得し，金利変動による価格変動リスクをヘッジするため，金利スワップを行った。
③ 事後テストの結果，第1四半期末ではヘッジは有効，第2四半期末ではヘッジは非有効と判定された。
④ 当期首から当期末のその他有価証券と金利スワップの時価の推移は以下のとおりである。

	当期首 （4/1）	第1四半期期末 （6/30）	第2四半期期首 （7/1）	第2四半期期末 （9/30）	当期末 （3/31）
その他有価証券	100	120	120	140	180
金利スワップ	－	△20	△20	△40	△70

⑤ 税効果は考慮しないものとする。
⑥ 取得時の仕訳は省略する。

[会計処理]

＜中止時および当期末の合算仕訳＞

　第2四半期末においてヘッジは非有効であると判定されたため，前回有効と判定された第1四半期期末日（6/30）後である第2四半期会計期間の期首（7/1）に遡ってヘッジ会計の中止の処理を行う。第2四半期末（9/30）の金利スワップの時価を用いて会計処理を行わないことに注意が必要である。

　ヘッジ対象であるその他有価証券の損益が認識されていないため，ヘッジ有効期間（＝第1四半期末まで）に係る繰延ヘッジ損益（△20）は繰り延べられ，ヘッジ中止時（＝第2四半期期首）以降のヘッジ手段の損益（△50）は，当期の純損益として認識される。

(借) 投資有価証券	(※1) 80	(貸) その他有価証券評価差額金	(※1) 80
(借) 繰延ヘッジ損益 　　　金利スワップ評価損	(※2) 20 (※3) 50	(貸) 金利スワップ	(※4) 70

（※1）　80＝当期末時価180－取得価額100（その他有価証券）
（※2）　20…ヘッジ会計の中止時（第2四半期期首）の金利スワップ時価（前提条件④参照）。
（※3）　50＝当期末時価70－中止時時価20（金利スワップ）
（※4）　70…当期末金利スワップ時価（前提条件④参照）。

Q3-7　包括ヘッジのヘッジ対象が一部消滅した場合の取扱い

> 包括ヘッジにおいて，ヘッジ対象である資産または負債の一部が中途解約や売却等により消滅した場合，ヘッジ対象とヘッジ手段の元本が一致しなくなるが，この場合はヘッジ会計を直ちに中止する必要があるか。

A
　ヘッジ対象が消滅した部分のみについてヘッジ会計の終了があったものと考え，包括ヘッジの残りの部分についてはそのままヘッジ会計を継続する。

解説
　包括ヘッジのヘッジ対象の一部が消滅したからといって，全体についてヘッ

ジ会計を中止したものとして取り扱う必要はなく，ヘッジ対象が消滅した部分についてのみヘッジ会計が終了したものとして取り扱う。

この場合，その時点での繰延ヘッジ損益のうち，消滅したヘッジ対象に配分された金額を，当期の純損益として処理することになる（金融商品実務指針173項参照）。

ヘッジ手段のうち消滅したヘッジ対象に対応する部分を引き続き保有する場合，その部分はヘッジ手段とは認められないため，その後に生じた評価差額は当期の純損益に計上することになる（金融商品Q＆A　Q 52）。

なお，ヘッジ対象が複数のものからなる包括ヘッジにおけるヘッジ手段に係る損益または評価差額の配分は，各ヘッジ対象に対するヘッジの効果を反映する配分基準に基づいて行う。

この配分の基礎として何を置くかについて，金融商品実務指針第173項では以下の３つの方法を挙げている。

(1) ヘッジ取引開始時または終了時における各ヘッジ対象の時価
(2) ヘッジ取引終了時における各ヘッジ対象の帳簿価額
(3) ヘッジ取引開始時からヘッジ取引終了時までの間における各ヘッジ対象の相場変動幅

Q3-8　ヘッジ指定解除の可否

リスクポジションや流動性確保の方針変更により，ヘッジ期間の途中でヘッジ指定を解除することは認められるか。

A

リスクポジションや流動性確保の方針変更に恣意性があると判断される場合，ヘッジ指定の解除は認められないと考えられる。一方，会社自身に起因しないやむを得ない事情が生じた場合等，合理的な理由がある場合には，ヘッジ指定の解除は認められると考えられる。

解説

会社は以下の場合、ヘッジ会計を中止しなければならない（金融商品実務指針180項）。

(1) 当該ヘッジ関係が企業のヘッジ有効性の評価基準を満たさなくなった場合
(2) ヘッジ手段が満期、売却、終了または行使のいずれかの事由により消滅した場合

前記のとおり、現在の日本基準においては、ヘッジ指定の解除はヘッジ会計の中止に含まれていない。

一方、金融商品実務指針第314項において、ヘッジ行動には経営者の主観的要素が介在するため、遡及的なヘッジ指定やヘッジ指定の取消しへの誘因が生じる可能性があるため、ヘッジ行動が取締役会等の経営意思決定機関で承認されたリスク管理方針として文書化されたヘッジ方針に基づいて行われ、かつ、ヘッジ取引時にあらかじめ定められたルールに従ってヘッジとして指定され、ヘッジの終了時までヘッジ対象と対応させて定期的または随時にヘッジの有効性を評価するような内部統制が不可欠とされている。

つまり、リスク管理の方針に変更がなく、かつ、経営意思決定機関で承認されていないにもかかわらず、リスクポジションや流動性管理方針の変更を理由としてヘッジ会計を中止することは恣意的な解除と考えられるため、これは認められないものと考えられる。

一方、取引相手の信用状態の著しい悪化など、会社自身に起因しないやむを得ない事情があり、当該事実がヘッジ指定を解除する合理的な理由と判断される場合には、ヘッジ指定の解除によりヘッジ会計を中止することは可能と考えられる。

第4章

金利ヘッジ取引に係る会計処理と実務論点

Q4-1　金利スワップ取引を利用したヘッジ会計の概要

金利スワップ取引を利用したヘッジ会計の概要について教えてほしい。

A

ヘッジ対象の金利変動に伴う将来キャッシュ・フロー変動の固定化，または金利変動による時価変動リスクを削減するために，金利スワップ取引がヘッジ手段として広く用いられている。金利スワップ取引を用いたヘッジ会計の方法としては，繰延ヘッジ，時価ヘッジおよび金利スワップの特例処理がある。

解説

変動利付金融資産または負債の金利変動に伴う将来キャッシュ・フローの変動を固定化，または固定利付金融資産もしくは負債の金利変動による時価変動リスクの削減のため用いられる主なヘッジ手段としては，金利スワップ取引，およびスワップション等の金利デリバティブが用いられる。

これらの金利デリバティブ取引を利用したヘッジ会計としては，繰延ヘッジと時価ヘッジに加え，金利スワップの特例処理があげられる。このうち，繰延ヘッジが原則的方法である。以下では，金利スワップ取引を利用した繰延ヘッジに基づく会計処理について解説する。

1 設例による考察

設例4－1－1に基づき，金利スワップ取引を利用した繰延ヘッジについて説明する。

設例4－1－1 金利スワップ取引を利用したヘッジ会計

[前提条件]
① X1年4月1日に会社（3月決算）は，借入期間2年（期日一括返済），3か月 LIBOR[1] + 0.5％で10,000の変動借入を行った。
② 同日に，変動金利を固定金利に変換するため，想定元本10,000で3か月 LIBOR + 0.5％受取，2％の固定金利を支払う，期間2年の金利スワップ契約を銀行と行った。
③ 金利の決済は3月末の年1回行われるもの（金利更改日は金利決済日の3か月前）とし，各3月末時点の3か月 LIBOR は0.5％とする。なお，便宜上，利息は月割で計算する。
④ 金利スワップ取引の受払条件は一定である。また，期限前の解約オプションはないものとする。
⑤ 各決算期における金利スワップ取引の時価は以下のとおりである。

決算期	X2/3	X3/3
期末時価	100	0

⑥ ヘッジの有効性を含めヘッジ会計の適用要件はすべて満たしているものとし，繰延ヘッジにより会計処理を行う。なお，税効果は考慮しないものとする。
⑦ 期首の洗替仕訳は行っていないものとし，評価差額の純変動額を計上している。

[会計処理]
＜X1年4月1日（借入および金利スワップ契約締結日）＞(※1)

---

1 LIBOR とは，ロンドン市場において銀行間で資金取引を行う際の平均貸出金利を指す。金融機関がユーロ市場で資金調達する際の基準金利である。金利スワップ取引をはじめ金利デリバティブの変動金利指標のベースとなっている。

| （借）現金預金 | （※2）10,000 | （貸）借入金 | （※2）10,000 |

（※1）　金利スワップ取引に係る仕訳はない。
（※2）　10,000…前提条件①参照。

＜X2年3月31日（決算日）＞

（借）支払利息（借入金）	（※1）100	（貸）現金預金	（※1）100
（借）支払利息 　　　（金利スワップ）	（※2）200	（貸）現金預金	（※2）200
（借）現金預金	（※1）100	（貸）支払利息 　　　（金利スワップ）	（※1）100
（借）金利スワップ	（※3）100	（貸）繰延ヘッジ損益	（※3）100

（※1）　100＝10,000 × 1.0%（TIBOR0.5% + 0.5%）（前提条件①～③参照）
（※2）　200＝10,000 × 2%（前提条件②参照）
（※3）　100…前提条件⑤参照。なお，前提条件⑥より税効果は無視する。

　上記の仕訳をまとめると，以下のとおりである。金利スワップ取引により固定金利により資金調達した場合と経済実態として同一になることがわかる。

| （借）支払利息 | 200 | （貸）現金預金 | 200 |
| （借）金利スワップ | 100 | （貸）繰延ヘッジ損益 | 100 |

＜X3年3月31日（決算日）＞

（借）支払利息（借入金）	（※1）100	（貸）現金預金	（※1）100
（借）支払利息 　　　（金利スワップ）	（※2）200	（貸）現金預金	（※2）200
（借）現金預金	（※1）100	（貸）支払利息 　　　（金利スワップ）	（※1）100
（借）繰延ヘッジ損益	（※3）100	（貸）金利スワップ	（※3）100

（※1）　100＝10,000 × 1.0%（TIBOR0.5% + 0.5%）（前提条件①～③参照）
（※2）　200＝10,000 × 2%（前提条件②参照）
（※3）　100…X3/3期末時点の金利スワップ時価評価額を前提条件⑤に従いゼロとするための差額調整。100（X2/3期の期末時価）の戻し仕訳。

　上記の仕訳をまとめると，以下のとおりである。

| (借) 支払利息 | 200 | (貸) 現金預金 | 200 |
| (借) 繰延ヘッジ損益 | 100 | (貸) 金利スワップ | 100 |

　このように金利スワップ取引を用いることにより，変動利付借入金について実質的に2％の固定金利支払の借入金に変換することが可能となり，将来金利の固定化（キャッシュ・フロー・ヘッジ）を行うことができる。

2　金利スワップの特例処理

　金利スワップ取引をヘッジ手段とする場合には，金利スワップ取引を時価評価せず，その金銭の受払の純額等をヘッジ対象資産または負債から生じる利息に加減して処理することができる。当該処理を金利スワップの特例処理という。金利スワップの特例処理は，後記「Q4-9　金利スワップの特例処理とは」で説明している。

Q4-2　ヘッジ対象より先に実行している金利スワップ取引に対するヘッジ会計の適用の可否

> 当社は，デリバティブ取引の契約時から1年後に変動金利の借入れを行う予定である。ヘッジ対象が実行される前にヘッジ指定を行った金利スワップ取引に対してヘッジ会計を採用することは可能か。

A

　金利スワップ取引に係るキャッシュ・フローの変動と借入金金利に係るキャッシュ・フローの変動にヘッジ関係があり，ヘッジの有効性が認められるのであれば，借入金の実行時以降，ヘッジ対象である変動金利の借入金に係るキャッシュ・フローを固定することになるため，キャッシュ・フロー・ヘッジに該当するものとしてヘッジ会計を採用することは可能と考えられる。

解 説

1 本質問の取引に係る検討

ヘッジ手段である金利スワップ取引をヘッジ対象である借入金を実行する前に締結している場合に，当該金利スワップ取引に対してヘッジ会計を適用することができるかが論点である。すなわち，予定取引である利付負債がヘッジ対象となるか否かが論点である（図表4－2－1参照）。

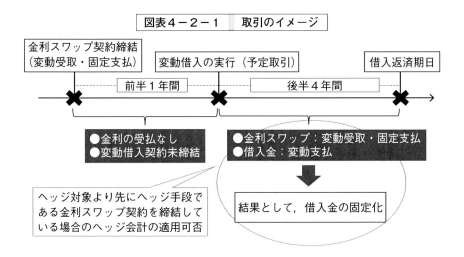

2 予定取引に係るヘッジ会計の適用の可否

質問のケースは，1年後に実行が予定される借入金をヘッジ対象として指定し，借入時に金利の受払がスタートする金利スワップ取引をヘッジ手段として対応させようとするものである。

この点につき，金融商品実務指針第338項において，ヘッジ対象には，予定取引により発生が見込まれる資産または負債も対象になると記載されている。ここで，予定取引とは，①未履行の確定契約に係る取引と，②契約は成立していないが，取引予定時期，取引予定物件，取引予定量，取引予定価格などの主要な取引条件が合理的に予測可能であり，かつ，それが実行される可能性が極めて高い取引のことをいう（金融商品会計基準（注12））（図表4－2－2参照）。

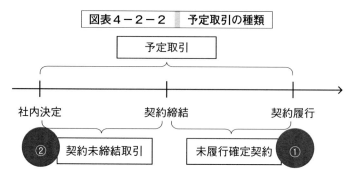

図表4-2-2　予定取引の種類

　後者の②については、契約が締結されていないことから、予測可能性と取引の実行可能性について厳密な基準により行う必要がある。具体的には、予定取引がヘッジ対象となるかどうかについては、金融商品実務指針第162項に定められた予定取引に係る6つの判断基準（詳細は、前記「第1章　Q1-6　予定取引に係るヘッジ会計の適用」を参照）について総合的に検討する必要がある。

　これを質問のケースにあてはめた場合、金利スワップ取引に係るキャッシュ・フローの変動と予定取引である借入金の金利に係るキャッシュ・フローの変動にヘッジ関係があり、ヘッジの有効性が認められるのであれば、借入金の実行時以降、ヘッジ対象である変動金利の借入金に係るキャッシュ・フローを固定することになるため、キャッシュ・フロー・ヘッジに該当するものとしてヘッジ会計を採用することは可能と考えられる。

　ただし、予定取引（借入金）が、金融商品実務指針第162項に定められた予定取引に係る6つの判断基準に照らしてヘッジ対象として適切であると認められることが前提である。

　なお、本質問に関連する具体的な会計処理は後記「Q4-3　予定取引（利付負債）に係る繰延ヘッジ損益の配分方法」に記載している。

Q4-3　予定取引（利付負債）に係る繰延ヘッジ損益の配分方法

　将来実行される可能性が高い変動利付借入金（予定取引）に対して予め金利スワップ取引（固定支払・変動受取）をヘッジ手段として締結しているケースにおいて、ヘッジ会計適用時の会計処理を教えてほしい。

A

　予定取引が変動利付借入金のような利付負債である場合には，予定取引実行時までに繰り延べられている繰延ヘッジ損益は，引き続き純資産の部に計上し，償却原価法によりヘッジ対象である利付負債に係る利息費用の発生に対応するように各期の純損益に配分する。

解　説

1 ｜ 予定取引（利付負債）に係る会計処理の概要

　ヘッジ対象には，予定取引により発生が見込まれる資産または負債も含まれる。予定取引のヘッジによりヘッジ手段に生じた損益または評価差額は，ヘッジ対象に係る損益が認識されるまで，繰延ヘッジ損益として繰り延べられる（金融商品実務指針338項）。その後，予定取引（利付負債の場合）が実行された場合には，予定取引実行時までに繰り延べられている繰延ヘッジ損益は，引き続き純資産の部に計上し，償却原価法によりヘッジ対象である利付負債に係る利息費用に対応するように各期の純損益に配分することとなる（金融商品実務指針170項（3））（図表4－3－1参照）。

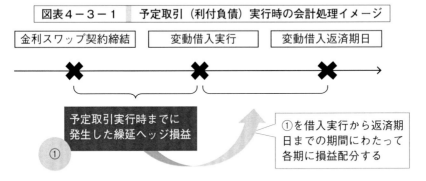

図表4－3－1　予定取引（利付負債）実行時の会計処理イメージ

2 ｜ 金利スワップ取引をヘッジ手段とした場合の予定取引（利付負債）実行時の会計処理

　借入金等の利付負債を予定取引として，金利スワップ取引をヘッジ手段としてヘッジ会計を適用する場合について説明していく。
　前記「1　予定取引（利付負債）に係る会計処理の概要」のとおり金融商品

実務指針第170項（3）によると，予定取引が利付負債の場合，繰延ヘッジ損益は引き続き純資産の部に計上し，償却原価法により当該負債に係る利息費用の発生に対応するように各期の純損益に配分するとされている。

（1） 金利先渡契約の場合

金融商品実務指針　設例20のようにヘッジ手段として金利先渡契約（FRA = Forward Rate Agreement）を利用している場合には，予定取引実行時以降のFRAの時価変動は生じない（繰延ヘッジ損益が変動しない）ことから，予定取引実行時までに計上されている繰延ヘッジ損益をヘッジ対象の満期までの期間にわたって期間配分していくことになる。

ここで，金利先渡契約（FRA）とは，取引所外において契約の両当事者間で契約金額・期間・金利をあらかじめ定め，決済日に決済金利と契約金利の差額を決済日の2営業日前における当該金利インデックス（LIBORやTIBORなど）の実際の数値で現在価値に割り引いた額の金銭の授受を約する取引をいう。これにより，FRAの買手は，将来の借入を特定の金利で固定化することができるため，将来の金利変動のリスクを回避することが可能となる。

FRAでは，FRAの決済日に金銭の授受を行うため，金融商品実務指針　設例20のようにFRAの決済日を予定取引である借入日と同一としている場合には，予定取引実行日以降のFRAの時価変動は生じないことになる。

（2） 金利スワップ取引の場合

本質問のケースのように，ヘッジ手段が金利スワップ取引の場合には，当該繰延ヘッジ損益の配分方法について論点になる。すなわち，金利スワップ取引の時価は，金利スワップ取引の将来利息の受払いから生じるキャッシュ・フロー合計の割引現在価値として算定され，当該金利スワップ取引に係る繰延ヘッジ損益は，予定取引時以降も変動し，金利スワップ取引に係る将来利息の受払いを通じて純損益として実現することになるため，この配分方法が論点になると考えられる。

この点につき，金利スワップ取引に係る繰延ヘッジ損益は，金利スワップ取引に係る将来利息の受払いを通じて純損益として実現することになるため，金利スワップ取引の時価の変動額をその他の包括利益として認識し，金利スワップ取引に係る利息の受払いを純損益として認識すれば，結果として，金融商品

実務指針第170項（3）が想定しているような，償却原価法により当該負債に係る利息費用の発生に対応させる形で各期の純損益に配分される結果になると考えられる。つまり，予定取引実行時において計上されている繰延ヘッジ損益のうち，組替調整額として純損益に配分されるのは，予定取引（利付負債）から生じる支払利息に対応して生じる金利スワップ取引に係る利息受払い実額相当が妥当と判断される。この場合，予定取引実行後の金利スワップ取引に係る時価評価額は，利付負債から今後発生する支払利息に対応する金利スワップ取引に係る利息受払い額を示していると考えられるため，繰延ヘッジ損益として計上することが妥当と考えられる。

3 設例による考察

本質問のケースの具体的な会計処理を設例4－3－1に従い説明する。

設例4－3－1　予定取引（利付負債）実行時の会計処理

[前提条件]

① 会社（3月決算）は将来実行される可能性が極めて高い変動利付借入（取引条件は後記参照）に対して金利変動リスクを回避するために事前に以下の金利スワップ取引を締結している。

－変動借入（予定取引）の条件－	－金利スワップ取引の条件－
・借入金額：10,000	・想定元本：10,000
・借入日：X2年4月1日	・契約日：X1年4月1日
・金利条件：3か月TIBOR[2] ＋ 0.5%	・金利条件：3か月TIBOR ＋ 0.5%受取，1.0%（固定）支払
・借入期間：4年（期日一括返済）	・金利交換はX3年3月31日から開始
	・契約期間：5年

2　TIBORとは，東京市場において銀行間で資金取引を行う際の平均貸出金利を指す。国際的な市場ではLIBORが用いられているが，日本の短期金融市場の整備および活性化を目的に，算出されているレート。一般社団法人全銀協TIBOR運営機関から，毎営業日の午前11時時点における期間別の市場実勢レートが公表されている。

② 金利の受払は借入金および金利スワップ取引ともに3月末の年1回行われるもの（金利更改日は金利決済日の3か月前）とし，各3月末時点の3か月TIBORは1.5％とする。説明の便宜上，利息は月割で計算するとともに，金利スワップ取引に係る利息の受払は生じないものとする。
③ 繰延ヘッジ損益に係る税効果は考慮しないものする。
④ 各決算期における金利スワップ取引の時価は以下のとおりである。

決算期	X2/3	X3/3	X4/3	X5/3	X6/3
期末時価	200	150	100	50	0

⑤ 各決算期においてヘッジの要件はすべて満たしているものとする。
⑥ 予定取引は金融商品実務指針第162項の要件を満たしているものとする。
⑦ 期首の洗替仕訳は行っていないものとし，金利スワップ取引の評価差額の純変動額を計上している。

[会計処理]
＜X2年3月31日（決算日）＞

（借）金利スワップ	(※)200	（貸）繰延ヘッジ損益	(※)200

（※） 200…前提条件④参照。なお，前提条件③より税効果は無視する。

＜X2年4月1日（予定取引の実行日）＞

（借）現金預金	(※)10,000	（貸）借入金	(※)10,000

（※） 10,000…前提条件①参照。

＜X3年3月31日（決算日）＞

（借）支払利息 　　　（借入金）	(※1)200	（貸）現金預金	(※1)200
（借）現金預金	(※2)200	（貸）支払利息 　　　（金利スワップ）	(※2)200
（借）支払利息 　　　（金利スワップ）	(※3)100	現金預金	(※3)100
（借）繰延ヘッジ損益	(※4)50	（貸）金利スワップ	(※4)50

- (※1) 200 ＝ 借入金10,000 × 2.0%（TIBOR1.5%（前提条件①，②参照）＋ 0.5%（前提条件①参照））
- (※2) 200 ＝ 想定元本10,000 × 2.0%（TIBOR1.5%（前提条件①，②参照）＋ 0.5%（前提条件①参照））
- (※3) 100 ＝ 想定元本10,000 × 1.0%（前提条件①参照）
- (※4) 50 ＝ X2年3月31日の時価200 － X3年3月31日の時価150。前提条件⑦より期首洗替仕訳を行っていないことから，前期末から当期末の金利スワップ取引の時価変動を調整する。

＜X4年3月31日（決算日）＞

（借）支払利息 　　　（借入金）	(※1) 200	（貸）現金預金	(※1) 200
（借）現金預金	(※2) 200	（貸）支払利息 　　　（金利スワップ）	(※2) 200
（借）支払利息 　　　（金利スワップ）	(※3) 100	（貸）現金預金	(※3) 100
（借）繰延ヘッジ損益	(※4) 50	（貸）金利スワップ	(※4) 50

- (※1) 200 ＝ 借入金10,000 × 2.0%（TIBOR1.5%（前提条件①，②参照）＋ 0.5%（前提条件①参照））
- (※2) 200 ＝ 想定元本10,000 × 2.0%（TIBOR1.5%（前提条件①，②参照）＋ 0.5%（前提条件①参照））
- (※3) 100 ＝ 想定元本10,000 × 1.0%（前提条件①参照）
- (※4) 50 ＝ X3年3月31日の時価150 － X4年3月31日の時価100。前提条件⑦より期首洗替仕訳を行っていないことから，前期末から当期末の金利スワップ取引の時価変動を調整する。

＜X5年3月31日（決算日）＞

（借）支払利息 　　　（借入金）	(※1) 200	（貸）現金預金	(※1) 200
（借）現金預金	(※2) 200	（貸）支払利息 　　　（金利スワップ）	(※2) 200
（借）支払利息 　　　（金利スワップ）	(※3) 100	（貸）現金預金	(※3) 100
（借）繰延ヘッジ損益	(※4) 50	（貸）金利スワップ	(※4) 50

- (※1) 200 ＝ 借入金10,000 × 2.0%（TIBOR1.5%（前提条件①，②参照）＋ 0.5%（前提条件①参照））
- (※2) 200 ＝ 想定元本10,000 × 2.0%（TIBOR1.5%（前提条件①，②参照）＋ 0.5%（前提条件①参照））
- (※3) 100 ＝ 想定元本10,000 × 1.0%（前提条件①参照）

(※4) 50 = X4年3月31日の時価100 − X5年3月31日の時価50。前提条件⑦より期首洗替仕訳を行っていないことから，前期末から当期末の金利スワップ取引の時価変動を調整する。

＜X6年3月31日（決算日）＞

（借）	支払利息 （借入金）	(※1) 200	（貸）	現金預金	(※1) 200
（借）	現金預金	(※2) 200	（貸）	支払利息 （金利スワップ）	(※2) 200
（借）	支払利息 （金利スワップ）	(※3) 100	（貸）	現金預金	(※3) 100
（借）	繰延ヘッジ損益	(※4) 50	（貸）	金利スワップ	(※4) 50

(※1) 200 = 借入金10,000 × 2.0%（TIBOR1.5%（前提条件①，②参照）＋ 0.5%（前提条件①参照））
(※2) 200 = 想定元本10,000 × 2.0%（TIBOR1.5%（前提条件①，②参照）＋ 0.5%（前提条件①参照））
(※3) 100 = 想定元本10,000 × 1.0%（前提条件①参照）
(※4) 50 = X5年3月31日の時価50 − X6年3月31日の時価0。前提条件⑦より期首洗替仕訳を行っていないことから，前期末から当期末の金利スワップ取引の時価変動を調整する。

このように，借入金等の利付負債を予定取引として，金利スワップ取引をヘッジ手段としてヘッジ会計を適用する場合には，金利スワップ取引に係る時価評価額は繰延ヘッジ損益として毎期純資産の部に計上し，前期末から当期末の時価変動相当はその他の包括利益として処理して，金利スワップ取引に係る利息の受払い額は受払い時の純損益として処理することが妥当と考えられる。

Q4-4　変動利付借入金にキャッシュ・フロー・ヘッジを適用した場合の有効性判定方法

当社は，変動利付借入金に対して，当該利息に係るキャッシュ・フロー・ヘッジを行うために，金利スワップ取引にてヘッジ指定を行った。事後テスト（ヘッジの有効性判定）の方法として既に経過した期間のキャッシュ・フロー変動額を比較する方法を採用しているが，この場合の有効性判定方法を教えてほしい。

A

　キャッシュ・フロー・ヘッジを行っている場合の事後テスト（ヘッジの有効性判定）の方法としては以下の方法が考えられる。

> 【A法】既に経過した期間の変動額の累計を比較する方法
> 【B法】未経過の期間も含めたヘッジ期間全体の変動額の累計を比較する方法

　採用する方法は，あらかじめ文書化されている各企業のリスク管理方針・管理方法と整合性が確保されている必要がある。

解 説

1 事後テストとヘッジの有効性評価方法

（1） 事後テスト

　金融商品実務指針では，ヘッジ取引開始時の事前テスト（金融商品実務指針143項から145項参照）だけでなく，その後のヘッジ指定期間中においてもヘッジ会計の適用要件（事後テスト）として，ヘッジ対象およびヘッジ手段間の時価またはキャッシュ・フローの変動につき，高い相関（相殺）関係を有しているか否かの確認を求めている。事後テストの頻度は，決算日を含めて少なくとも半年に1回程度は行う必要がある。また，当該ヘッジ有効性の評価は，あらかじめ文書化されている各企業のリスク管理方針・管理方法と整合性が確保されている必要がある（金融商品実務指針146項）。

（2） ヘッジ有効性評価の方法

① 概要

　金融商品実務指針は，有効性評価の方法として，回帰分析等の統計的手法も考えられるとした上で，事後テストに必ずしも適さないものと考えられることから，事後テストにおいては，ヘッジ手段とヘッジ対象の損益（またはキャッシュ・フロー変動）を単純に比較する比率分析の方法のみを想定している（金融商品実務指針323項）。

　ヘッジ有効性の判定は，原則としてヘッジ開始時から有効性判定時点までの期間において，ヘッジ対象の相場変動またはキャッシュ・フロー変動の累計とヘッジ手段の相場変動またはキャッシュ・フロー変動の累計とを比較し，両者

の変動額等を基礎にして判断する。両者の変動額の比率が概ね80～125％までの範囲内にあれば、ヘッジ対象とヘッジ手段との間に高い相関関係があると認められるとされている（金融商品実務指針156項）。

② 有効性評価の具体的な方法

本質問のケースのように、金利固定化のヘッジ有効性の判定方法は、ヘッジ対象とヘッジ手段についてそれぞれのキャッシュ・フローの総額の変動額を比較することになる。この場合、以下の2つの方法が考えられる（金融商品Q＆AQ53参照）。

- 既に経過した期間の変動額の累計を比較する方法（A法）
  ヘッジ取引開始時の予定キャッシュ・フローと有効性判定時点までの実際のキャッシュ・フローの累計との差異をヘッジ手段とヘッジ対象それぞれについて求めて比較を行う。
- 未経過の期間も含めたヘッジ期間全体の変動額の累計を比較する方法（B法）
  ヘッジ期間全体のキャッシュ・フロー総額を一つの単位とみなし、各有効性判定時点で既経過分のキャッシュ・フローに未経過のキャッシュ・フロー見込額を加算した合計額について、ヘッジ対象とヘッジ手段それぞれのキャッシュ・フロー合計額を比較する。

③ 留意事項

前記の事後テストの結果、ヘッジ対象の時価またはキャッシュ・フロー変動の幅が比較的小さい場合、ヘッジ手段の側の変動額との差異の絶対額は小さくても、比率が異常値となって、有効性の判断基準である80～125％の範囲から外れることも想定される。

このような場合でも、ヘッジ開始時に行った事前テストの結果がヘッジ手段の高い有効性を示している限り、数値が範囲外となったとしても、その変動幅が少ないことによる一時的なものと認められるときは、ヘッジ会計の適用を継続することができる（金融商品実務指針156項）。

2 設例による考察（A法を採用している場合）

本質問のケースの具体的な会計処理を設例4－4－1に従い説明する。

設例4－4－1　変動利付借入金にキャッシュ・フロー・ヘッジを適用した場合の有効性判定方法（A法）

［前提条件］

① 会社（3月決算）は，変動利付借入に対して金利スワップ取引（変動受取・固定支払）をヘッジ指定し，利息に係るキャッシュ・フロー・ヘッジを行っている。

－変動借入の条件－	－金利スワップ取引の条件－
・借入金額：10,000 ・借入日：X1年4月1日 ・金利条件：3か月TIBOR ・借入期間：3年（期日一括返済）	・想定元本：10,000 ・契約日：X1年4月1日 ・金利条件：3か月LIBOR受取，1％固定支払 ・契約期間：3年

② 金利の決済は3か月ごと（6月末，9月末，12月末，3月末の年4回）。各四半期決算時点の3か月TIBORおよびLIBORは以下のとおりである。なお，便宜上，利息は月割で計算する。

X2/3期	3か月TIBOR	3か月LIBOR
第1四半期	1.00％	1.10％
第2四半期	1.10％	1.20％
第3四半期	1.20％	1.30％
第4四半期	1.30％	1.30％

③ 会社のリスク管理方針において，事後テストの方法として「既に経過した期間の変動額の累計を比較する方法（A法）」のみを定めている。

[事後テストの方法]

＜X2年3月31日（当期の決算日）における事後テスト＞

（金額単位：円）

	ヘッジ対象		ヘッジ手段	
	変動借入の利息		金利スワップの変動利息	
	TIBOR	金利発生額	LIBOR	金利発生額
第1四半期	1.00%	25	1.10%	27.5
第2四半期	1.10%	27.5	1.20%	30
第3四半期	1.20%	30	1.30%	32.5
第4四半期	1.30%	32.5	1.30%	32.5
計（①）		115.0		122.5
当初予定額（②）	25×4＝	100	27.5×4＝	110
キャッシュ・フロー累計の変動額（①－②）		15.0　③		12.5　④
キャッシュ・フロー・ヘッジの有効性割合（④÷③）		83.3%		

　このとおり，ヘッジの有効性割合が 83.3% と 80%～125%の範囲内となっているため，X2年3月31日時点においても依然としてヘッジの有効性は維持されていると判断できる。

3 設例による考察（B法を採用している場合）

　「B法」における将来キャッシュ・フロー見込額の算定方法としては，例えば以下の方法が考えられる。

- 有効性判定時点に判明している変動金利を用いて未経過の将来キャッシュ・フロー見込額を算定する方法（金融商品Q＆A　Q53設例の方法）
- ヘッジ対象，ヘッジ手段双方に理論先渡金利がある場合，それを用いて将来キャッシュ・フローを算定の上，それぞれのイールド・カーブから求められる割引率を用いてその現在価値を求める方法

　事後テストにおける将来キャッシュ・フロー見込額の算定を「B法」により行った場合の具体例は設例4－4－2のとおりである。

設例4−4−2　変動利付借入金にキャッシュ・フロー・ヘッジを適用した場合の有効性判定方法（B法）

[前提条件]

① 会社（3月決算）は，変動借入に対して金利スワップ取引（変動受取・固定支払）をヘッジ指定し，利息に係るキャッシュ・フロー・ヘッジを行っている。

−変動借入の条件−	−金利スワップ取引の条件−
・借入金額：10,000 ・借入日：X1年4月1日 ・金利条件：3か月 TIBOR ・借入期間：3年（期日一括返済）	・想定元本：10,000 ・契約日：X1年4月1日 ・金利条件：3か月 LIBOR 受取，1%固定支払 ・契約期間：3年

② 金利の決済は3か月ごと（6月末，9月末，12月末，3月末の年4回）。ヘッジ期間全体の3か月 TIBOR および LIBOR は以下のとおりである。なお，便宜上，利息は月割で計算する。

ヘッジ期間	対象四半期	3か月TIBOR	3か月LIBOR
1年目	第1四半期	1.21%	1.27%
	第2四半期	1.20%	1.30%
	第3四半期	1.10%	1.20%
	第4四半期	1.00%	1.10%
2年目	第1四半期	1.00%	1.10%
	第2四半期	1.10%	1.20%
	第3四半期	1.20%	1.30%
	第4四半期	1.30%	1.30%
3年目	第1四半期	1.30%	1.30%
	第2四半期	1.20%	1.30%
	第3四半期	1.10%	1.20%
	第4四半期	1.00%	1.10%

③ 会社のリスク管理方針において、事後テストの方法として「未経過の期間も含めたヘッジ期間全体の変動額の累計を比較する方法（B法）」のみを定めている。

[事後テストの方法]

＜X2年3月31日（当期の決算日）における事後テスト＞

簡便性を考慮し、未経過の将来キャッシュ・フロー見込額の算定にあたって有効性判定時点で判明している変動金利がその後も継続するとの仮定に基づき算定する（金融商品Q&A　Q53参照）。

① ヘッジ開始時の予想キャッシュ・フロー

（金額単位：円）

		ヘッジ対象		ヘッジ手段	
		変動借入の利息		金利スワップの変動利息	
		TIBOR	金利発生額	LIBOR	金利発生額
1年目	第1四半期	1.21%	30.30	1.27%	31.75
	第2四半期		30.30		31.75
	第3四半期		30.30		31.75
	第4四半期		30.30		31.75
2年目	第1四半期		30.30		31.75
	第2四半期		30.30		31.75
	第3四半期		30.30		31.75
	第4四半期		30.30		31.75
3年目	第1四半期		30.30		31.75
	第2四半期		30.30		31.75
	第3四半期		30.30		31.75
	第4四半期		30.30		31.75
	計		363.60 （①）		381.0 （②）

② X2年3月31日現在の予想キャッシュ・フロー

（金額単位：円）

		ヘッジ対象		ヘッジ手段	
		変動借入の利息		金利スワップの変動利息	
		TIBOR	金利発生額	LIBOR	金利発生額
1年目	第1四半期	1.21%	30.30	1.27%	31.75
	第2四半期	1.20%	30.00	1.30%	32.50
	第3四半期	1.10%	27.50	1.20%	30.00
	第4四半期	1.00%	25.00	1.10%	27.50
2年目	第1四半期	1.00%	25.00	1.10%	27.50
	第2四半期	1.10%	27.50	1.20%	30.00
	第3四半期	1.20%	30.00	1.30%	32.50
	第4四半期	1.30%	32.50	1.30%	32.50
3年目	第1四半期		32.50		32.50
	第2四半期		32.50		32.50
	第3四半期		32.50		32.50
	第4四半期		32.50		32.50
	計		357.80　（③）		374.25　（④）

キャッシュ・フロー累計の変動額の比率

⑤ ＝ （①－③）　　5.80

⑥ ＝ （②－④）　　0.75

| キャッシュ・フロー・ヘッジの有効性割合 （⑥÷⑤） | 116.4% |

　このとおり，ヘッジの有効性割合が116.4%と80～125%の範囲内となっているため，X2年3月31日時点においても依然としてヘッジの有効性は維持されていると判断できる。

Q4-5 借入実行前に金利スワップ契約を締結し、借入実行が早まった場合の有効性評価

当社は、将来実行される可能性が高い変動利付借入金（予定取引）に対してあらかじめ金利スワップ取引（固定支払・変動受取）をヘッジ手段として締結している。この際、借入金の実行が当初想定よりも早まった場合の望ましいと考えられるヘッジ会計の有効性評価方法について教えてほしい。

A

借入金の実行が当初想定よりも前倒しになったことから、ヘッジ対象とヘッジ手段の期間の不一致が生じていることになる。このため、未経過の期間も含めたヘッジ期間全体の変動額の累計を比較する方法（いわゆる「B法」）によりヘッジの有効性を評価することが適切であると考えられる。

解説

1 借入実行が当初想定よりも早まった場合

ある取引がヘッジ取引に当たるかは企業の個々の状況によって異なり、また、ヘッジ行動には経営者の主観的要素が介在するため、ヘッジ取引の正式な文書による指定や、リスク管理方針文書に基づく管理が求められる（金融商品実務指針313項、314項参照）。

ここで、仮に企業がキャッシュ・フローを固定化するヘッジの有効性判定について、有効性の判定時点で既に経過した期間についての変動額の累計を比較する方法（以下「A法」という。金融商品Q＆A　Q53参照）のみを採用することとしていたとする。

A法に基づき判定した結果、ヘッジが非有効と判定されるのであれば、企業のリスク管理方針に基づき判定した結果であるため、ヘッジ会計は認められないと考えられる。

他方で、企業のリスク管理方針上、有効性の判定方法がA法に限定されない場合、未経過の期間も含めたヘッジ期間全体の変動額の累計を比較する方法（以下「B法」という。金融商品Q＆A　Q53参照）により評価することが考え

られる。この場合，従来，キャッシュ・フロー固定化のヘッジ取引の有効性判定について，Ａ法を用いていたことから，「通常，同種のヘッジ関係には同様の有効性の評価方法を適用すべきであり，同種のヘッジ関係に異なる有効性の評価方法を用いるべきではない」とする，金融商品実務指針第143項の定めに反しないかが問題となる。

2 有効性評価方法の変更の可否

本質問のケースでは借入が当初想定よりも前倒しで実行されたことにより，ヘッジ対象とヘッジ手段の期間の不一致が生じている。この場合にＡ法によりヘッジ取引の有効性を評価することは，ヘッジの実態と乖離した評価方法となり適切ではないと思われる。このため，ヘッジ関係の実態を踏まえて，本件のヘッジ取引の有効性評価についてＢ法を採用することは，金融商品実務指針第143項の定めに反するものではないと考えられ，Ｂ法に基づきヘッジの有効性が認められる場合には，ヘッジ会計を適用することができると考えられる。

Q4-6 ヘッジ会計の要件を満たさなくなった場合の会計処理

当社は変動利付借入を固定利付借入に変換するために金利スワップ取引を締結している。当該金利スワップ取引について金利スワップの特例処理の要件は満たさないため，繰延ヘッジによりヘッジ会計を適用している。しかし，当該金利スワップ取引が借入の返済期日前に期間満了に伴い消滅した。この場合の会計処理について教えてほしい。

A

ヘッジ手段が消滅した場合は，ヘッジ会計の中止に該当する。この場合，中止の時点までのヘッジ手段に係る損益または評価差額はヘッジ対象に係る損益が純損益として認識されるまで繰り延べる。また，ヘッジの有効性を満たさなくなった場合には，中止以降のヘッジ手段に係る損益または評価差額は発生し

た会計期間の純損益として認識する必要がある。

解説

1 ヘッジ会計の中止が強制されるケース

ヘッジ会計を適用している企業において，以下のような事象が生じた場合には，ヘッジ会計の適用を中止しなければならない（金融商品実務指針180項）。

> （1） ヘッジの有効性が企業の定める評価基準を満たさなくなった場合
> （2） ヘッジ手段であるデリバティブが，満期，売却，終了または行使により消滅した場合

前記の（1）および（2）のケースは，ヘッジ対象が引き続き存在している場合において，ヘッジ会計の対象とすべきヘッジ関係が存在しなくなったケースに該当する（金融商品実務指針348項）。当該ケースのことをヘッジ会計の「中止」と呼ぶ。

2 ヘッジ会計を中止する場合の会計処理

ヘッジ会計の中止に該当した場合，ヘッジ会計の要件が満たされていた間のヘッジ手段に係る損益または評価差額は，ヘッジ対象に係る損益が純損益として認識されるまで引き続き繰り延べられ，ヘッジ対象に係る損益の認識に伴って繰り延べたヘッジ損益または評価差額を中止以後の純損益に計上する（金融商品実務指針180項）。

これは，ヘッジ会計の中止時点まではヘッジ関係が有効に機能していたことに変わりなく，当該ヘッジの効果を適切に財務諸表に反映させるためには，ヘッジ対象に係る損益と期間対応させることが合理的であるとの考えに基づいている。

本質問のケースのように，変動利付借入のような利付金融商品の金利リスクをヘッジする場合には，ヘッジ会計の中止時点までに繰り延べられていたヘッジ手段に係る損益または評価差額は，ヘッジ対象の満期までの期間にわたり金利の調整として，各期の純損益に配分することになる（金融商品実務指針180項なお書き）。

3 設例による考察

本質問のケースの具体的な会計処理を設例4－6－1に従い説明する。

設例4－6－1 ヘッジ対象が利付借入の場合のヘッジ会計の中止

［前提条件］
① 会社（3月決算）は変動利付借入に対して金利スワップ取引（変動受取・固定支払）を用いてヘッジ会計を適用している。

－変動借入の条件－	－金利スワップ取引の条件－
・借入金額：10,000 ・借入日：X1年4月1日 ・金利条件：3か月 TIBOR ＋ 0.5％ ・借入期間：5年（期日一括返済）	・想定元本：10,000 ・契約日：X1年6月1日 ・金利条件：3か月 TIBOR ＋ 0.5％受取，1.5％固定支払 ・契約期間：5年

② 金利の決済は3月末の年1回行われるもの（金利更改日は金利決済日の3か月前）とし，各金利決済時点の3か月 TIBOR はすべて 1.5％とする。なお，便宜上，利息は月割で計算する。
③ 金利スワップ取引は X4年5月31日に取引先の強制解約により決済され消滅した。なお，強制決済時（X4年5月31日）の金利スワップ取引の時価は 220 とする。
④ 繰延ヘッジ損益に係る税効果は考慮しないものとする。
⑤ 金利スワップ取引に係る繰延ヘッジ損益は，X3年3月31日時点は 660円，X4年3月31日時点は 440 とする。なお，当期の決算日（X4年3月31日）時点においてヘッジ会計の要件はすべて満たしているものとする。
⑥ 期首の洗替処理は採用せず，金利スワップ取引に係る評価差額の純変動額を計上している。
⑦ 計算の結果生じる端数は小数点以下を切り捨てる。

［会計処理］
＜仕訳＞
＜X4年3月31日（当期の決算日）＞

| (借) 繰延ヘッジ損益 | (※) 220 | (貸) 金利スワップ | (※) 220 |

(※) 220…前提条件⑤参照。X3年3月31日時点の時価評価(660)とX4年3月31日時点の時価評価(440)の差額(660 − 440 = 220)。前提条件⑥より期首洗替仕訳を行っていないことから、前期末から当期末の金利スワップ取引の時価変動を調整。なお、前提条件④より税効果は無視する。

< X4年5月31日（ヘッジ手段の消滅時）>

| (借) 繰延ヘッジ損益 | (※1) 220 | (貸) 金利スワップ | (※1) 220 |
| (借) 現金預金 | (※2) 220 | (貸) 金利スワップ | (※2) 220 |

(※1) 220…前提条件③参照。X4年3月31日時点の時価時価(440)とX4年5月31日時点の時価評価(220)の差額調整(440 − 220 = 220)。
(※2) 220…強制決済につき、X4年5月31日時点の時価評価相当額を受領する。

< X5年3月31日（翌期の決算日）>

| (借) 支払利息（借入金） | (※1) 200 | (貸) 現金預金 | (※1) 200 |
| (借) 繰延ヘッジ損益 | (※2) 100 | (貸) 支払利息 | (※2) 100 |

(※1) 200 = 10,000 × 2%（TIBOR1.5% + 0.5%）
(※2) 100 = 220（金利スワップ取引の消滅時に計上されている繰延ヘッジ損益）× 10か月（金利スワップ取引の消滅時から翌期の決算日まで）÷ 22か月（金利スワップ取引の消滅時から借入金の返済期日まで）。金利スワップ取引の消滅時に計上されている220を借入金の返済期日にわたって期間配分する。

Q4-7 ヘッジ対象である借入金を借換えし,借入期間が延長された場合のヘッジ会計への影響

当社はヘッジ対象である変動借入(期間10年)に対して,金利変動リスクを回避するために金利スワップ取引(契約期間10年)をヘッジ手段とするヘッジ会計を適用している。当該借入について,借入時から7年経過した当期に借換えをし,借入期間を当初の10年から15年に延長している。この場合,ヘッジ会計を継続して適用できるか,またはヘッジ会計の中止もしくはヘッジ会計の終了として処理すべきか教えてほしい。

A

ヘッジ指定はヘッジ対象の保有期間の一部の期間のみを対象とすることが可能であるため,ヘッジの有効性が認められる場合には,借入期間延長後も当初予定した10年間のキャッシュ・フロー・ヘッジとしてヘッジ会計を適用することは可能と考えられる。

解説

1 本質問の取引に係る検討

ヘッジ対象の借入を別の借入金に借換えし,借入期間を延長した場合に,ヘッジ会計を継続して適用できるか,またはヘッジ会計の中止もしくはヘッジ会計の終了のいずれかに該当すると判断すべきかが会計上の論点となる(図表4-7-1参照)。

図表4-7-1　取引のイメージ

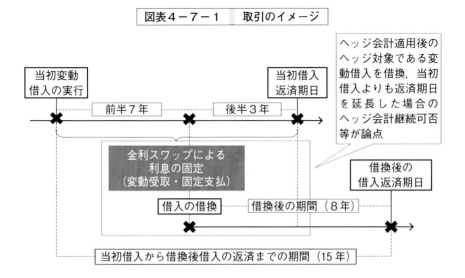

2 結論

　ヘッジ指定はヘッジ対象の保有期間の一部の期間のみを対象とすることが認められている（金融商品実務指針150項）。

　このため，ヘッジ対象の借入金の借入期間を15年とすることでヘッジ会計の中止や終了が求められるわけではなく，ヘッジの有効性が認められる場合には，借入期間延長後も当初予定した10年間のキャッシュ・フロー・ヘッジとしてヘッジ会計の適用は可能と考えられる。

Q4-8 オーバー・ヘッジ部分に対するヘッジの再指定

当社は変動金利の長期借入金に対して金利スワップ取引を締結し，金利を固定化している。金利スワップ契約は，当初想定されている借入金残高を想定元本とし，金利の固定化を実施している。

ヘッジ会計を適用する上で，事前テストおよび現時点までの事後テストにおいて，ヘッジの有効性は認められると判定されており，金利スワップ取引を毎期時価評価し，評価差損益は繰延ヘッジ損益として処理している。

当期において，当該借入金の繰上返済を予定しており，期末において，借入金残高が金利スワップ取引の想定元本を下回り，デリバティブがオーバー・ヘッジになる見込みである。その際にオーバー・ヘッジに該当するデリバティブを再度，他の既存借入にヘッジ指定することでヘッジ会計を適用することは可能か。

A

オーバー・ヘッジに該当するデリバティブを再度，他の既存借入金に対してヘッジ指定することは，経済的実態として，複数のヘッジ対象に対して単一のヘッジ手段でヘッジ会計を行うことになる。このため，ヘッジ会計の要件および包括ヘッジの要件をともに満たしている場合には，ヘッジ再指定後の金利スワップ取引の時価変動は各期末において，金利スワップ取引に係る評価差額等として繰り延べることになると考えられる。

解説

1 ヘッジ会計の終了

ヘッジ対象が消滅したときは，繰り延べられていたヘッジ手段に係る損益または評価差額を当期の純損益として処理することになる（金融商品実務指針181項）。このため，本質問のケースのように，繰上返済により金利スワップ取引の想定元本が借入金残高を上回った部分について，繰り延べられていた金利スワップ取引に係る評価差額等は繰上返済時に一時の純損益として処理する

ことになる。

2 オーバー・ヘッジ部分に対するヘッジの再指定

　オーバー・ヘッジに該当するデリバティブを再度，他の既存借入金に対してヘッジ指定することは，経済的実態として，複数のヘッジ対象に対して単一のヘッジ手段でヘッジ会計を行うことになるため，ヘッジ会計の要件および包括ヘッジの要件（金融商品会計基準（注11），金融商品実務指針152項）を満たす必要があると考えられる。

　包括ヘッジの要件を満たすためには，リスク要因（金利リスク，為替リスク等）が共通しており，かつ，リスクに対する反応が同一グループ内の個々の資産または負債との間でほぼ一様である（個々の資産または負債の時価の変動割合またはキャッシュ・フローの変動割合が，ポートフォリオ全体の変動割合に対して，上下10％を目安にその範囲内にある）必要がある。例えば，金利変動に伴う時価変動が生じることにおいては個々の資産または負債が共通していても，満期日が著しく相違することなどにより，金利変動に伴う時価変動の割合が個々の資産または負債との間で一様でないような場合には，要件を満たさないことに留意が必要である（図表4－8－1参照）。

図表4－8－1　包括ヘッジの要件

包括ヘッジの要件	具体的な判断基準
・個々の資産または負債が共通の金利変動等による損失の可能性にさらされていること ・この金利変動等に対して同様に反応することが予想されること	個々の資産または負債の時価またはキャッシュ・フローの変動割合が，ポートフォリオ全体の変動割合の上下<u>10％</u>を目安にその範囲内にあること

　以上より，本質問のケースでは，ヘッジ会計の要件および包括ヘッジの要件を満たしている場合，ヘッジ再指定後の金利スワップ取引の時価変動は各期末において，繰延ヘッジ損益として繰り延べることになると考えられる。ここで，借入金の場合には，例えば，公正価値ヘッジにおいて，変動金利が1％増加した場合に，借入金ポートフォリオ全体の時価が10％下落した場合に，個々の借入金の時価が9％から11.1％程度下落する場合には，包括ヘッジの要件を

満たしていると判断できる。

Q4-9 金利スワップの特例処理とは

> 金利スワップの特例処理について教えてほしい。

A

　一定の要件を満たす金利スワップ取引については，金利スワップ取引を時価評価せず，その金銭の受払の純額等をヘッジ対象資産または負債から生じる利息に加減して処理することができる。このような処理のことを金利スワップの特例処理という。

解 説

1 金利スワップの特例処理とは

　固定利付債務の支払利息を変動利息にする場合や，変動利付債務の支払利息を固定利息に変更する場合などのように，ヘッジ対象資産または負債に係る金利の受払条件を変換することを目的として，ヘッジ手段として金利スワップ取引が用いられるケースが多い。

　この際，仮に金利スワップ取引の想定元本，利息の受払条件および契約期間が金利変換の対象となる資産または負債とほぼ同一である場合には，この両者を一体として実質的に変換された債権または債務として考えることができる。また，ほぼ同一であればヘッジ手段である金利スワップ取引とヘッジ対象資産または負債の時価やキャッシュ・フロー変動の相殺度合い，すなわち，ヘッジの効果は100％に近いものと推定される。

　したがって，前記のような金利スワップ取引をヘッジ手段とした場合には，当該金利スワップ取引を時価評価して評価差額を繰り延べる処理に代えて，当該金利スワップ取引に係る金銭の受払の純額等をヘッジ対象資産または負債の利息に加減する特例処理を認めている。当該特例処理のことを「金利スワップの特例処理」という（金融商品会計基準（注14），金融商品実務指針177項）。

なお，このような会計処理は，IFRSや米国会計基準では認められていない。

2 金利スワップの特例処理を適用するための要件

金利スワップの特例処理は時価評価を原則としているデリバティブの会計処理の例外処理を容認する定めである。すなわち，金利スワップの特例処理を適用した金利スワップ取引は時価評価されずにオフバランスとなるため，金融商品実務指針および金融商品実務指針第178項では，以下の条件をすべて満たす場合に限って，金利スワップの特例処理を適用することを認めている（図表4－9－1参照）。

図表4－9－1　金利スワップの特例処理の要件

①ヘッジ対象が売買目的有価証券およびその他有価証券でないこと

②金利スワップ取引の想定元本とヘッジ対象資産または負債の元本金額がほぼ一致していること

③金利スワップ取引の契約期間とヘッジ対象資産または負債の満期がほぼ一致していること

④ヘッジ対象資産または負債が変動金利である場合には，その基礎となっている金利指数・指標（金利インデックス）が金利スワップ取引で受払いされる変動金利の金利インデックスとほぼ一致していること

⑤金利スワップ取引の金利改定のインターバルおよび金利改定日がヘッジ対象資産または負債とほぼ一致していること

⑥金利スワップ取引の受払条件がスワップ期間を通じて一定であること

⑦金利スワップ取引に期限前解約オプション，キャップ[3]，フロアー[4]が含まれている場合には，ヘッジ対象資産または負債に同様な条項が存在して相殺されること

3　金利キャップ取引とは，金利が特定の水準を超過して上昇した場合に，金利キャップ取引の購入者は，想定元本について変動金利が特定の水準（キャップ金利＝上限金利）を超える超過部分を受領することができる取引である。変動金利で借入している場合に，金利上昇リスクを一定程度まで制限することが可能となる。金利フロアー取引，カラー取引とともに，金利オプション取引の一つである。
　金利キャップ取引の買手は，約定時にその対価としてプレミアム（キャップ料）をその売手に支払うことになる。

3 金利スワップの特例処理の対象となるスワップ取引

(1) 金利キャップ取引および金利フロアー取引

金利スワップ以外の支払金利に係るキャップ取引および受取金利に係るフロアー取引も、前記の要件を満たす場合には、金利スワップの特例処理を適用することができる。この場合、取引開始時に授受されるオプション料相当額は、利息の調整額として、ヘッジ対象資産または負債の契約期間にわたって配分することになる（金融商品実務指針179項）。

(2) 金利通貨スワップ取引

原則として、金利スワップ部分と通貨スワップ部分に区分し、金利スワップ部分は原則処理または繰延ヘッジを、通貨スワップ部分は独立処理を適用することになる。ただし、金利スワップの特例処理と為替予約等の振当処理（後記「第5章 Q5-3 為替予約等の振当処理の適用が認められる為替予約以外のデリバティブ」を参照）の要件をともに満たす場合には、金利通貨スワップ取引を時価評価せず、外貨建金銭債権債務と一体として処理することができる（金融商品Q&A Q 56）。すなわち、金利通貨スワップがヘッジ対象である外貨建利付資産または負債の金利変動リスク部分について、金利スワップの特例処理の要件を満たし、かつ、為替変動リスクについても為替予約等の振当処理の要件を満たす場合には、当該金利通貨スワップを時価評価せず、ヘッジ対象である外貨建利付資産または負債と一体として処理することができる（詳細は、後記「第5章 Q5-14 金利通貨スワップの会計処理」を参照）。

4 設例による考察

設例4-9-1に基づき、金利スワップの特例処理における具体的な会計処理および要件充足に関する考え方について説明していく。

---

4 金利フロアー取引とは、金利が特定の水準よりも下落した場合に、金利フロアー取引の購入者は、想定元本について変動金利が特定の水準（フロアー金利＝下限金利）を下回る部分を受領することができる取引である。銀行等の金融機関が変動金利で貸付を行っている場合には、金利下落に伴う貸出金利収入の低下を一定程度制限する効果を有する。金利フロアー取引の買手は、約定時にその対価としてプレミアム（フロアー料）をその売手に支払うことになる。

設例4－9－1　金利スワップの特例処理

[前提条件]
① X1年4月1日に会社は，借入期間5年（期日一括返済），3か月TIBOR＋0.5％で10,000の変動利付借入を行った。
② 同日に，変動金利を固定金利に変換するため，想定元本10,000で3か月TIBOR＋0.5％受取，2％の固定金利を支払う，期間5年の金利スワップ契約を銀行と行った。
③ 金利の決済は3月末の年1回行われるもの（金利更改日は金利決済日の3か月前）とし，X2年3月31日時点の3か月TIBORは1％とする。なお，便宜上，利息は月割で計算する。
④ 金利スワップ取引の受払条件は一定である。また，期限前の解約オプションはないものとする。

[金利スワップの特例処理の要件へのあてはめ]
　本設例のケースにおいて，金利スワップの特例処理の要件（図表4－9－1参照）を満たしているかどうかについて検討する。

- ヘッジ対象が売買目的有価証券およびその他有価証券でないこと
  ⇒ ヘッジ対象は借入金のため，本要件を満たす
- 金利スワップ取引の想定元本とヘッジ対象資産または負債の元本金額がほぼ一致していること
  ⇒ 金利スワップ取引の想定元本と借入金額が同一であるため，本要件を満たす
- 金利スワップ取引の契約期間とヘッジ対象資産または負債の契約期間および満期がほぼ一致していること
  ⇒ 金利スワップ取引と借入金の期間は同一のため，本要件を満たす
- ヘッジ対象資産または負債が変動金利である場合には，その基礎となっている金利指数・指標（金利インデックス）が金利スワップ取引で受払いされる変動金利の金利インデックスとほぼ一致していること
  ⇒ 金利インデックス（TIBOR）は同一のため，本要件を満たす

- 金利スワップ取引の金利改定更改のインターバルサイクルおよび金利改定更改日がヘッジ対象資産または負債とほぼ一致していること
  ⇒ 変動金利の更改サイクル・更改日は同一のため，本要件を満たす
- 金利スワップ取引の受払条件がスワップ期間を通じて一定であること
  ⇒ 受払条件が一定のため，本要件を満たす
- 金利スワップ取引に期限前解約オプション，キャップ，フロアーが含まれている場合には，ヘッジ対象資産または負債に同様な条項が存在して相殺されること
  ⇒ プレーン・バニラの金利スワップ取引のため，本要件の対象外

 以上のように，本設例では，特例処理の要件すべてを満たすことから金利スワップの特例処理を適用することができる。

[会計処理]

＜X1年4月1日（借入および金利スワップ契約締結日）＞ (※1)

(借) 現金預金	(※2) 10,000	(貸) 借入金	(※2) 10,000

(※1) 金利スワップ取引に係る仕訳はない。
(※2) 10,000…前提条件①参照。

＜X2年3月31日（決算日）＞

(借) 支払利息（借入金）	(※1) 150	(貸) 現金預金	(※1) 150
(借) 支払利息（金利スワップ）	(※2) 200	(貸) 現金預金	(※2) 200
(借) 現金預金	(※1) 150	(貸) 支払利息（金利スワップ）	(※1) 150

(※1) 150=10,000 × 1.5%（TIBOR1% + 0.5%）
(※2) 200=10,000 × 2%

 これらの仕訳をまとめると，以下のとおりとなる。繰延ヘッジの方法と比較し，金利スワップが時価評価されず，借入金と金利スワップ取引の利息受払額を純額したものが支払利息として表示されることになる。

(借) 支払利息	200	(貸) 現金預金	200

このように金利スワップの特例処理によれば，決算日時点で金利スワップ取引は時価評価されず，かつ，金利の受払もヘッジ対象である借入金の支払利息に加減して会計処理することになる。結果として，2％の固定金利の借入を行った場合と同様となる。

Q4-10 金利スワップの特例処理を行うための判断基準

> 金融商品実務指針第178項では金利スワップの特例処理を適用することができる場合の6要件を挙げている。このうち，同項①～④では，ヘッジ対象とヘッジ手段の各取引条件が「ほぼ一致」していることを要求している。これら要件を満たしていると判断する際の具体的な数値基準等があれば教えてほしい。

A

　金融商品実務指針第178項後段および金融商品Q＆A　Q58において，金融商品実務指針第178項に挙げられている金利スワップの特例処理を適用するための要件①～④を満たしているかどうかの具体的な判断基準が記載されている。

解説

1　金利スワップの特例処理の適用可否判断時の留意事項

　金利スワップの特例処理は，時価評価を原則としているデリバティブの会計処理の例外処理を容認する定めとなっている。このため，拡大解釈による金利スワップの特例処理の濫用を防止するために，金融商品実務指針第178項に挙げられている要件①～④については，ヘッジ対象となる資産または負債とほぼ同一であることが求められ，その解釈は厳密に行うことが要求されている。

2 金融商品実務指針第178項①「想定元本と元本のほぼ一致」

(1) 実務上の判断基準

　金利スワップ取引の想定元本とヘッジ対象となる資産または負債の元本金額との差異がいずれかの5％以内であれば，ほぼ同一であると判断し，金利スワップの特例処理を適用することができるとされている（金融商品実務指針178項後段）。

(2) 設例による考察

　金融商品実務指針第178項①の具体的な事例に基づく判断方法について，設例4－10－1に基づき説明する。

設例4－10－1　金利スワップの特例処理の判断基準①

[前提条件]
① 会社は，工場建設のための資金を調達するためシンジケートローン[5]（金利条件：LIBOR＋10bp。3か月ごと支払い，契約期間：10年）による10億円の借入を計画している。
② 今後の金利上昇リスクを回避するために金利スワップ契約の締結を考えている。

[金融商品実務指針の要件へのあてはめ]
　本設例のシンジケートローンについて，仮に複数の金融機関で契約が分割され，特定の金融機関からの借入についてのみ金利スワップ契約を締結するケースを考えられる。
　前記のとおり借入金と金利スワップ取引との実質的な一体性を重視する特例処理の趣旨を踏まえると，たとえ法形式上，金融機関ごとに契約が分割されていたとしても，企業活動の実態としてはシンジケートローン全体を単一の借入として判断することが合理的であると考えられる。このため，特定の金融機関

---

[5] シンジケートローンとは，幹事行の取りまとめにより，顧客に対して，複数の金融機関がシンジケート団を組成し，各金融機関が協調して実行する貸出金である。協調融資ともいう。複数の金融機関が関与するが，一つの契約書に基づいて，同一の条件での貸付が個別に実行される。シンジケートローン契約を取りまとめる金融機関をアレンジャー（幹事行），契約後の貸付・管理事務などを取りまとめる金融機関をエージェントという。多くの場合，アレンジャーが契約後にエージェントを務める。

との借入のみ金利スワップ契約を締結した場合，金融商品実務指針第178項①を満たさないと考えられることから，金利スワップの特例処理を適用することはできないと判断される。したがって，本設例のケースでは，金利スワップの特例処理を適用するためには想定元本10億円の金利スワップ契約を締結する必要があると考えられる。なお，金利スワップの特例処理を適用するための他の要件はいずれも充足しているものとする。

3 金融商品実務指針第178項②「契約期間および満期のほぼ一致」

(1) 実務上の判断基準

　金融商品Q＆A　Q58では，契約期間または満期の長さによって，一概に何日または何か月異なっている場合に，金利スワップの特例処理を適用することができないとは示すことができないと前置きした上で，その差異日数が金利スワップ取引の契約期間とヘッジ対象である資産または負債の満期のいずれかの5％以内であれば，ほぼ一致していると判断できるとしている。例えば，金利スワップ取引の契約期間が10年の場合，ヘッジ対象の資産または負債の満期は，9年6か月ないし10年6か月であれば，金利スワップの特例処理を適用することができる。

　なお，金利スワップ取引の契約期間とヘッジ対象である資産または負債の満期の差異日数がいずれかの5％以内に留まっていれば，予定取引に対しても金利スワップの特例処理を適用することができると考えられる。

(2) ヘッジ対象の借入金を一部繰上返済した場合の取扱い

　ここで，金利スワップの特例処理を適用している金利スワップ取引について，ヘッジ対象である借入金の一部を繰上返済した場合，当該金利スワップ取引をどのように会計処理するかについて考えてみる。

　金利スワップの特例処理の適用には，金利スワップの想定元本と借入金の額がほぼ一致（5％以内の差異であればほぼ同一とされる。）していることが条件とされているため（金融商品実務指針178項②），借入金の繰上返済により，当該条件が満たされなくなった場合には，金利スワップの特例処理は採用できなくなると考えられる。なお，金利スワップの特例処理を適用する場合，金利

スワップ取引と借入金の満期がほぼ一致していることが求められているため，当初のヘッジ指定を行う際に，当該繰上返済も考慮する必要がある。

また，ヘッジ会計については，ヘッジ指定はヘッジ対象の金額の一定割合またはヘッジ対象の保有期間の一部の期間のみを対象として行うことができるとされているため（金融商品実務指針150項），金利スワップの特例処理の要件を満たさない場合であってもヘッジ会計の要件を満たすときは，繰延ヘッジによりヘッジ会計を適用することができる（金融商品実務指針178項後段）。

したがって，借入金の残存部分に対応する金利スワップ取引の部分については，金利スワップの特例処理は適用できないもののヘッジ会計の要件を満たすとき（事前テスト，事後テストの双方でヘッジ会計の要件を満たしていることが必要）は繰延ヘッジを行い，繰上返済部分に対応する金利スワップ取引については，他のヘッジ対象に対してヘッジ指定を行う場合を除き，繰延ヘッジを行うことはできないものと考えられる。

（3） 具体例

前記「（2） ヘッジ対象の借入金を一部繰上返済した場合の取扱い」以外の金融商品実務指針第178項②の要件に係る具体的な判断例については後記「Q4－13 借入期間の一部のみが変動金利の場合に，金利固定化スワップを締結した場合の金利スワップの特例処理の適用の可否」に記載している。

4 金融商品実務指針第178項③「変動金利インデックスのほぼ一致」

（1） 実務上の判断基準

一般的に，3か月LIBORと同期間のTIBORは比較的高い相関関係を示すことが多いとされている。しかし，金融商品Q&A　Q58では，これらの金利インデックスについて自動的に「ほぼ一致」すると判断することはできないとしている。つまり，ヘッジ取引開始時点の一定期間において，対象となる金利インデックス同士が，高い相関関係を有していることが確認できる場合に，「ほぼ一致」しているものとして取り扱うことができるとされている。

しかし，プライムレート[6]とLIBORまたはTIBORの関係については，前者が通常，一定期間変化しないのに対して，後者は，時々刻々と変化するため，

あらかじめ「ほぼ一致」と判定することはできないと判断されるため，金利スワップの特例処理の対象とはならないとされている。

（2）具体例

金融商品実務指針第178項③の要件に係る具体的な判断例については後記「Q4－12 スプレッド金利を変更した場合の金利スワップの特例処理の継続適用の可否」に記載している。

5 金融商品実務指針第178項④「金利改定日および改定インターバルのほぼ一致」

（1）実務上の判断基準

通常，金利取引は3か月単位で行われることが多いことを背景に，金利改定日およびインターバルの差異が3か月以内であれば，「ほぼ一致」しているものとして判断することができる。

（2）具体例

金融商品実務指針第178項④の具体的な事例に基づく判断方法について，設例4－10－2に基づき説明する。

設例4－10－2　金利スワップの特例処理の判断基準②

［前提条件］
設例4－10－1と同じ。

［金融商品実務指針へのあてはめ］
本設例のシンジケートローンの金利支払は3か月ごとに行われる。このため，金利改定日およびインターバルが6か月以内の金利スワップ契約を締結する場

---

6 プライムレートとは，金融機関が信用度の高い一流企業（優良企業）に資金を貸出す際に適用される金利のこと。Prime Rate =「最優遇貸出金利」のこと。短期と長期のプライムレートが存在する。LIBOR，TIBORとは異なり，プライムレートは各金融機関が市場動向をみて個別に決定しているため，市場金利の変動とズレることがあり，また，一定期間固定される。

合には，金利スワップの特例処理を適用することができる。なお，金利スワップの特例処理を適用するための他の要件はいずれも充足しているものとする。

Q4-11 借入期間と金利スワップ取引の契約期間が相違する場合の金利スワップの特例処理適用の可否

（ⅰ）当社は，X1年4月1日からの10年間を契約期間とする金銭消費貸借契約（3か月ごとに3か月TIBORを基礎とした変動金利を支払う契約）を銀行と締結している。また，当該借入金の支払利息のキャッシュ・フローの変動を回避する目的でX1年7月1日からの9年9か月を契約期間とする金利スワップ契約（3か月ごとに3か月TIBORを基礎とした変動金利を受け取り，固定金利を支払う条件）を締結している。契約開始日が3か月ずれており，借入金の初回の利払日には金利スワップ取引の金利交換が行われない。

この場合に，金利スワップの特例処理を適用できるか。

（ⅱ）当社は，（ⅰ）とは別に借入期間を5年間とする長期借入（3か月ごとに3か月LIBORを基礎とした変動金利を支払う契約）を行っている。当該借入の契約日から2年経過後にヘッジ目的（（ⅰ）と同様のリスク回避目的）で3年間の金利スワップ契約（3か月ごとに3か月LIBORを基礎とした変動金利を受け取り，固定金利を支払う条件）を締結している。

この場合に，金利スワップの特例処理を適用できるか。

なお，前記（ⅰ）および（ⅱ）ともに，金利スワップの特例処理の要件である「契約期間及び満期のほぼ一致」（金融商品会計実務指針178項②）を除き，ヘッジ会計の要件および金利スワップの特例処理の要件は満たしているものとする。

金利スワップの特例処理を適用する際には，ヘッジ対象である資産または負

債の当初契約期間と金利スワップ取引の契約期間がほぼ一致（差異率は5％以内）していることが要件となる。

（i）のケースでは，両者の契約期間の差異は5％以内に留まり，かつ，特例処理を適用するために必要となる他の要件を満たしていることから，金利スワップの特例処理を適用することができると考えられる。

一方，（ii）のケースでは，ヘッジ対象の当初契約期間と金利スワップ取引の契約期間の差異は5％を大きく超過していることから，金利スワップの特例処理を適用することはできないと考えられる。

解説

1 質問（i）のケース

金利の受払条件を変換することを目的として行われたヘッジ取引がヘッジ会計の要件を満たす場合，原則的な会計処理は繰延ヘッジである（金融商品会計基準32項）。ただし，一定の要件を満たしたとき（ヘッジ会計の要件を満たし，かつ，想定元本，利息の受払条件および契約期間がヘッジ対象とヘッジ手段でほぼ同一である場合）には，金利スワップ取引を時価評価せず，その金利の受払の純額をヘッジ対象に係る利息の受払に加減して処理することができる金利スワップの特例処理の適用が可能となる（金融商品会計基準（注14））。

この金利スワップの特例処理の適用にあたっては，金融商品実務指針第178項により具体的な要件（同項①～⑥参照）が定められているが，このうち，同項②の「契約期間及び満期のほぼ一致」については，金融商品Q＆A　Q58において，差異の日数が金利スワップ取引またはヘッジ対象の契約期間の5％以内であれば，ほぼ一致とみてもよいとする取扱いが示されている。

これを質問のケースにあてはめると，借入金の契約期間が10年であるのに対し，金利スワップ取引の契約期間は9年9か月であり，その差異日数はヘッジ対象の契約期間の5％以内に留まることから（3か月÷120か月（10年）＝2.5％＜5％），金利スワップの特例処理の適用に特段の問題はないと判断できる。また，借入金の初回の利払日には金利スワップ取引の金利交換が行われない点に関しては，この点も含め「契約期間（および満期）のほぼ一致」という要件となっていると考えられるため，この点も特段の問題はないと考えられる。

2 | 質問（ⅱ）のケース

　金利スワップの特例処理の適用は，時価評価を原則とするデリバティブ取引について，実務上の要請から，まさに特例として時価評価しないことを容認するものであり，その適用にあたっては拡大解釈を避け，金利スワップ取引とヘッジ対象たる資産および負債とがほぼ一体である場合に限定されている。こうした背景から，金融商品Q&A　Q58では具体的数値基準を設けるなど，解釈の幅を持たせないようにしている。

　質問のケースではヘッジ対象である長期借入金の残存契約期間と金利スワップ取引の満期がほぼ一致しているものの，金融商品実務指針第178項②「契約期間及び満期のほぼ一致」とは，残存契約期間ではなく当初からの契約期間と解釈するのが趣旨に合うものと考えられる。したがって，当該金利スワップ取引に金利スワップの特例処理を適用することはできないと判断される。なお，金利スワップの特例処理が適用できない金利スワップ取引であっても，ヘッジ会計の要件を満たすときは繰延ヘッジを行うことは可能である。

Q4-12　スプレッド金利を変更した場合の金利スワップの特例処理の継続適用の可否

> 　ヘッジ対象である借入金の契約期間の途中でスプレッド金利が変更になったため，これに合わせて金利スワップ取引の変動金利（スプレッド部分）および固定金利も変更した。このような場合，引き続き金利スワップの特例処理を適用することは可能か。

A

　契約期間の途中でヘッジ対象である借入金およびヘッジ手段である金利スワップ取引の金利条件を変更した場合であっても，その変更内容がヘッジ対象およびヘッジ手段のスプレッド金利部分のみであり，その基礎となるインデックス（LIBOR等）を変更しない限り，金利スワップの特例処理を継続して適用することは可能と考えられる。ただし，変更後も金利スワップの特例処理の要件を充足することが前提である。

解説

　金利スワップの特例処理を適用するためには，ヘッジ対象である借入金の契約期間にわたって金融商品実務指針第178項に明記されている要件をすべて満たすことが必要となる（前記「Ｑ４－９　図表４－９－１　金利スワップの特例処理の要件」参照）。

　質問のケースでは，契約期間の途中でヘッジ対象である借入金およびヘッジ手段である金利スワップ取引の金利条件を変更しているが，変更内容がヘッジ対象およびヘッジ手段のスプレッド金利部分のみであり，その基礎となるインデックスを変更しているわけではない。このため，金融商品実務指針第178項③「対象となる資産または負債の金利が変動金利である場合には，その基礎となっているインデックスが金利スワップ取引で受払される変動金利の基礎となっているインデックスとほぼ一致していること」（前記「Ｑ４－９　図表４－９－１　金利スワップの特例処理の要件④」参照）という要件には，影響を与えないものと考えられる。すなわち，スプレッドの変更は，借入先の信用リスク等の変動により行われるものであり，金利変動リスクに関連していないことから，金融商品実務指針第178項③の適用判断には影響しないものと考えられる。したがって，当該条件変更後においても，金融商品実務指針第178項の要件をすべて満たしていることから，金利スワップの特例処理を引き続き適用することができるものと考えられる。

Ｑ4-13　借入期間の一部のみが変動金利の場合に，金利固定化スワップを締結した場合の金利スワップの特例処理の適用の可否

　当社は，工場建設のための資金を調達するため10億円の借入（借入期間：10年，金利条件：前半６年間は固定金利，後半４年間は変動金利）を計画している。今後の金利上昇リスクを回避するために，後半の４年間だけ金利スワップ契約を締結することを予定している。

　このように一部の借入期間のみのヘッジに対して，金利スワップの特例処理またはヘッジ会計の適用可否について教えてほしい。

A

　金利スワップの特例処理を適用するためには厳密な解釈の下，判断する必要がある。本質問のケースでは借入金の一部の期間についてのみ金利スワップ取引を用いてリスクヘッジするため，金利スワップの特例処理を適用することはできないと考えられる。なお，ヘッジ会計の要件を満たす場合には，ヘッジ会計を適用することはできる。

解説

1 金利スワップの特例処理適用可否

　金利スワップの特例処理を適用するためには，事前テストおよび事後テストといったヘッジ会計の要件に加え，金融商品実務指針第178項に明記されている要件をすべて充足することが必要である。

　金利スワップの特例処理は時価評価を原則としているデリバティブの会計処理の例外処理を容認する定めとなっている。拡大解釈による金利スワップの特例処理の濫用を防止するために，金融商品実務指針第178項記載の①から④についてはヘッジ対象となる資産または負債とほぼ同一であることが求められ，その解釈について厳密に行うことが要求されている。

　本質問のケースでは，借入期間のうち一部の期間（後半4年間）のみに対してヘッジ指定を行うスキームとなっている（図表4-13-1参照）。

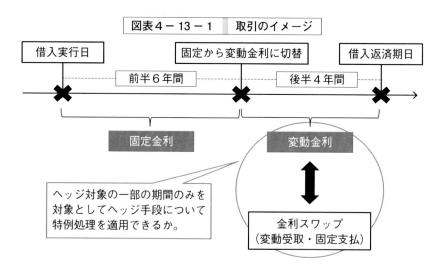

この点につき，金融商品実務指針第178項では，金利スワップの特例処理の要件の一つとして金利スワップ取引の受払条件がスワップ期間を通して一定であることを挙げていることから，金利スワップの特例処理を適用することはできないと考えられる。

2 ヘッジ会計の適用可否

金融商品実務指針第150項によると，ヘッジ指定は，ヘッジ対象の保有期間の一部の期間のみを対象として行うこともできるとされている。これは，ヘッジ対象の保有期間の一部についてキャッシュ・フローを固定するヘッジを意味していると判断される。

以上から，本質問のケースでは，ヘッジ対象の保有期間の一部（後半4年間のみ）についてキャッシュ・フローを固定するヘッジであるため，後半4年間のみをヘッジ対象とすることは認められると考えられる。

したがって，ヘッジ会計の要件を満たす場合には繰延ヘッジの方法によりヘッジ会計を適用することは可能である。

3 複合金融商品の検討

本質問の借入金は，変動借入の一部期間の利息固定化，または固定金利借入の一部期間の利息の変動化を伴った借入金であることから，いわば複合金融商品であると解釈される。

このため，本件が，損益を調整する複合金融商品に該当するような場合には，複合金融商品処理第7項の定めに従い，借入金と当該借入金に組み込まれているデリバティブを区分して会計処理する必要がある。

例えば，前半6年間の固定金利が非常に低く抑えられ，その代わりに後半4年間の変動金利が市場金利の2倍以上となるような場合に，組み込まれているデリバティブにレバレッジがかかっていること等により損益を調整する複合金融商品に該当するような場合には，区分処理する必要がある。この場合には，当該組込デリバティブについて，組込対象である借入金とは区分して時価評価し，評価差額を当期の純損益として処理することになる。

Q4-14 シンジケートローンに対して，複数の金利スワップ取引をヘッジ手段とする場合の金利スワップの特例処理の適用の可否

当社はシンジケートローンにより資金を借り入れている。このうち特定の銀行からの借入部分を対象とした金利スワップ契約を締結することを予定している。当該借入部分について金利スワップの特例処理の要件を満たす場合，当該借入部分のみに金利スワップの特例処理を適用することは可能か。

A

前記「Q4-9 金利スワップの特例処理とは」のとおり，金利スワップの特例処理を適用するためには厳密な解釈の下，判断する必要がある。借入金と金利スワップ取引との実質的な一体性を考慮するという金利スワップの特例処理の趣旨から判断すると，シンジケートローンにおいて複数の金融機関で契約が分割されている場合においても，一部の借入金を対象として，金利スワップの特例処理を適用することはできないと考えられる。

解説

1 金利スワップの特例処理の適用の可否を判断する際の留意事項

金融商品実務指針において，金利スワップの特例処理は，金融商品会計基準の原則的処理であるデリバティブの時価評価に例外的処理を設けるものであることから，拡張解釈を避け，金利スワップ取引がヘッジ対象たる資産または負債とほとんど一体とみなせる場合に限定されている。このため，金利スワップの特例処理に係る要件充足の解釈は，厳密に行うことを前提としている（金融商品実務指針346項）。

このため，金融商品Q＆A　Q58では具体的数値基準を設けるなど，解釈の幅を持たせないようにし，金利スワップの特例処理がみだりに適用されることを牽制している。

2　金利スワップの特例処理適用の可否の判断

　このように借入金と金利スワップ取引との実質的な一体性を考慮するという金利スワップの特例処理の趣旨から判断すると，シンジケートローンにおいて複数の金融機関で契約が分割されている場合においても，一部の借入金を対象として，金利スワップの特例処理を適用することはできないと判断される。

　なぜなら，たとえ法形式上，金融機関ごとに契約が分割されていたとしても，企業活動の実態としてはシンジケートローン全体を単一の借入として判断することが合理的と考えられるためである。

　ただし，ヘッジ会計において，ヘッジ指定は，ヘッジ対象の金額の一定割合またはヘッジ対象の保有期間の一部の期間のみを対象として行うことができるとされているため（金融商品実務指針150項），金利スワップの特例処理の要件を満たさない場合であってもヘッジ会計の要件を満たすときは，繰延ヘッジによりヘッジ会計を適用することは可能である（金融商品実務指針178項後段）。

Q4-15　シンジケートローンの個々の借入を対象とした金利スワップ契約を締結し全体がヘッジされている場合の金利スワップの特例処理の適用の可否

　当社はシンジケートローンにより資金を借り入れている。シンジケートローンの個々の借入の変動金利に対して金利を固定化するために金利スワップ契約を締結し，複数の金利スワップの想定元本の総額がシンジケートローンの金額に一致している。個々の金利スワップ取引について金融商品実務指針第178項②から⑥の要件を満たす場合，金利スワップの特例処理を適用することは可能か。

A

　金利スワップ取引が複数契約に分かれることが予定されている場合，個々の金利スワップについては，金利スワップ取引の想定元本とヘッジ対象である負債の元本金額がほぼ一致していることの要件を満たさないものの，複数契約を全体でみると同要件を満たすと判断される場合，金利スワップ取引がヘッジ対象たる負債とほとんど一体とみなせることから，当該全ての金利スワップ取引

に対して適用することを条件に，金利スワップの特例処理を適用できると考えられる。

解説

1 ｜ 金利スワップの特例処理の適用の可否を判断する際の留意事項

金融商品実務指針において，金利スワップの特例処理は，金融商品会計基準の原則的処理であるデリバティブの時価評価に例外的処理を設けるものであることから，拡張解釈を避け，金利スワップ取引がヘッジ対象たる資産または負債とほとんど一体とみなせる場合に限定されており，要件の解釈は厳密に行うことを予定している（金融商品実務指針346項）。

2 ｜ 金利スワップの特例処理適用の可否の判断

本質問のように，金利スワップ取引が複数契約に分かれることが予定されている場合，個々の金利スワップ取引については金融商品実務指針第178項①の条件（金利スワップ取引の想定元本と貸借対照表上の対象資産または負債の元本金額がほぼ一致していること）を満たさないものの，複数契約を全体でみると金融商品実務指針第178項①の条件を満たす場合，金利スワップ取引がヘッジ対象たる負債とほとんど一体とみなせることから，当該すべての金利スワップ取引に対して適用することを条件に，金利スワップの特例処理を適用できると考えられる。

Q4-16　金融商品の時価開示において，金利スワップの特例処理を適用している固定化スワップ締結済みの借入金の時価算定

金融商品の時価開示において，金利スワップの特例処理を採用した金利固定化の金利スワップ契約を締結済みの場合，借入金と金利スワップの特例処理を適用している金利スワップ取引を借入金と一体処理を行っている金融商品とみなして，これらを一体として開示することは可能か。

A

　デリバティブ取引のうち，金利スワップ取引などの特例処理を採用しているものは，対応するヘッジ対象と一体とみなして，当該ヘッジ対象である資産または負債の時価に含めて注記することが可能である。

解説

1 ┃ 一体開示の可否

　デリバティブ取引のうち，金利スワップの特例処理（金融商品会計基準（注14））を採用しているものは，対応するヘッジ対象と一体なものとして，当該ヘッジ対象である資産または負債の時価に含めて注記できるものとされている（金融商品時価開示適用指針4項（3）②また書き）。

　具体的な開示例は，図表4－16－1のとおりである。

| 図表4－16－1 | ヘッジ対象と一体開示している場合の開示例 |

(1) 長期借入金

　長期借入金の時価は，元利金の合計額を同様の新規借入を行った場合に想定される利率で割り引いて算定する方法によっています。変動金利による長期借入金は金利スワップの特例処理の対象とされており（下記（2）②参照），当該金利スワップ取引と一体として処理された元利金の合計額を，同様の借入を行った場合に適用される合理的に見積られる利率で割り引いて算定する方法によっています。

(2) デリバティブ取引

　① ヘッジ会計が適用されていないもの

　　該当するものはありません。

　② ヘッジ会計が適用されているもの

　　ヘッジ会計の方法ごとの連結決算日における契約額または契約において定められた元本相当額等は，次のとおりです。

（単位：百万円）

ヘッジ会計の方法	デリバティブ取引の種類等	主なヘッジ対象	契約額等	うち1年超	時価	当該時価の算定方法
金利スワップの特例処理	金利スワップ取引支払固定・受取変動	長期借入金	×××	×××	（*）	

（*）　金利スワップの特例処理によるものは，ヘッジ対象とされている長期借入金と一体として処理されているため，その時価は，当該長期借入金の時価に含めて記載しています（上記（1）参照）。

　ただし，金利スワップの特例処理をはじめ，為替予約等の振当処理を行っている為替予約（外貨建取引会計基準注解注7）等の合成商品会計を適用しているヘッジ対象およびヘッジ手段の時価の算定に際しては，金融商品時価開示適用指針が特例を設けていないことから，原則どおり両者を区分して算定すべきと考えられる。また，デリバティブ取引の時価算定においては，当該デリバティブ取引により生じる正味の債権または債務が，資産または負債のいずれに計上されるかにより，反映すべき信用リスクが異なるため（金融商品実務指針293項），一体として時価を算定した場合と結果が異なる可能性がある点も，これ

らの時価を区分して算定する根拠になるといえる。

2 ▍ 留意事項

前記「1 一体開示の可否」に従い，ヘッジ手段とヘッジ対象の時価を一体として開示した場合にも，デリバティブ取引の期末日時点の契約額等の開示が必要とされている点には留意が必要である（金融商品時価開示適用指針34項なお書き）。

3 ▍ 借入金の時価算定方法（参考）

借入金の時価は図表4－16－1（1）で記載したように一般的には割引現在価値法により算定される。具体的には，設例4－16－1のとおりである。

設例4－16－1　借入金の時価算定

[前提条件]
① 会社（3月決算）はX1年4月1日に1,000を年2％（固定金利）で銀行から借り入れた。
② 利息は毎年3月31日，元本は10年後に一括返済される。
③ 当期末（X5年3月31日）における割引率は，すべての期間において5％とする。

[割引現在価値の算定方法]

	キャッシュ・フロー	計算	割引現在価値
X6年3月末	20	$20 \div (1+0.05) =$	19.0
X7年3月末	20	$20 \div (1+0.05)^2 =$	18.1
X8年3月末	20	$20 \div (1+0.05)^3 =$	17.3
X9年3月末	20	$20 \div (1+0.05)^4 =$	16.5
X10年3月末	1,020	$1,020 \div (1+0.05)^5 =$	799.2
合計			870.1

・X6年3月末〜X9年3月末のキャッシュ・フロー

1,000 × 2% = 20
- X10年3月末のキャッシュ・フロー
1,000 × 2%（利息）＋ 1,000（元本）＝ 1,020

Q4-17 マイナス金利下における金利スワップの特例処理等の適用可否（新規契約のケース）

> 日銀のマイナス金利政策に伴い，日本円LIBORなどでもマイナス金利が観察されている。この状況下において，新たに変動金利の借入を行い，変動金利の借入金利息を固定化する目的などで金利スワップ取引を行う場合，ヘッジ会計の会計処理として金利スワップの特例処理，またはヘッジ会計（繰延ヘッジ）を適用することは認められるか。

A

新規契約の場合，金利スワップ取引にはマイナス金利に関して特例的な条項がなく，ヘッジ対象である借入金のみが実質的にゼロフロアーとなっているのであれば，金融商品実務指針第178項③の要件を満たしていないと考えられ，金利スワップの特例処理は認められないと考えられる。

一方で，ヘッジ会計の要件（事前テストおよび事後テスト）を満たす場合には，ヘッジ会計（繰延ヘッジ）の適用は認められると考えられる。

解説

1 マイナス金利政策

平成28年1月29日に日本銀行がマイナス金利政策の導入を発表して以降，短期から中期の国債の利回りがマイナスとなっている。また，日本円LIBORなどでもマイナス金利が観察されている。

マイナス金利政策は，平成28年1月29日，日本銀行の金融政策決定会合においてマイナス金利の導入が決定したことにより，日銀の当座預金（銀行が日銀に預けている預金）に対しては従来0.1%の金利がついていたが，これをマイナス金利（手数料徴収）へと切り替えることで，銀行が余剰資金を日銀に預

入れするのではなく，企業や個人への貸出等に回すことを期待して導入されたものである。

このような状況で，新たに変動金利の借入を行い，変動金利の借入金利息を固定化する目的などで金利スワップ取引を行う場合，ヘッジ会計の会計処理として金利スワップの特例処理またはヘッジ会計（繰延ヘッジ）を適用することが認められるかどうかが論点となる。

2 金利スワップの特例処理の適用の可否

（1） 金利スワップの特例処理を容認している会計基準の背景

金利スワップ取引をヘッジ手段とするヘッジ会計においては，一定の要件を満たした場合（前記「Q4-9 金利スワップの特例処理とは」参照）には，金利スワップ取引を時価評価せず，その金利の受払の純額をヘッジ対象に係る利息の受払に加減して処理することができる金利スワップの特例処理の適用が認められている（金融商品会計基準（注14））。

金融商品実務指針第346項では，金利スワップの特例処理が金融商品会計基準の原則処理（デリバティブ取引の時価評価）に例外を設けるものであるため，拡張解釈を避け，金利スワップ取引とヘッジ対象がほとんど一体とみなせる場合にのみ当該特例処理ができるものとされており，金融商品Q&A Q58に示される具体的な数値基準による運用も含め，厳格な解釈が求められているものと考えられる。

（2） 新規契約の場合の特例処理の適用の可否

本件のケースにおいて，金融法委員会が公表している「マイナス金利の導入に伴って生ずる契約解釈上の問題に対する考え方の整理」（平成28年2月23日）の見解に拠った場合，仮に借入金等に係る適用金利が計算上マイナスとなったときでも，貸付人（金融機関など）は借入人に対してマイナス金利を適用して計算された利息相当額を支払う義務は負わないものと考えられる。

一方，ヘッジ手段であるデリバティブ取引（金利スワップ取引）に関しては，マイナス金利に関して，特例的な条項が付されていない限り，当該マイナス金利に基づいて算定された金利相当を当事者間でやり取りすることになる。

このように，ヘッジ手段である金利スワップ取引にはマイナス金利に関して

特例的な条項がなく，ヘッジ対象である借入金のみが実質的にゼロフロアーとなっているのであれば，前記「（1） 金利スワップの特例処理を容認している会計基準の背景」の趣旨から，金融商品実務指針第178項③の借入金等の変動金利の基礎となっているインデックスが金利スワップ取引で受払される変動金利の基礎となっているインデックスとほぼ一致していることの条件を充たしていないと考えるのが自然といえる。したがって，金利スワップの特例処理は認められないと考えられる。

（3） 既存契約の場合の取扱い

従前より金利スワップの特例処理が適用されていた金利スワップ取引については，現時点では，実際に借入金の変動金利がマイナスとなっている例は少ないと考えられること，また，仮にマイナスとなっている場合でも，借入金の支払利息額（ゼロ）と金利スワップ取引における変動金利相当額とを比較した場合，通常，両者の差額は僅少と考えられることから，平成28年3月期決算においては，金利スワップの特例処理の適用を継続することは妨げられないものとする見解が企業会計基準委員会（ASBJ）より示されていた[7]。しかし，当該見解は既存の契約に関して示されたものであり，限定的に解釈すべきものと考えられる。

3 ヘッジ会計（繰延ヘッジ）の適用可否

（1） ヘッジ会計の要件

ヘッジ会計を適用するには，ヘッジ取引時において，ヘッジ取引が企業のリスク管理方針に従ったものであることが客観的に認められ，かつ，ヘッジ取引時以降において，ヘッジ対象とヘッジ手段の損益が高い程度で相殺される状態またはヘッジ対象のキャッシュ・フローが固定されその変動が回避される状態が引き続き認められることによって，ヘッジ手段の効果が定期的に確認される必要がある（金融商品会計基準31項）。すなわち，事前テストとして，ヘッジ取引が企業のリスク管理方針に従ったものであることが客観的に認められるこ

---

[7] 平成28年3月23日開催　第332回企業会計基準委員会　議事概要別紙（審議事項(2)「マイナス金利に関する会計上の論点への対応」）

とのほか,「ヘッジ手段とヘッジ対象」および「ヘッジ有効性の評価方法」の文書化が求められるとともに,事後テストによって,ヘッジ有効性が定期的に確認されることが必要である(金融商品実務指針 143 項から 159 項)。

(2) ヘッジ会計の適用可否

マイナス金利の水準・期間等によっては,事前テストの要件を満たす場合もあると考えられるため,一概に事前テストの要件を満たしていないとまではいえないと考えられる。事前テストの要件を満たす場合,事後テスト(80-125%テスト)により,ヘッジ対象とヘッジ手段との間に高い相関関係があると認められれば,ヘッジ会計(繰延ヘッジ)の適用は認められると考えられる。

4 会計基準上の取扱い

マイナス金利と金利スワップの特例処理との関係については,前記「2(3)既存契約の場合の取扱い」のとおり,平成 28 年 3 月に企業会計基準委員会(ASBJ)より既存契約の金利スワップに限って,その取扱いが示された。

また,平成 28 年 7 月 4 日に開催された第 27 回基準諮問会議(公益財団法人財務会計基準機構(FASF))においては,「マイナス金利に係る種々の会計上の論点への対応」がテーマ提案されたが,基準開発の要否および時期については ASBJ の判断に委ね,適時に対応を図ることを依頼することとされた。これを受け,退職給付債務とマイナス金利の関係については,本書執筆時点で実務対応報告第 51 号「債券の利回りがマイナスとなる場合の退職給付債務等の計算における割引率に関する当面の取扱い(案)」が公表されているが,他方,金利スワップに関しては,新規契約の取扱いに関して実務上の解釈について重要な問題が生じている,ないし混乱が生じているとの意見は特段聞かれていないことを理由に,新規契約の取扱いに関する対応は現状では不要との方向性が示されている[8]。

---

8 平成 28 年 11 月 18 日開催 第 349 回企業会計基準委員会 審議事項(5)「マイナス金利に関連する会計上の論点への対応 今後の進め方」18 項, 19 項

Q4-18 マイナス金利により借入金の利息がゼロフロアーとなった場合のヘッジ会計の取扱い

> 当社は，適用金利にゼロフロアーがついた借入金とゼロフロアーの付いていない金利スワップ契約（変動受取・固定支払）を締結している。
> 当該金利スワップ契約に，マイナス金利となった場合においてマイナス金利相当額を金融機関から顧客である当社に支払う（調整金オプション）内容の契約条項を付している場合に，これらの契約を一体なものとして，金利スワップの特例処理の適用ができるか。

A

「調整金」[9]の支払いの内容が契約書の特約や事前の合意書等で明らかにされており，金利スワップの特例処理の他の条件もすべて満たす場合，①変動金利借入金をヘッジ対象，②変動受取・固定支払の金利スワップ取引と，③適用金利がマイナスとなった場合に適用される調整金オプションを組み合わせたものをヘッジ手段とみなして，金利スワップの特例処理の適用が認められるものと考えられる。

解 説

1 本取引の考察

変動金利が計算上マイナスとなった場合において，借入金の適用金利にはゼロとするフロアーが付いているため，債権者は，債務者に対してマイナス金利を支払う義務を負っていない。このため本質問の調整金が，債務者が金利スワップ契約に基づき負担する変動利息の支払義務を実質的に固定利息の支払義務に変換することを目的として締結した契約であれば，実質的に適用金利がマイナスとなった場合の金利スワップ契約の利息支払にゼロフロアーを定めた取引であると考えられる。

---

9 借入金の適用金利がゼロを下回った場合，当該借入金の利息を債務者に支払わない一方，借入金にマイナス金利を適用したと仮定した場合に支払う利息と同額の「調整金」を金融機関（債権者）が顧客（債務者）に支払うものを指す。

2 金利スワップの特例処理の適用の可否

(1) 結論

　本質問のケースでは，金利スワップ取引および調整金オプションの個々のヘッジ手段については，金融商品実務指針第178項③の条件を満たさないものの，金利スワップ取引と調整金オプションを一体の金融商品としてみると，金融商品実務指針第178項⑥の条件を満たしていると考えられ，同項の他の条件も満たす場合，ヘッジ対象たる借入金とほとんど一体とみなせることから，金利スワップの特例処理を適用できると考えられる。

(2) 適用にあたっての留意事項

　金利スワップの特例処理を適用するためには，要件充足の客観性を確保するなどのために，マイナス金利となった場合にマイナス金利相当分を金融機関から顧客に返還することを，契約書に特約として明記する，または合意書等で明らかにする必要があると考えられる。

　反対に，取引当初において，この調整金の支払に係る条項が契約書等で明確に確認できない場合には，金利スワップの特例処理は認められないと考えられる。なお，取引締結後に調整金の支払に係る条項を契約書等に織り込んだ場合には，前記「Q4-17　マイナス金利下における金利スワップの特例処理等の適用可否（新規契約のケース）」に従い，金利スワップの特例処理を適用することはできないと考えられる。

　また，実際に適用金利がマイナスとなった場合の利息の表示方法は，金利スワップと調整金を組み合わせたヘッジ手段は実質的な効果として変動利息を固定利息に変換していることを考慮すると，受取利息のマイナスとして処理することが妥当であると考えられる。

3 会計基準上の取扱い

　マイナス金利と金利スワップの特例処理との関係に係る企業会計基準委員会（ASBJ）の対応は，前記「Q4-17　4　会計基準上の取扱い」に記載しているため，そちらを参照されたい。

第5章

為替ヘッジ取引に係る
会計処理と実務論点

Q5-1　為替変動リスクのあるヘッジ対象に対するヘッジ会計の適用

為替変動リスクのあるヘッジ対象に対応するには，どのようなヘッジ手段が考えられるか。

A

為替変動リスクをヘッジする場合には，デリバティブ取引である為替予約，通貨先物，通貨スワップおよび通貨オプション（以下「為替予約等」という。）をヘッジ手段として用いることが考えられる。また，一部の取引（ヘッジ対象）については，デリバティブ取引以外にも，外貨建金銭債権債務または外貨建有価証券をヘッジ手段とすることが考えられる。

解説

1　ヘッジ手段となるデリバティブ取引

まず，為替変動リスクへの対応策として広く利用されているのが為替予約である。為替予約とは「あらかじめ定められた時期に，特定の通貨を一定の価格で売買することを約する取引」[1]をいう。例えば，1か月後に100千米ドルの商品を仕入れるとする。その際，あらかじめ100円/米ドルで100千米ドルの為

---
1 「図解でスッキリ　デリバティブの会計入門」新日本有限責任監査法人編　中央経済社 P.80。

替予約の買予約を締結すれば，商品の受渡日に 10,000 千円を支払って受け取る 100 千米ドルで仕入債務を決済することにより，為替変動リスクをヘッジすることができる。

また，為替予約のほかに通貨先物，通貨スワップおよび通貨オプションについてもヘッジ会計の要件を満たす場合は，ヘッジ会計を適用することができる（外貨建取引実務指針 3 項）。

2 デリバティブ取引以外のヘッジ手段

デリバティブ取引以外としては，外貨建金銭債権債務または外貨建有価証券を保有することがヘッジ手段として機能することがある（金融商品実務指針 165 項）。例えば，1 か月後に 200 千米ドルで固定資産を購入するとする。その際，あらかじめ 100 円／米ドルで 200 千米ドルの外貨預金を保有しておけば，固定資産の購入時に 200 千米ドルの外貨預金で決済することにより，為替変動リスクをヘッジすることができる。

なお，デリバティブ取引以外のヘッジ手段にヘッジ会計を適用するにあたっては，後記「Q 5 − 2 為替ヘッジ取引の会計処理」に記載するとおり，利用できるヘッジ対象およびヘッジ手段とその会計処理に制限があることに留意が必要である。

Q5−2　為替ヘッジ取引の会計処理

為替ヘッジ取引の会計処理にはどのような方法があるか。また，どのようなヘッジ取引に対して適用することが認められるか。

A

為替ヘッジ取引の会計処理は大別して独立処理，繰延ヘッジ，為替予約等の振当処理（原則），為替予約等の振当処理（例外）の 4 種類がある。また，各会計処理が認められるヘッジ対象およびヘッジ手段には一定の制限がある。

解 説

1 独立処理

原則として，外貨建金銭債権債務や外貨建有価証券（その他有価証券ならびに子会社株式および関連会社株式を除く。）の為替換算差額は純損益として処理する（外貨建取引会計基準 一 2 (1) ②，③）。また，デリバティブ取引である為替予約等の評価差額も純損益として処理する（金融商品会計基準25項，金融商品実務指針167項）（設例5－2－1参照）。

このように，ヘッジ目的で外貨建金銭債権債務等の為替変動リスクに対応するために為替予約等を締結した場合でも，ヘッジの効果が自動的に純損益の計算に反映されることから，ヘッジ会計という特殊な会計手法の適用は必要がない（金融商品実務指針168項，336項 (1)）。

設例5－2－1　独立処理の会計処理

[前提条件]

① X1年4月30日に1,000千米ドルの売上を予定する。
② X1年2月28日にヘッジ目的で為替予約1,000千米ドルの売予約を締結する。
③ 先物為替相場および直物為替相場の変動は以下のとおりである。

年月日	取引内容	先物為替相場	直物為替相場
X1/2/28	為替予約締結	105円／米ドル	
X1/3/31	決算	104円／米ドル	
X1/4/1	翌期首		
X1/4/30	売上取引	102円／米ドル	103円／米ドル
X1/5/31	決済	100円／米ドル	100円／米ドル

[会計処理]

＜X1年2月28日（為替予約締結）＞

仕訳なし(※)

（※）為替予約締結当初の為替予約の時価はゼロである。

＜X1年3月31日（決算）＞

（借）為替予約　　　　　　　（※）1,000　（貸）デリバティブ評価損益　（※）1,000

（※）　1,000千円＝1,000千米ドル×（為替予約締結先物相場105円／米ドル－決算時先物相場104円／米ドル）

＜X1年4月1日（翌期首）＞

（借）デリバティブ評価損益　（※）1,000　（貸）為替予約　　　　　　（※）1,000

（※）　X1年3月31日（決算）の期首振戻し。

＜X1年4月30日（売上取引）＞

（借）売掛金　　　　　　　　（※）103,000　（貸）売上　　　　　　　（※）103,000

（※）　103,000千円＝1,000千米ドル×売上時直物相場103円／米ドル

＜X1年5月31日（決済）＞

① 売掛金の決済

（借）現金預金　　　　　　（※1）100,000　（貸）売掛金　　　　　　（※2）103,000
　　　為替差損益　　　　　（※3）3,000

（※1）　100,000千円＝1,000千米ドル×決済時直物相場100円／米ドル
（※2）　103,000千円…X1年4月30日（売上取引）参照。
（※3）　差額で算出。

② 為替予約の決済

（借）現金預金　　　　　　　（※）5,000　（貸）為替差損益　　　　　（※）5,000

（※）　5,000千円＝1,000千米ドル×（為替予約締結先物相場105円／米ドル－決済時先物相場100円／米ドル）

2　繰延ヘッジ

（1）繰延ヘッジの適用要件

　為替ヘッジ取引に繰延ヘッジを適用するには，ヘッジ会計の要件（前記「第1章　Q1－3　ヘッジ会計とは」参照）を満たすことが前提である。それに加えて，①外貨建予定取引，②外貨建その他有価証券，③個別財務諸表上の在外

子会社等に対する持分への投資をヘッジ対象とする場合にのみ，繰延ヘッジの適用が認められる。これは，前記のとおり，原則としてデリバティブ取引の評価差額は純損益として処理されるため，前記①②③にヘッジ会計を適用しない場合は，ヘッジ対象とヘッジ手段の損益認識時点が一致せずヘッジの効果を財務諸表に適切に反映することができない。そこで，ヘッジ会計の適用が認められる（金融商品実務指針168項，169項）。

したがって，例えば外貨建金銭債権債務およびその他有価証券以外の外貨建有価証券の為替変動リスクに対応するために，為替予約等を締結した場合は繰延ヘッジの適用は認められない。これは外貨建金銭債権債務等の為替換算差額と為替予約等の評価差額がともに純損益に計上され，ヘッジ会計を適用する必要がないためである（金融商品実務指針168項，336項（1））。

① 外貨建予定取引

外貨建予定取引の発生前に為替予約等を締結し，かつ，ヘッジ会計を適用しない場合は，為替予約等の評価差額のみが純損益として計上され，ヘッジ対象とヘッジ手段の損益認識時点が一致せず，ヘッジの目的が財務諸表に適切に反映されない。そこで，為替予約等の評価差額を繰延ヘッジ損益として外貨建予定取引が生じるまで繰り延べることが認められる（金融商品実務指針169項）（設例5－2－2参照）。

ただし，ヘッジ対象とする予定取引が外貨建貸付けや外貨建有価証券（その他有価証券および子会社・関連会社株式を除く。）の取得である場合，または外貨建借入金の発生や外債の発行の場合に，取得時の為替変動リスクからキャッシュ・フローを固定することを目的として締結した為替予約等には繰延ヘッジの適用は認められない（金融商品実務指針169項ただし書き）。これは，為替予約等を締結した段階で，為替ポジションの面からみれば，外貨建金銭債権債務または外貨建有価証券を既に取得した場合と同様の効果が生じており，ヘッジ手段の評価差額はヘッジ対象の換算差額と同様に処理することが妥当と考えられるためである（図表5－2－1参照）。

図表5－2－1　為替ポジションの関係

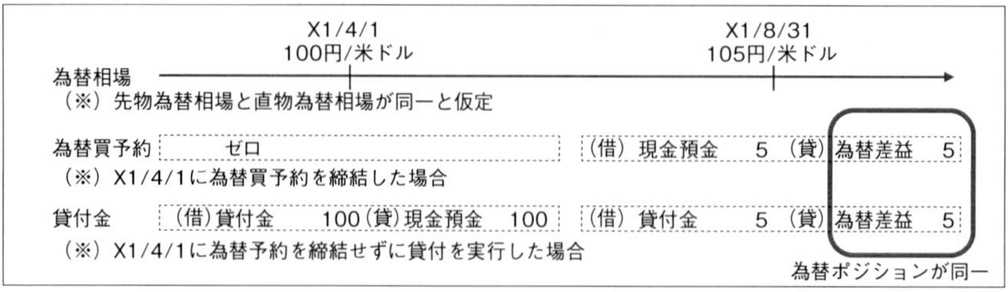

```
                    X1/4/1                          X1/8/31
                    100円/米ドル                    105円/米ドル
為替相場
（※）先物為替相場と直物為替相場が同一と仮定

為替買予約   ゼロ                      （借）現金預金  5  （貸）為替差益  5
（※）X1/4/1に為替買予約を締結した場合

貸付金  （借）貸付金 100 （貸）現金預金 100  （借）貸付金  5  （貸）為替差益  5
（※）X1/4/1に為替予約を締結せずに貸付を実行した場合
                                                       為替ポジションが同一
```

　一方で，外貨建利付資産および負債の将来利息に係る為替変動リスクに対応するために締結した為替予約等は，為替予約等の評価差額を繰延ヘッジ損益として利息が発生するまで繰り延べることが認められる（金融商品実務指針170項）。これは，予定取引に係る損益は直ちに発生せず，受取利息または支払利息の形で純損益に計上されるため，これらの利息が計上されるまでヘッジ手段の評価差額を繰り延べて，ヘッジ対象の損益に対応するように各期の純損益に反映する必要があることによる。

設例5－2－2　繰延ヘッジの会計処理

[前提条件]

　前記「設例5－2－1　独立処理の会計処理」と同様とする。

[会計処理]

＜X1年2月28日（為替予約締結）＞

仕訳なし（※）

（※）　為替予約締結当初の為替予約の時価はゼロ。

＜X1年3月31日（決算）＞

（借）為替予約	（※）1,000	（貸）繰延ヘッジ損益	（※）1,000

（※）　1,000千円＝1,000千米ドル×（為替予約締結先物相場105円/米ドル－決算時先物相場104円/米ドル）

＜X1年4月1日（翌期首）＞

| （借）繰延ヘッジ損益 | (※) 1,000 | （貸）為替予約 | (※) 1,000 |

（※） X1年3月31日（決算）の期首振戻し。

＜X1年4月30日（売上取引）＞

① 売上取引の計上

| （借）売掛金 | (※) 103,000 | （貸）売上 | (※) 103,000 |

（※） 103,000千円＝1,000千米ドル×売上時直物相場103円/米ドル

② ヘッジ手段の評価差額を認識

| （借）為替予約 | (※1) 3,000 | （貸）繰延ヘッジ損益 | (※1) 3,000 |
| 　　　繰延ヘッジ損益 | (※2) 3,000 | 　　　売上 | (※2) 3,000 |

（※1） 3,000千円＝1,000千米ドル×（為替予約締結先物相場105円/米ドル－売上時先物相場102円/米ドル）
（※2） ヘッジ手段の評価差額をヘッジ対象の損益に対応させる。

＜X1年5月31日（決済）＞

① 売掛金の決済

| （借）現金預金 | (※1) 100,000 | （貸）売掛金 | (※2) 103,000 |
| 　　　為替差損益 | (※3) 3,000 | | |

（※1） 100,000千円＝1,000千米ドル×決済時直物相場100円/米ドル
（※2） 103,000千円…＜X1年4月30日（売上取引）＞①参照。
（※3） 差額で算出。

② 為替予約の決済

| （借）現金預金 | (※1) 5,000 | （貸）為替予約 | (※2) 3,000 |
| | | 　　　為替差損益 | (※3) 2,000 |

（※1） 5,000千円＝1,000千米ドル×（為替予約締結先物相場105円/米ドル－決済時先物相場100円/米ドル）
（※2） 3,000千円…＜X1年4月30日（売上取引）＞②参照。
（※3） 差額で算出。

② 外貨建その他有価証券

外貨建のその他有価証券に係る為替換算差額は，原則として純資産の部に直

接計上されるため，ヘッジ会計を適用しない場合はヘッジ対象とヘッジ手段の損益認識時点が一致しない。このため，繰延ヘッジの適用が認められる（金融商品実務指針168項）。

③ 個別財務諸表上の在外子会社等に対する持分への投資

個別財務諸表上，外貨建の子会社株式および関連会社株式は，取得時の為替相場で円換算され，換算差額が純損益に計上されない。このため，ヘッジ手段に係る評価差額を繰延ヘッジ損益として繰り延べることが認められる（金融商品実務指針168項）。

（2） デリバティブ取引以外のヘッジ手段

前記「Q5-1 為替変動リスクのあるヘッジ対象に対するヘッジ会計の適用」に記載したとおり，デリバティブ取引以外の外貨建金銭債権債務または外貨建有価証券をヘッジ手段として指定することも認められる。なお，この取扱いは限定列挙であり，これらの他にデリバティブ取引以外をヘッジ手段として繰延ヘッジを適用することは認められない（金融商品実務指針165項，334項）。

3 為替予約等の振当処理

（1） 為替予約等の振当処理の適用要件

為替予約等の振当処理（以下，本Q&Aにおいて「振当処理」という。）の適用は，ヘッジ会計の要件（前記「第1章 Q1-3 ヘッジ会計とは」参照）を満たし，かつ，外貨建金銭債権債務や外貨建満期保有目的の債券のように，為替予約等によって将来のキャッシュ・フローが固定されるものに限り認められる。したがって，例えば満期保有目的の債券以外の外貨建有価証券は，売却時期が未確定であり，かつ，時価の変動によりキャッシュ・フローが変動するため，為替予約等によりキャッシュ・フローを固定することは困難と考えられる。このため，振当処理の対象外となる（外貨建取引実務指針5項，51項）。振当処理は従来実務に対する配慮から経過措置として認められたものであり，また，後記「Q5-4 為替予約等の振当処理から独立処理への変更」に記載のとおり，独立処理を採用した後で振当処理へ変更することは，原則的な処理方法から特例的に認められた処理方法への変更に該当するため認められない

（外貨建取引実務指針3項なお書き）。

なお，振当処理の適用の有無は事業セグメントごとに選択することができる。これは，同一企業内でも事業内容によって為替リスクが異なると考えられるためである。また，振当処理の採用は会計方針として決定する必要があることから，正当な理由がない限り継続して適用することが求められる（外貨建取引実務指針50項）。

（2） 為替予約等の振当処理の会計処理

振当処理は原則として，以下の要領で会計処理をする（外貨建取引実務指針3項，53項）（設例5－2－3参照）。なお，直先差額については金額の重要性が乏しい場合，期間配分することなく為替予約等を締結した期の純損益として処理することが認められる（外貨建取引実務指針8項）。

振当処理の方法（原則）
- 外貨建金銭債権債務および外貨建満期保有目的の債券（以下「外貨建金銭債権債務等」という。）を為替予約相場で円換算する。
- 外貨建金銭債権債務等の取得時から，為替予約締結時までに生じた直物為替相場の変動額（直々差額）を，為替予約等を締結した期の純損益に計上する。
- 為替予約締結時の直物為替相場と為替予約相場の差額（直先差額）を，為替予約等を締結した期から決済日までの期間にわたって合理的に配分し，各期の純損益に計上する。

ただし，ヘッジ対象が通常の営業取引に係る外貨建金銭債権債務であって，かつ，取引発生以前に為替予約等を締結した場合は以下の要領で会計処理をすることが求められる。また，通常の営業取引以外でも，取引発生以前に為替予約等を締結した場合には同様に会計処理をすることが容認される（外貨建取引実務指針8項）（設例5－2－4参照）。

振当処理の方法（例外）
- 外貨建取引および外貨建金銭債権債務等を為替予約相場で円換算する。
 （※）ただし，取引発生以前にヘッジ手段を締結する必要がある。

設例5-2-3　振当処理の会計処理（原則）

[前提条件]

① X1年2月1日に1,000千米ドルの売上を計上する。
② X1年2月28日に為替予約1,000千米ドルの売予約を締結する。
③ 先物為替相場および直物為替相場の変動は以下のとおりである。

年月日	取引内容	先物為替相場	直物為替相場
X1/2/1	売上取引		106円／米ドル
X1/2/28	為替予約締結	102円／米ドル	103円／米ドル
X1/3/31	決算		
X1/4/30	決済		

[会計処理]

＜X1年2月1日（売上取引）＞

(借) 売掛金　　　　　　(※)106,000　(貸) 売上　　　　　　(※)106,000

(※) 106,000千円＝1,000千米ドル×売上時直物相場106円／米ドル

＜X1年2月28日（為替予約締結）＞

(借) 為替差損益　　　　(※1)3,000　(貸) 売掛金　　　　　(※1)3,000
　　 前払費用　　　　　(※2)1,000　　　 売掛金　　　　　(※2)1,000

(※1) 直々差額3,000千円＝1,000千米ドル×（為替予約締結時直物相場103円／米ドル－売上時直物相場106円／米ドル）
(※2) 直先差額1,000千円＝1,000千米ドル×（為替予約締結先物相場102円／米ドル－為替予約締結時直物相場103円／米ドル）

＜X1年3月31日（決算）＞

(借) 為替差損益　　　　(※)500　(貸) 前払費用　　　　　(※)500

(※) 直先差額の期間配分500千円＝為替予約締結時前払費用1,000千円(X1年2月28日(為替予約締結)参照)×1か月÷2か月

< X1年4月30日（決済）>

（借）現金預金	（※1）102,000	（貸）売掛金	（※1）102,000
為替差損益	（※2）500	前払費用	（※2）500

（※1）　102,000千円＝1,000千米ドル×為替予約締結先物相場102円/米ドル
（※2）　500千円…＜X1年2月28日（為替予約締結）＞と＜X1年3月31日（決算）＞の差額で算出。

設例5－2－4　振当処理の会計処理（例外）

[前提条件]
　前記「設例5－2－1　独立処理の会計処理」と同様とする。

[会計処理]
＜X1年2月28日（為替予約締結）＞

仕訳なし（※）

（※）　為替予約締結当初の為替予約の時価はゼロ。

＜X1年3月31日（決算）＞

（借）為替予約	（※）1,000	（貸）繰延ヘッジ損益	（※）1,000

（※）　1,000千円＝1,000千米ドル×（為替予約締結先物相場105円/米ドル－決算時先物相場104円/米ドル）

＜X1年4月1日（翌期首）＞

（借）繰延ヘッジ損益	（※）1,000	（貸）為替予約	（※）1,000

（※）　X1年3月31日（決算）の期首振戻し。

＜X1年4月30日（売上取引）＞

（借）売掛金	（※）105,000	（貸）売上	（※）105,000

（※）　105,000千円＝1,000千米ドル×為替予約締結先物相場105円/米ドル

＜X1年5月31日（決済）＞

（借）現金預金	（※）105,000	（貸）売掛金	（※）105,000

（※）　105,000千円…＜X1年4月30日（売上取引）＞参照。

4 まとめ

前記のヘッジ取引の会計方針、ヘッジ対象、ヘッジ手段をまとめると、その対応関係は図表5－2－2のとおりである。

図表5－2－2　会計方針とヘッジ対象・ヘッジ手段の対応関係

会計方針	ヘッジ対象	ヘッジ手段
独立処理	すべての取引	すべての取引
繰延ヘッジ	外貨建予定取引 外貨建その他有価証券 個別財務諸表上の在外子会社等に対する持分への投資	デリバティブ取引 デリバティブ取引以外
振当処理 （原則）	外貨建金銭債権債務 （※）営業取引発生前に為替予約等を締結した場合を除く。 外貨建満期保有目的の債券	デリバティブ取引
振当処理 （例外）	外貨建金銭債権債務 外貨建満期保有目的の債券 （※）取引発生前にヘッジ手段を締結した場合に限る	デリバティブ取引

Q5-3 為替予約等の振当処理の適用が認められる為替予約以外のデリバティブ

ヘッジ手段として為替予約のほかに通貨スワップ取引や通貨オプション取引を為替予約等の振当処理の対象とすることは可能か。

A

ヘッジ会計の要件を満たす場合は為替予約等の振当処理（以下、本Q＆Aにおいて「振当処理」という。）を適用することができる。ただし、通貨スワップ取引については為替予約型または直先フラット型のみ、通貨オプション取引については外貨建金銭債権債務等にヘッジ手段として締結した買建通貨オプ

ションで，契約締結時において権利行使が確実に行われると認められるものに限り，振当処理の適用が認められる。

解説

1 為替予約型の通貨スワップ取引と振当処理

為替予約型の通貨スワップ取引とは「契約満了日の契約レートが，契約満了日を期日とする為替予約を行った場合のレートと同等と認められる取引」[2]をいう。このため，例えば外貨建借入金の為替変動リスクに対応するために為替予約型の通貨スワップ取引を締結した場合，元利金返済額が円貨額で確定することから，振当処理の適用が認められる（外貨建取引実務指針6項）（図表5－3－1参照）。

2 直先フラット型の通貨スワップ取引と振当処理

直先フラット型の通貨スワップ取引とは「通貨スワップ契約時における直物レートと通貨スワップ契約満了時の契約レートが同一である取引」[3]をいう。このため，例えば外貨建借入金の為替変動リスクに対応するために直先フラット型の通貨スワップ取引を締結した場合，借入金額と返済金額が同額となることから円貨でのキャッシュ・フローを固定する効果が得られ，振当処理の適用が認められる（外貨建取引実務指針6項）（図表5－3－2参照）。

---

2 「図解でスッキリ　デリバティブの会計入門」新日本有限責任監査法人編　中央経済社　P.148。
3 同上

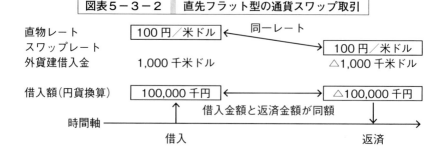

図表5－3－2　直先フラット型の通貨スワップ取引

3 | 権利行使が確実に行われると認められる買建通貨オプションと振当処理

振当処理を適用するには円貨でのキャッシュ・フローを固定する必要があるため，オプション契約締結時に権利行使が確実に行われると認められる買建の通貨オプションの場合にのみ，振当処理を適用できることとされている（外貨建取引実務指針6項）。よって，為替相場の状況からみて権利行使価格が有利な状態にあること，かつ，契約締結時から権利行使日までの期間が短期であることが必要と考えられる。これは，仮にオプション契約締結日から権利行使期日までの期間が長期の場合，一般に決済時の為替相場が権利行使価格に対して不利な状態になり，オプション権が行使されなくなる可能性が高まると考えられるためである。

Q5-4　為替予約等の振当処理から独立処理への変更

為替予約等の振当処理を独立処理へと変更する場合の取扱いについて教えてほしい。

A

正当な理由がある場合には為替予約等の振当処理（以下，本Q＆Aにおいて「振当処理」という。）から独立処理への変更が認められる。この場合，独立処理を過去の期間すべてに遡及適用する。

解 説

外貨建取引実務指針第3項によれば「振当処理の採用は,会計方針として決定する必要があり,また,ヘッジ会計の要件を満たす限り継続して適用しなければならない。」とされている。このため,振当処理の採用は会計方針に該当し,これを変更するには正当な理由が必要となる。なお,正当な理由による会計方針の変更は以下のすべての要件を満たすことが求められる(監査・保証実務委員会実務指針第78号「正当な理由による会計方針の変更等に関する監査上の取扱い」8項)。

- 企業の事業内容または企業内外の経営環境の変化に対応していること
- 会計事象等を財務諸表に,より適切に反映するものであること
- 一般に公正妥当と認められる企業会計の基準に照らして妥当であること
- 利益操作等を目的としていないこと
- 会計方針を当該事業年度に変更することが妥当であること

また,振当処理から独立処理に会計方針を変更した場合,過年度遡及会計基準第6項(2)の定めに従い,新たな会計方針を過去の期間すべてに遡及適用する。

なお,独立処理を採用した後で振当処理へ変更することは,原則的な処理方法から特例的に認められた処理方法への変更にあたり認められない(外貨建取引実務指針3項なお書き)。

Q5-5 予定取引ごとの繰延ヘッジの会計処理

予定取引に繰延ヘッジを適用した場合の会計処理を教えてほしい。

A

予定取引により純損益が直ちに発生する場合は予定取引の実行時にヘッジ手段の評価差額を純損益に計上する。予定取引が資産の取得である場合にはヘッジ手段の評価差額を資産の取得価額に加減する。

解 説

1 予定取引により純損益が直ちに発生する場合の会計処理

　予定取引により純損益が直ちに発生する場合は，予定取引に係る純損益も取引実行時に認識されるため，ヘッジ手段の評価差額も同時に純損益認識する。また，ヘッジの目的は予定取引の価格変動リスクに対応することにあるので，ヘッジ手段の評価差額は，原則としてヘッジ対象に係る損益科目に計上する（前記「Q5-2　設例5-2-2　繰延ヘッジの会計処理」参照）。ただし，本質問のようにヘッジ取引が為替変動リスクに対するヘッジである場合は，実務上の要請を考慮して，為替差損益として処理することも認められる。

　また，前記「Q5-2　為替ヘッジ取引の会計処理」に記載のとおり，外貨建利付資産および負債の将来利息に係る為替変動リスクに対応するために締結した為替予約等は，受取利息または支払利息の計上と同時に為替予約等の評価差額を認識することになる（金融商品実務指針170項(1)）。

2 予定取引が資産の取得である場合の会計処理

　予定取引が資産の取得である場合は，予定取引に係る損益は直ちに発生せず，例えば，償却資産の取得であれば減価償却費などによって費用化される。このため，ヘッジ手段の評価差額もヘッジ対象の損益に対応して認識する必要があり，ヘッジ手段の評価差額を取得資産の購入価額に加減することになる（金融商品実務指針170項(2)）（設例5-5-1参照）。

　なお，注意が必要なのは，仕入取引は一般に資産の取得にあたると考えられる。これは，三分法の記帳を前提とすれば仕入取引はいったん損益科目（仕入高）として仕訳を行うが，期末に残存する棚卸資産は損益科目から貸借対照表科目に振り替えられるためである。よって，期末にヘッジ対象となった棚卸資産がない場合を除いて，ヘッジ手段の評価差額を棚卸資産の購入価額に加減し，期末に残存する棚卸資産は，対応するヘッジ手段の評価差額も含めて貸借対照表科目に振り替えられることになる。

設例5-5-1　予定取引が資産の取得である場合

[前提条件]
① X1年4月10日に1,000千米ドルで機械装置の購入を予定する。
② X1年2月28日に，ヘッジ目的で為替予約1,000千米ドルの買予約を締結し，ヘッジ指定を行った。
③ 先物為替相場および直物為替相場の変動は以下のとおりである。

年月日	取引内容	先物為替相場	直物為替相場
X1/2/28	為替予約締結	105円/米ドル	
X1/3/31	決算	104円/米ドル	
X1/4/1	翌期首		
X1/4/10	機械装置購入	102円/米ドル	103円/米ドル
X1/5/31	決済	100円/米ドル	100円/米ドル

④ 機械装置の耐用年数を10年とし，定額法（償却率0.1）により償却する。

[会計処理]
＜X1年2月28日（為替予約締結）＞

仕訳なし (※)	

(※)　為替予約締結当初の為替予約の時価はゼロ。

＜X1年3月31日（決算）＞

（借）繰延ヘッジ損益　　(※)1,000　（貸）為替予約　　(※)1,000

(※)　△1,000千円＝1,000千米ドル×（決算時先物相場104円/米ドル－為替予約締結先物相場105円/米ドル）

＜X1年4月1日（翌期首）＞

（借）為替予約　　(※)1,000　（貸）繰延ヘッジ損益　　(※)1,000

(※)　X1年3月31日（決算）の期首振戻し。

＜X1年4月10日（機械装置購入）＞
① 機械装置の購入

（借）機械装置	（※）103,000	（貸）未払金	（※）103,000

（※） 103,000千円＝1,000千米ドル×機械装置購入時直物相場103円／米ドル

② ヘッジ手段の評価差額を認識

（借）繰延ヘッジ損益	（※1）3,000	（貸）為替予約	（※1）3,000
機械装置	（※2）3,000	繰延ヘッジ損益	（※2）3,000

（※1） △3,000千円＝1,000千米ドル×（機械装置購入時先物相場102円／米ドル－為替予約締結先物相場105円／米ドル）
（※2） ヘッジ手段の評価差額を取得資産の購入価額に加減する。

＜X1年5月31日（決済）＞
① 未払金の決済

（借）未払金	（※1）103,000	（貸）現金預金	（※2）100,000
		為替差損益	（※3）3,000

（※1） 103,000千円…＜X1年4月10日（機械装置購入）＞①参照。
（※2） 100,000千円＝1,000千米ドル×決済時直物相場100円／米ドル
（※3） 差額で算出。

② 為替予約の決済

（借）為替予約	（※1）3,000	（貸）現金預金	（※2）5,000
為替差損益	（※3）2,000		

（※1） △3,000千円…＜X1年4月10日（機械装置購入）＞②参照。
（※2） △5,000千円＝1,000千米ドル×（決済時先物相場100円／米ドル－為替予約締結先物相場105円／米ドル）
（※3） 差額で算出。

＜X2年3月31日（決算）＞

（借）減価償却費	（※1）10,300	（貸）減価償却累計額	（※3）10,600
減価償却費	（※2）300		

（※1） 10,300千円＝機械装置購入原価103,000千円（＜X1年4月10日（機械装置購入）＞①参照）×償却率0.1
（※2） 300千円＝ヘッジ手段の評価差額相当額3,000千円（＜X1年4月10日（機械装置購入）＞②参照）×償却率0.1
（※3） 10,600千円…（※1）（※2）の合計で算出。

第5章　為替ヘッジ取引に係る会計処理と実務論点　133

Q5-6　外貨建工事契約に為替予約等を締結した場合の会計処理

工事進行基準を適用する外貨建工事契約に為替予約等を締結した場合に繰延ヘッジを適用することはできるか。また，為替予約等の振当処理を適用することはできるか。

A

工事収益総額から工事進行基準の適用により計上する工事未収入金を除いた部分に対して，繰延ヘッジの適用が認められる。また，工事未収入金に対して為替予約等の振当処理の適用が認められると考えられる。

解説

工事契約の会計処理には以下の2つの方法が適用される（工事契約会計基準6項）。

- 「工事完成基準」…工事が完成し目的物の引渡しを行った時点で，工事収益および工事原価を認識する方法
- 「工事進行基準」…工事収益総額，工事原価総額および決算日における工事進捗度を合理的に見積り，工事収益および工事原価を認識する方法

このうち，工事完成基準は完成，引渡しにより工事収益および金銭債権を計上する。このため，工事契約が外貨建の場合は，工事の完成，引渡しまでは予定取引として繰延ヘッジの適用が認められる（金融商品実務指針169項）。また，完成，引渡しにより取得する外貨建金銭債権には振当処理の適用が認められる（外貨建取引実務指針5項）。

一方で，工事進行基準は決算日の工事進捗度を合理的に見積り工事収益および未収入金を計上する。この未収入金は，会計上は金銭債権として扱われ当該未収入額が外貨建である場合は，原則として決算時の為替相場による円換算額を付すこととされる（工事契約会計基準17項）。このため，工事未収入金は外貨建金銭債権に該当することから繰延ヘッジの対象にならず（原則として独立処理が適用となる。），為替予約等の振当処理の適用が認められるものと考えられる（前記「Q5-2　為替ヘッジ取引の会計処理」参照）。また，工事収益

総額から当年度および過年度に計上した未収入金を除いた部分はいまだ金銭債権に該当しないため，予定取引として繰延ヘッジの適用が認められる（図表5－6－1，設例5－6－1参照）。

図表5－6－1　外貨建工事進行基準の適用

工事未収入金＝工事収益総額×進捗率－過年度計上工事未収入金

未成工事高	600千米ドル	為替予約	1,000千米ドル	⇒ 未成工事高600千米ドルは繰延ヘッジ
工事未収入金（進捗率40％）	400千米ドル			工事未収入金400千米ドルは振当処理
工事収益総額	1,000千米ドル	為替予約	1,000千米ドル	

設例5－6－1　外貨建工事契約の会計処理

[前提条件]

① X1年2月1日に契約額1,000千米ドルの工事契約を受注した。X1年4月30日に完成引渡しを予定する。

② X1年1月10日に，ヘッジ目的で為替予約1,000千米ドルの売予約を締結し，ヘッジ指定を行った。

③ 先物為替相場および直物為替相場の変動，ならびに工事進捗率は以下のとおりである。

年月日	取引内容	工事進捗率	先物為替相場	直物為替相場
X1/1/10	為替予約締結		106円／米ドル	
X1/2/1	受注	0％	105円／米ドル	
X1/3/31	決算	40％	104円／米ドル	105円／米ドル
X1/4/1	翌期首			
X1/4/30	完成引渡	100％	102円／米ドル	103円／米ドル
X1/5/31	決済		100円／米ドル	100円／米ドル

[会計処理]

＜X1年1月10日（為替予約締結）＞

仕訳なし（※）

（※） 為替予約締結当初の為替予約の時価はゼロ。

＜X1年2月1日（受注）＞

仕訳なし（※）

（※） いまだ金銭債権は生じていない。

＜X1年3月31日（決算）＞

① 工事収益および未収入金の認識と振当処理の適用

（借）工事未収入金	（※）42,400	（貸）完成工事高	（※）42,400

（※） 42,400千円＝工事収益総額1,000千米ドル×工事進捗率40％×為替予約締結先物相場106円／米ドル

② 未成工事高に対する繰延ヘッジの適用

（借）為替予約	（※）1,200	（貸）繰延ヘッジ損益	（※）1,200

（※） 1,200千円＝工事収益総額1,000千米ドル×（1－進捗率40％）×（為替予約締結先物相場106円／米ドル－決算時先物相場104円／米ドル）

＜X1年4月1日（翌期首）＞

（借）繰延ヘッジ損益	（※）1,200	（貸）為替予約	（※）1,200

（※） ＜X1年3月31日（決算）＞②の期首振戻し。

＜X1年4月30日（完成引渡）＞

（借）工事未収入金	（※）63,600	（貸）完成工事高	（※）63,600

（※） 63,600千円＝工事収益総額1,000千米ドル×進捗率100％×為替予約締結先物相場106円／米ドル－過年度計上工事未収入金42,400千円（＜X1年3月31日（決算）＞①参照）

＜X1年5月31日（決済）＞

（借）現金預金	（※）106,000	（貸）工事未収入金	（※）106,000

（※） 106,000千円…＜X1年3月31日（決算）＞①，＜X1年4月30日（完成引渡）＞の合計で算出。

Q5-7 外貨建予定取引の商品価格が下落した場合のヘッジ会計の終了

　外貨建仕入単価の変動が大きい外貨建予定仕入取引において，為替変動リスクに対してのみ為替予約を締結した。この場合，金融商品実務指針第156項なお書きでは，特定の要素のみをヘッジすることができるとされていることから，為替変動リスクのみをヘッジ対象とし，その結果仕入単価が下落してあらかじめ取得した為替予約の残高を下回る仕入しかなされなかったとしても，為替要素についてはヘッジ会計が認められるのか。

A

　外貨建予定取引については，予定取引金額がヘッジ対象となり，為替変動部分のみをヘッジしたとしても，仕入単価の下落により為替予約残高が外貨建仕入価格を上回った部分については，ヘッジ会計の終了処理を行うことになると考えられる。

解説

1　予定取引におけるヘッジ対象とヘッジ手段の対応関係

　為替予約契約額は予定取引額との見合いで締結するものであるから，外貨建予定取引におけるヘッジ対象は外貨建仕入価格(＝仕入数量×外貨建仕入単価)と考えられる（金融商品会計基準（注12），金融商品実務指針162項）。このため，外貨建仕入単価の変動が大きい外貨建予定仕入取引について，為替変動リスクのみをヘッジ対象としても，そのすべてが常にヘッジ会計の対象となることは認められないと考えられる。

2 外貨建仕入価格が為替予約残高を下回った場合の会計処理

　前記のとおり，ヘッジ対象は外貨建仕入価格と考えられるため，外貨建仕入価格が為替予約金額を下回ることが明らかになった場合は，ヘッジ対象とした予定取引の一部が実行されないことになる。この場合，差額部分をヘッジ会計の終了（前記「第3章　Q3-5　ヘッジ会計の中止と終了」参照）として処理し，超過する為替予約の評価差額を純損益に計上する（金融商品実務指針181項）（設例5-7-1参照）。

　なお，ヘッジの有効性判定（前記「第3章　Q3-1　事後テストとは」参照）は，ヘッジ対象の変動リスクのうち特定要素のみのヘッジを意図してヘッジ手段を締結した場合，意図するリスク要素に対する変動額に基づいて判定するとされる（金融商品実務指針156項なお書き）。このため，為替変動リスクのみをヘッジ対象とすることも考えられるが，前記のとおり，予定取引における為替予約契約額は予定取引額との見合いで締結するものであるから，ヘッジ会計の一部終了として会計処理を行うことになる。

設例5-7-1　ヘッジ会計の一部終了

[前提条件]
① X1年5月31日に外貨建原材料仕入を予定する。仕入価格は1,000千米ドル（＝40千個×（見積）@25米ドル）を見込んでいる。
② X1年2月1日に，ヘッジ目的で為替予約1,000千米ドルの買予約を締結し，ヘッジ指定を行った。
③ 先物為替相場，直物為替相場および仕入単価の変動は以下のとおりである。

年月日	取引内容	仕入単価	先物為替相場	直物為替相場
X1/2/1	為替予約締結	(見積) 25米ドル	105円/米ドル	
X1/3/1	仕入単価下落	(見積) 15米ドル	104円/米ドル	
X1/3/31	決算		102円/米ドル	104円/米ドル
X1/4/1	翌期首			
X1/5/31	原材料仕入	(確定) 15米ドル	101円/米ドル	103円/米ドル
X1/6/30	決済		100円/米ドル	100円/米ドル

[会計処理]

＜X1年2月1日（為替予約締結）＞

> 仕訳なし（※）

（※）為替予約締結当初の為替予約の時価はゼロ。

＜X1年3月1日（仕入単価下落）＞

　外貨建仕入単価下落により外貨建仕入価格が為替予約総額を下回ることが明らかになったため，差額部分のヘッジ会計を終了する。

> (借) デリバティブ評価損益　　　（※）400　(貸) 為替予約　　　　　　　　　（※）400

（※）△400千円＝1,000千米ドル×（当初見積単価@25米ドル－下落後見積単価@15米ドル）／当初見積単価@25米ドル×（仕入単価下落時先物相場104円／米ドル－為替予約締結先物相場105円／米ドル）

＜X1年3月31日（決算）＞

① ヘッジ会計を終了した部分

> (借) デリバティブ評価損益　　　（※）800　(貸) 為替予約　　　　　　　　　（※）800

（※）△800千円＝1,000千米ドル×（当初見積単価@25米ドル－下落後見積単価@15米ドル）÷当初見積単価@25米ドル×（決算時先物相場102円／米ドル－仕入単価下落時先物相場104円／米ドル）

② 予定取引部分

> (借) 繰延ヘッジ損益　　　　　　（※）1,800　(貸) 為替予約　　　　　　　　　（※）1,800

（※）△1,800千円＝1,000千米ドル×（下落後見積単価@15米ドル÷当初見積単価@25米ドル）×（決算時先物相場102円／米ドル－為替予約締結先物相場105円／米ドル）

＜X1年4月1日（翌期首）＞

(借) 為替予約　　　　　　　　(※) 1,800　(貸) 繰延ヘッジ損益　　　　(※) 1,800

(※) ＜X1年3月31日（決算）＞②の期首振戻し。

＜X1年5月31日（原材料仕入）振当処理＞

(借) 原材料仕入　　　　　　　(※) 63,000　(貸) 買掛金　　　　　　　　(※) 63,000

(※) 63,000千円＝40千個×下落後確定単価＠15米ドル×為替予約締結先物相場105円／米ドル

＜X1年6月30日（決済）＞

① 振当処理部分

(借) 買掛金　　　　　　　　　(※) 63,000　(貸) 現金預金　　　　　　　(※) 63,000

(※) 63,000千円…＜X1年5月31日（原材料仕入）＞参照。

② ヘッジ会計を終了した部分

(借) 為替予約　　　　　　　　(※1) 1,200　(貸) 現金預金　　　　　　　(※2) 2,000
　　 デリバティブ評価損益　　 (※3) 800

(※1) 1,200千円…X1年3月1日（仕入単価下落）とX1年3月31日（決算）①の合計。
(※2) △2,000千円＝1,000千米ドル×（当初見積単価＠25米ドル－下落後見積単価＠15米ドル）／当初見積単価＠25米ドル×（決済時先物相場100円／米ドル－為替予約締結先物相場105円／米ドル）
(※3) 差額で算出。

Q5-8　予定取引が予定よりも遅れた場合の会計処理

　外貨建予定仕入取引に為替予約を締結したが，納期遅れで外貨建予定仕入取引の実行よりも先に為替予約を決済した場合の会計処理を教えてほしい。
　また，為替予約決済後，新たにヘッジ手段（為替予約）を締結した場合や当初の為替予約を金融機関との間で延長した場合にも繰延ヘッジの適用は認められるか。

A

ヘッジ対象となる仕入取引が遅れたようなケースでは，当該仕入取引が引き続き実行可能であることを条件に，ヘッジ手段決済時の評価差額を予定取引が実行されるまで繰り延べる。また，新たに締結したヘッジ手段や延長したヘッジ手段についても，ヘッジ指定をすることにより繰延ヘッジを適用することも認められると考えられる。

解 説

1 基本的考え方

前記「第3章 Q3-5 ヘッジ会計の中止と終了」に記載のとおり，ヘッジ手段が消滅した場合，その消滅時点までのヘッジ手段に係る評価差額はヘッジ対象が認識されるまで繰り延べることとされている（金融商品実務指針180項）。本質問のように，仕入取引が納期遅れで遅延したようなケースでは，当該仕入取引が引き続き実行可能であることを条件に，このヘッジ会計の中止の処理が適用となる（金融商品Q&A Q59-2）。外貨建予定取引実行時に繰り延べたヘッジ手段の評価差額は，仕入取引であれば棚卸資産の購入価額に加減することになる（設例5-8-1参照）。

設例5-8-1　ヘッジ会計の中止

[前提条件]

① 当初，X1年4月30日に1,000千米ドルの外貨建仕入（X1年6月30日に決済）を予定していた。
② X1年4月1日に，ヘッジ目的で為替予約1,000千米ドルの買予約を締結し，ヘッジ指定を行った。
③ 仕入取引の実行がずれこみ，X1年7月31日に外貨建仕入を行った。
④ 先物為替相場と直物為替相場の変動は以下のとおりである。

年月日	取引内容	先物為替相場	直物為替相場
X1/4/1	為替予約締結	105円/米ドル	
X1/6/30	為替予約決済	104円/米ドル	104円/米ドル
X1/7/31	原材料仕入		103円/米ドル
X1/8/31	仕入債務決済		100円/米ドル

[会計処理]

＜X1年4月1日（為替予約締結）＞

仕訳なし（※）

（※） 為替予約締結当初の為替予約の時価はゼロ。

＜X1年6月30日（為替予約決済）＞

外貨建仕入取引の実施は延期され為替予約の決済期日が到来

（借）現金預金	（※1）104,000	（貸）現金預金	（※2）105,000
繰延ヘッジ損益	（※3）1,000		

（※1） 104,000千円＝1,000千米ドル×為替予約決済時直物相場104円／米ドル
（※2） 105,000千円＝1,000千米ドル×為替予約締結先物相場105円／米ドル
（※3） 差額で算出。

＜X1年7月31日（原材料仕入）＞

① 原材料仕入の計上

（借）原材料仕入	（※）103,000	（貸）買掛金	（※）103,000

（※） 103,000千円＝1,000千米ドル×原材料仕入時直物相場103円／米ドル

② ヘッジ手段の評価差額を認識

（借）原材料仕入	（※）1,000	（貸）繰延ヘッジ損益	（※）1,000

（※） 1,000千円…＜X1年6月30日（為替予約決済）＞参照。

＜X1年8月31日（仕入債務決済）＞

（借）買掛金	（※1）103,000	（貸）現預金	（※2）100,000
		為替差損益	（※3）3,000

（※1） 103,000千円…＜X1年7月31日（原材料仕入）＞①参照。
（※2） 100,000千円＝1,000千米ドル×仕入債務決済時直物相場100円／米ドル
（※3） 差額で算出。

2 新たなヘッジ指定をする場合

　外貨建予定仕入取引がいまだ実施されていなければ，新たにヘッジ手段を締結して為替変動リスクへの対応が継続できる場合は，その新たに締結したヘッ

ジ手段に対して繰延ヘッジの適用が認められると考えられる。ただし，当初のヘッジ手段は決済により消滅しているので，新たに締結したヘッジ手段を改めてヘッジ指定することが必要である。

また，当初のヘッジ手段を決済して取得した外貨建預金等を，ヘッジ手段として改めてヘッジ指定し，繰延ヘッジを適用することも認められるものと考えられる（金融商品実務指針165項）（前記「Q5-2　為替ヘッジ取引の会計処理」参照）。

3 ヘッジ手段を期日延長する場合

我が国の実務では，為替予約について当初の決済予定日から延長するような実務がみられる。本質問のような予定取引の発生遅延に伴ってヘッジ手段についても期日延長した場合には，ヘッジ対象（仕入取引）もヘッジ手段（為替予約）も消滅しないことになる。しかしながら，仕入取引および為替予約の双方とも当初の想定（約定）から条件が変更されており，具体的には，仕入取引については実行見込期日が変更され，為替予約についても決済日が変更され，場合によっては予約レートも変更される（予約レートの変更がない場合には，一時に費用が発生するものと考えられる。）。このため，改めてヘッジ指定を行った上で，ヘッジ会計の要件を引き続き満たしているかどうか，慎重に判断することが求められる。

Q5-9　為替予約を締結した外貨建満期保有目的の債券

外貨建満期保有目的の債券に為替予約を締結して為替予約等の振当処理を適用する場合の会計処理を教えてほしい。

A

外貨建満期償還価額（額面金額）を為替予約相場により円換算する。なお，当該債券に係る外貨建の取得原価と額面金額が異なる場合は，(1) 取得原価を為替予約時の直物為替相場で円換算した金額と，(2) 額面金額を為替予約

相場で円換算した金額の差額を，合理的な方法により満期日までの期間にわたって配分し，各期の純損益に計上する。

解説

外貨建満期保有目的の債券に為替予約等を締結すると，その時点で満期償還時の円貨キャッシュ・フローが固定される。このため，為替予約の振当処理を適用した場合には，額面金額を為替予約相場により円換算する（外貨建取引実務指針14項）。

一方で，為替予約締結時の直物相場と為替予約相場の差は実質的には金利の調整部分と考えられる。また，外貨建満期保有目的の債券の取得原価と額面金額の差額についても，一般に，金利調整差額のみから構成されるものとみなすことができる（金融商品実務指針274項）（図表5-9-1参照）。このため，「取得原価×為替予約時の直物為替相場」と「額面金額×為替予約相場」の差額を，合理的な方法により満期日までの期間にわたって配分する（外貨建取引実務指針14項）。

図表5-9-1　円貨建取得原価と円貨建償還価額の関係

外貨建取得原価	×	直物相場	=	円貨建取得原価
900千米ドル		102円/ドル		91,800千円
↓		金利の調整	↓	
1,000千米ドル		100円/ドル		100,000千円
外貨建額面金額	×	先物相場	=	円貨建償還価額

Q5-10　通貨スワップを締結した外貨建満期保有目的の債券

外貨建満期保有目的の債券の取得原価と額面金額が異なる場合に，通貨スワップをヘッジ手段として為替予約等の振当処理を適用することは可能か。

A

　取得原価が額面価額と異なる場合でも，外貨建満期保有目的の債券の償還に係る通貨スワップは振当処理の適用が認められると考えられる。一方で，外貨建満期保有目的の債券の取得に係る通貨スワップはヘッジ会計の対象とはならず，取得時の純損益に計上する。

解説

　前記「Q5-3　為替予約等の振当処理の適用が認められる為替予約以外のデリバティブ」に記載のとおり，振当処理が認められる通貨スワップは，直先フラット型または為替予約型のみとされている（外貨建取引実務指針6項）。この点，外貨建満期保有目的の債券の取得原価と額面金額が異なる場合は，購入時の支払額と満期時の受取額に相違が生じるため，直先フラット型の通貨スワップの要件に該当しない。このため，取得に係る通貨スワップと，満期償還に係る通貨スワップを一体として為替予約等の振当処理を適用することは認められないと考えられる。

　また，前記「Q5-2　為替ヘッジ取引の会計処理」に記載したとおり，外貨建有価証券の取得に係る為替変動リスクからキャッシュ・フローを固定することを目的として締結したヘッジ手段には，ヘッジ会計の適用は認められないこととされている。このため，外貨建満期保有目的の債券の取得に係る通貨スワップは取得時の純損益として計上すると考えられる（金融商品実務指針169項）。

　一方で，満期時の円貨受取額は通貨スワップにより固定されるため，外貨建満期保有目的の債券の償還に係る通貨スワップには為替予約等の振当処理の適用が認められると考えられる。

Q5-11　連結会社間の外貨建金銭債権債務等に対するヘッジ会計適用の可否

　個別財務諸表上，連結会社間の外貨建金銭債権債務にヘッジ手段を締結して為替予約等の振当処理を適用している場合の連結財務諸表上の会計処理を教えてほしい。

A

　連結会社間の外貨建金銭債権債務に対して締結したヘッジ手段については，連結財務諸表上，ヘッジ手段の評価差額を純損益に計上する。ただし，連結会社間取引が外部取引と個別に紐付いている場合で，かつ，連結決算上で当該外部取引をヘッジ対象としてあらかじめ指定している場合には，その要件を満たす限り連結決算上も為替予約等の振当処理を適用することができる。
　なお，連結会社間取引のうち，外貨建予定取引の為替変動リスクをヘッジする目的で保有するヘッジ手段については繰延ヘッジを適用することができる。

解説

1 ▎基本的考え方

　連結会社間の外貨建金銭債権債務等をヘッジ対象としてヘッジ手段を締結した場合，連結財務諸表上はヘッジ対象のみが内部取引として相殺消去される。このため，個別財務諸表上は為替予約等の振当処理を適用していたヘッジ手段の評価差額を，連結決算において純損益として計上する必要がある（金融商品実務指針163項，333項）（設例5－11－1参照）。

2 ▎連結決算日と子会社決算日との関係

　連結決算日と子会社決算日が一致している場合で，連結会社間取引が一方の会社の外部取引と紐付いており，かつ，連結決算上で当該外部取引をヘッジ対象としてあらかじめ指定している場合には，連結財務諸表においてもキャッシュ・フローを固定することができる。このため，当該外部取引をヘッジ対象として，ヘッジ手段（為替予約等）を連結手続においてあらかじめヘッジ指定することで，為替予約等の振当処理を適用することが認められるものと考えられる。この取扱いは，外部取引と内部取引の個別対応が明確である場合に限られる（金融商品実務指針163項，333項）。
　一方，連結決算日と子会社決算日が異なる場合で，かつ，両者の決算日の差異が3か月を超えないものとして，子会社の正規の決算を基礎として連結財務諸表を作成している場合は（連結会計基準（注4）），決算期ズレに起因して，連結財務諸表においてキャッシュ・フローを固定することができない。このた

め，連結会社間取引が一方の会社の外部取引と紐付いている場合であっても，為替予約等の振当処理を適用することは認められないと考えられる。ただし，その場合であっても，連結会社間取引が外貨建金銭債権債務である場合，独立処理によって為替変動リスクは相殺されていることになる。

なお，連結会社間取引でも外貨建予定取引にヘッジ手段を締結した場合は，為替変動リスクは残るため連結財務諸表上も繰延ヘッジの適用を継続できる（金融商品実務指針163項，333項）。

設例5－11－1　連結会社間取引の連結仕訳

[前提条件]
① 親会社P社（3月決算）は子会社S社（3月決算）に対してX1年2月28日に1,000千米ドルの売上を予定する。
② 親会社P社は，X1年2月1日にヘッジ目的で為替予約1,000千米ドルの売予約を締結し，ヘッジ指定を行った。
③ 先物為替相場および直物為替相場の変動は以下のとおりである。

年月日	取引内容	先物為替相場	直物為替相場
X1/2/1	為替予約締結	107円/米ドル	
X1/2/28	連結会社間取引	105円/米ドル	106円/米ドル
X1/3/31	決算	104円/米ドル	103円/米ドル

[会計処理]
＜P社個別仕訳＞
① X1年2月1日（為替予約締結）

仕訳なし（※）

（※）為替予約締結当初の為替予約の時価はゼロ。

② X1年2月28日（連結会社間取引）振当処理

（借）売掛金	（※）107,000	（貸）売上高	（※）107,000

（※）107,000千円＝1,000千米ドル×為替予約締結先物相場107円/米ドル

③ X1年3月31日（決算）

仕訳なし（※）

（※） 振当処理のため。

＜連結修正仕訳＞

① 為替予約に係る評価差額の認識

（借）為替予約 （※）3,000	（貸）デリバティブ評価損益 （※）3,000

（※） 3,000千円＝1,000千米ドル×（為替予約締結先物相場107円／米ドル－決算時先物相場104円／米ドル）

② 外貨建金銭債権の為替換算

（借）為替差損益 （※）4,000	（貸）売掛金 （※）4,000

（※） 4,000千円＝1,000千米ドル×（決算時直物相場103円／米ドル－個別財務諸表上の換算相場107円／米ドル（＜P社個別仕訳＞②参照））

③ 連結会社間の金銭債権債務の相殺消去

（借）買掛金 （※1）103,000	（貸）売掛金 （※2）103,000

（※1） 103,000千円＝子会社仕入原価1,000千米ドル×決算時直物相場103円／米ドル
（※2） 103,000千円…＜P社個別仕訳＞②，＜連結修正仕訳＞②の合計で算出。

Q5-12　外貨建予定取引および外貨建金銭債権債務の包括ヘッジ

複数の外貨建予定取引および外貨建金銭債権債務に為替予約等を締結する場合の会計処理を教えてほしい。

A ……………

為替予約等の契約締結時に，外貨建予定取引および外貨建金銭債権債務の外貨合計額を基礎として為替予約等を比例配分する。この場合，同様の決済期日にある外貨建金銭債権債務等をグルーピングして配分することも認められる。

解説

前記「第2章　Q2-2　同種のヘッジ関係について個別ヘッジと包括ヘッジを使い分けることの可否」に記載したとおり，ヘッジ対象が複数の資産または負債から構成されている場合，ヘッジ手段に係る評価差額の配分は各ヘッジ対象に対するヘッジの効果を反映する配分基準に基づいて行うとされる。また，同様の決済期日を有する外貨建金銭債権債務はグルーピングして配分することも認められる（外貨建取引実務指針7項）。このため，例えば，決済期日が同一の外貨建金銭債権債務と外貨建予定取引がある場合，その合計額を基礎として為替予約等を比例配分することになる。そして，外貨建金銭債権債務に対応するヘッジ手段には振当処理，外貨建予定取引に対応するヘッジ手段には繰延ヘッジを適用することが認められる（図表5-12-1，設例5-12-1参照）。

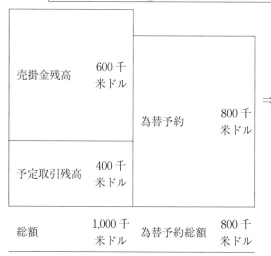

図表5-12-1　外貨建金銭債権債務と為替予約等の対応関係

- 売掛金残高600千米ドル×80％は為替予約等の振当処理を適用
- 売掛金残高600千米ドル×20％は決算時直物為替相場により換算
- 予定取引400千米ドル×80％は繰延ヘッジを適用

＝ヘッジ割合80％

設例5-12-1　外貨建金銭債権債務の包括ヘッジ

［前提条件］
① 総額で1,000千米ドルの売上を予定する。
② X1年2月28日に為替予約800千米ドルの売予約を締結する。

③ 先物為替相場および直物為替相場の変動と，取引実績は以下のとおりである。

年月日	取引内容	取引額	先物為替相場	直物為替相場
X1/2/1	売上A	600千米ドル	107円/米ドル	108円/米ドル
X1/2/28	為替予約締結		105円/米ドル	107円/米ドル
X1/3/31	決算		104円/米ドル	105円/米ドル
X1/4/1	翌期首		104円/米ドル	105円/米ドル
X1/4/30	売上B	400千米ドル	102円/米ドル	103円/米ドル
X1/5/31	決済		100円/米ドル	100円/米ドル

(※) 直先差額は金額的重要性が乏しく為替予約を締結した期の損益として処理する。

[会計処理（単位：千円）]

＜X1年2月1日（売上A）＞

(借) 売掛金	(※)64,800	(貸) 売上高	(※)64,800

(※) 64,800千円＝取引高600千米ドル×売上A直物相場108円/米ドル

＜X1年2月28日（為替予約締結）＞

為替予約締結時の振当割合は以下のとおりとなる。

売掛金残高	契約残高	契約総額	為替予約残高	振当割合
(※1) 600千米ドル	(※2) 400千米ドル	(※3) 1,000千米ドル	(※4) 800千米ドル	(※5) 80%

(※1) 600千ドル…X1年2月1日（売上A）参照。
(※2) 400千ドル…（※3）と（※1）の差額。
(※3) 1,000千ドル…前提条件①参照。
(※4) 800千ドル…前提条件②参照。
(※5) 80%＝（※4）÷（※3）

(借) 為替差損益	(※1)480	(貸) 売掛金	(※1)480
(借) 為替差損益	(※2)960	(貸) 売掛金	(※2)960

(※1) 直々差額480千円＝600千米ドル×ヘッジ割合80%×（為替予約締結時直物相場107円/米ドル－売上時直物相場108円/米ドル）
(※2) 直先差額960千円＝600千米ドル×ヘッジ割合80%×（為替予約締結時先物相場105円/米ドル－為替予約締結時直物相場107円/米ドル）
なお，直先差額に重要性がある場合は決済日までの期間にわたって配分する。

＜X1年3月31日（決算）＞

① 予定取引に係る繰延ヘッジの適用

（借）為替予約　　　　　　　　（※）320　（貸）繰延ヘッジ損益　　　　（※）320

（※）320千円＝400千米ドル×（為替予約締結先物相場105円／米ドル－決算時先物相場104円／米ドル）×ヘッジ割合80％

② ヘッジ対象外の売掛金換算

（借）為替差損益　　　　　　　（※）360　（貸）売掛金　　　　　　　　（※）360

（※）360千円＝600千米ドル×（決算時直物相場105円／米ドル－売上時直物相場108円／米ドル）×（1－ヘッジ割合80％）

＜X1年4月1日（翌期首）＞

（借）繰延ヘッジ損益　　　　　（※）320　（貸）為替予約　　　　　　　（※）320

（※）X1年3月31日（決算）の期首振戻し。

＜X1年4月30日（売上B）＞

（借）売掛金　　　　　　　（※1）33,600　（貸）売上　　　　　　　　（※3）41,840
　　　売掛金　　　　　　　 （※2）8,240

（※1）ヘッジ対象の売掛金33,600千円＝400千米ドル×為替予約締結先物相場105円／米ドル×ヘッジ割合80％
（※2）ヘッジ対象外の売掛金8,240千円＝400千米ドル×売上時直物相場103円／米ドル×（1－ヘッジ割合80％）
（※3）41,840千円…（※1），（※2）の合計で算出。

＜X1年5月31日（決済）＞

（借）現金預金　　　　　　　（※1）84,000　（貸）売掛金　　　　　　　（※5）104,840
　　　現金預金　　　　　　　（※2）20,000
　　　為替差損益　　　　　　（※3）600
　　　為替差損益　　　　　　（※4）240

(※1) ヘッジ対象の売掛金決済額84,000千円＝為替予約残高800千米ドル×為替予約締結先物相場105円／米ドル
(※2) ヘッジ対象外の売掛金決済額20,000千円＝（取引総額1,000千米ドル（前提条件①参照）－為替予約残高800千米ドル（前提条件②参照））×決済時直物相場100円／米ドル
(※3) △ヘッジ対象外の売上Aに係る為替差損益600千円＝600千米ドル×（決済時直物相場100円／米ドル－決算時直物相場105円／米ドル）×（1－ヘッジ割合80％）
(※4) △ヘッジ対象外の売上Bに係る為替差損益240千円＝400千米ドル×（決済時直物相場100円／米ドル－売上B時直物相場103円／米ドル）×（1－ヘッジ割合80％）
(※5) 104,840千円…＜X1年2月1日（売上A）＞，＜X1年2月28日（為替予約締結）＞，＜X1年3月31日（決算）②＞，＜X1年4月30日（売上B）＞の合計で算出。

Q5-13　包括的長期為替予約によるヘッジ

今後数年間の輸入取引に対して，毎月同額かつ同一レートの包括的長期為替予約をヘッジ手段とする場合，ヘッジ会計を適用できるか。また，為替予約等の振当処理の適用は認められるか。

A

決済期日が1年以上の包括的長期為替予約は，原則として繰延ヘッジの適用は認められない。ただし，輸入取引と円建売上が紐付いている，または輸入取引と円建売上に関する合理的な経営計画があり，かつ，損失が予想されない場合には，例外的に予定取引に対して繰延ヘッジの適用が認められる。一方で，為替予約等の振当処理の適用は認められないと考えられる。

解説

1　1年以上の予定取引をヘッジ対象とする繰延ヘッジの適用可否

外貨建取引に係る為替予約は，過去の取引実績等から長期的に予定取引が発生すると考えられる場合でも，決済期日が1年以上のものは原則として投機目的と考えられ繰延ヘッジの適用は認められない。ただし，（1）個々の予定輸入取引に紐付いた解約不能な円建売契約があり，かつ，一連の取引で損失とならない場合，または（2）為替相場の合理的な予測に基づく予定輸入取引と円

建売上に関する経営計画（通常3年程度）があり、かつ、損失が予想されない場合は繰延ヘッジを適用することが認められるとされている。なお、このような場合であっても、(1)、(2)に対応する部分以外は、一般的には投機目的と考えられ、為替予約の評価差額を純損益に計上する必要がある（金融商品Q＆A　Q55-2）。

2 ┃ 1年以上の予定取引に対する為替予約等の振当処理の適用可否

決済期日が1年以上の予定取引について、為替予約等の振当処理の適用は認められないと考えられる。これは仮に円の利子率がドルの利子率よりも低い状況で輸入取引に対して包括的長期為替予約を締結する場合、契約期間前半は各受渡日を期日とする為替予約よりも低く、後半は各受渡日を期日とする為替予約よりも高くドルを購入することになる（図表5-13-1参照）。このため、実質的に包括的長期為替予約は通貨スワップの一種と考えられ、また、各受渡日を期日とする為替予約レートと同等とは認められないため、為替予約型の通貨スワップ（前記「Q5-3　為替予約等の振当処理の適用が認められる為替予約以外のデリバティブ」参照）に該当せず、為替予約等の振当処理の適用は認められないと考えられる（金融商品Q＆A　Q55-2参照）。

図表5-13-1　包括的長期為替予約と各受渡日を期日とする為替予約との関係

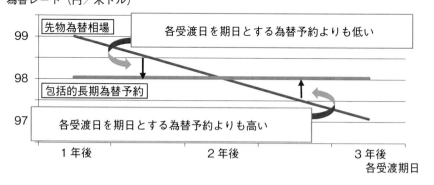

3 ┃ 包括的長期為替予約に係る繰延ヘッジの会計処理

前記のとおり、包括的長期為替予約は各受渡日を期日とする為替予約と異な

る一定の契約レートにより締結されることになる。このため，包括的長期為替予約のうちヘッジ手段の対象となる部分については，契約レートを契約締結時の理論先物相場に引き直した評価差額を繰延ヘッジ損益として繰り延べることになる（金融商品Q＆A　Q55－2）（設例5－13－1参照）。

設例5－13－1　包括的長期為替予約

[前提条件]
① 今後，3年間にわたる輸入取引と円建売上に関する合理的な経営計画を策定した。
② X1年1月10日に，ヘッジ目的で以下のとおり包括的長期為替予約の買予約を締結し，ヘッジ指定を行った。

包括的長期為替予約レート	98円／米ドル　＠各期1,000千米ドル		
受渡期日	X1/10/1	X2/10/1	X3/10/1
契約締結時の理論先物相場	99円／米ドル	98円／米ドル	97円／米ドル

③ 決算日X1年3月31日の受渡期日別先物為替相場は以下のとおりである。

受渡期日	X1/10/1	X2/10/1	X3/10/1
受渡期日別先物為替相場	98円／米ドル	96円／米ドル	94円／米ドル

④ X1年5月1日に1,000千米ドルの輸入取引を行った。なお，当日の直物為替相場は100円／米ドル，X1年10月1日受渡の先物為替相場は97円／米ドルである。
⑤ X1年10月1日に1,000千米ドルの買掛金を決済した。なお，当日の直物為替相場は95円／米ドルである。
⑥ ヘッジ会計の適用要件は満たしている前提とする。
⑦ 税効果会計は考慮しないものとする。

[会計処理（単位：千円）]
＜X1年1月10日（包括的長期為替予約締結）＞

仕訳なし^(※)

（※）包括的長期為替予約締結当初の時価はゼロ。

＜X1年3月31日（決算）＞

(借) 繰延ヘッジ損益	(※4) 6,000	(貸) 為替予約	(※1) 1,000
		為替予約	(※2) 2,000
		為替予約	(※3) 3,000

(※1) 1,000千円＝1,000千米ドル×（受渡期日X1/10/1の決算時先物相場98円／米ドル－受渡期日X1/10/1の契約時の理論先物相場99円／米ドル）
(※2) 2,000千円＝1,000千米ドル×（受渡期日X2/10/1の決算時先物相場96円／米ドル－受渡期日X2/10/1の契約時の理論先物相場98円／米ドル）
(※3) 3,000千円＝1,000千米ドル×（受渡期日X3/10/1の決算時先物相場94円／米ドル－受渡期日X3/10/1の契約時の理論先物相場97円／米ドル）
(※4) 6,000千円…（※1）（※2）（※3）の合計。

＜X1年4月1日（翌期首）＞

(借) 為替予約	(※) 6,000	(貸) 繰延ヘッジ損益	(※) 6,000

(※) X1年3月31日（決算）の期首振戻し。

＜X1年5月1日（輸入取引）＞
① 輸入取引の計上

(借) 仕入	(※) 100,000	(貸) 買掛金	(※) 100,000

(※) 100,000千円＝1,000千米ドル×輸入取引時直物相場100円／米ドル

② ヘッジ手段の評価差額を認識

(借) 繰延ヘッジ損益	(※1) 2,000	(貸) 為替予約	(※1) 2,000
(借) 仕入	(※2) 2,000	(貸) 繰延ヘッジ損益	(※2) 2,000

(※1) 2,000千円＝1,000千米ドル×（輸入取引時先物相場97円／米ドル－受渡期日X1/10/1の契約時の理論先物相場99円／米ドル）
(※2) ヘッジ手段の評価差額をヘッジ対象に対応させる。

＜X1年10月1日（決済）＞
① 買掛金の決済

(借) 買掛金	(※1) 100,000	(貸) 現金預金	(※2) 95,000
		為替差損益	(※3) 5,000

(※1) 100,000千円…＜X1年5月1日（輸入取引）＞①参照。
(※2) 95,000千円＝1,000千米ドル×決済時直物相場95円／米ドル
(※3) 差額で算出。

② 為替予約の決済

(借)	為替予約	(※1) 2,000	(貸)	現金預金	(※2) 3,000
	為替差損益	(※3) 2,000		繰延ヘッジ損金	(※4) 1,000

(※1) 2,000千円…＜X1年5月1日（輸入取引）＞②参照。
(※2) 3,000千円＝1,000千米ドル×（決済時直物相場95円/米ドル－包括的長期為替予約レート98円/米ドル）
(※3) 差額で算出。
(※4) 1,000千円＝1,000千米ドル×（包括的長期為替予約レート98円/米ドル－受渡期日X1/10/1の契約時の理論先物相場99円/米ドル）。本来，理論先物相場（あるべき予約レート）である99円/米ドルで決済されるべきところ，包括的長期為替予約相場（実際の予約レート）98円/米ドルで決済されているので，その差分を調整する。

Q5-14 金利通貨スワップの会計処理

外貨建利付資産または負債にヘッジ目的で金利通貨スワップを締結した場合の会計処理を教えてほしい。また，金利通貨スワップが金利スワップの特例処理と為替予約等の振当処理の要件をともに満たす場合，ヘッジ対象との一体処理は認められるか。

A

原則として，金利スワップ部分と通貨スワップ部分に区分し，ヘッジ会計の要件を満たす場合は，金利スワップ部分は繰延ヘッジを，通貨スワップ部分は独立処理を適用する。ただし，金利通貨スワップが金利スワップの特例処理と為替予約等の振当処理の要件をともに満たす場合には，金利通貨スワップを時価評価せず，外貨利付資産または負債と一体として処理することも認められると考えられる。

解 説

1 基本的考え方

金利通貨スワップをヘッジ手段とする目的は，外貨建利付資産または負債の金利変動リスクと為替変動リスクのそれぞれをヘッジすることにある。よって，

原則として，これらのリスクが区分できる場合には別個の会計処理を適用する。このため，ヘッジ会計の要件を満たさない場合は，金利変動リスクに対応する金利スワップ部分および為替変動リスクに対応する通貨スワップ部分，それぞれの評価差額を純損益として処理することになる（金融商品会計基準25項）。

2 ヘッジ会計の要件を満たす場合

　ヘッジ会計の要件を満たす場合は，原則として，金利スワップ部分には繰延ヘッジを，通貨スワップ部分には独立処理を適用する。なお，通貨スワップ部分が独立処理となる理由は，前記「Q5-2　為替ヘッジ取引の会計処理」に記載のとおり，外貨建利付資産または負債の換算差額と，通貨スワップ部分の評価差額はともに純損益に計上されることから，ヘッジ会計を適用する必要がないためである（金融商品実務指針168項，金融商品Q&A　Q 56）。

3 ヘッジ会計の要件を満たし，かつ，金利スワップの特例処理の要件および為替予約等の振当処理の要件を満たす場合

　まず，金利スワップが特例処理の要件（前記「第4章　Q 4 - 10　金利スワップの特例処理を行うための判断基準」参照）を満たす場合は，金利スワップを時価評価せずヘッジ対象と一体として処理することが認められる（金融商品実務指針177項, 346項）。また, 通貨スワップが為替予約等の振当処理の要件（前記「Q5-3　為替予約等の振当処理の適用が認められる為替予約以外のデリバティブ」参照）を満たす場合は，通貨スワップを時価評価せず為替予約等の振当処理を採用することが認められる（外貨建取引実務指針6項）。

　このため，金利通貨スワップの金利スワップ部分が金利スワップの特例処理の要件を満たし，かつ，通貨スワップ部分が為替予約等の振当処理の要件を満たす場合，金利通貨スワップを時価評価せず，外貨建利付資産または負債と一体として処理することもできると考えられる（金融商品Q&A　Q 56）。

第5章 為替ヘッジ取引に係る会計処理と実務論点

Q5-15 NDF取引とヘッジ会計

為替予約を締結することができないような通貨建の取引に係る為替変動リスクをヘッジするために，NDF（ノン・デリバラブル・フォワード）取引をヘッジ手段として，為替予約等の振当処理を適用することは認められるか。

A

一般的には，NDF（ノン・デリバラブル・フォワード）取引をヘッジ手段として為替予約等の振当処理を適用することは認められないと考えられる。ただし，実質的にキャッシュ・フローを固定する効果が得られるような商品性の場合には，為替予約等の振当処理の適用が認められると考えられる。

解説

1 NDF取引とは

NDF（ノン・デリバラブル・フォワード）取引とは「為替予約とは異なり現地通貨での受渡しは発生せず，約定した先物レートと一定期日の決済レートとの差額を，米ドル等の主要通貨で決済する先物取引」[4]をいう。これは，現地通貨当局の為替管理等によって通貨流通量に制約がある場合に，米ドル等の主要通貨で差金決済することにより，現地通貨の為替変動リスクをヘッジする手段として用いられる。

2 NDF取引をヘッジ手段とする場合の為替予約等の振当処理の可否

NDF取引は銀行等との相対取引でおこなわれ，一般に決済レートは決済日の前に確定する。このため，（1）相対取引であるNDF取引の決済レートと直物レートが乖離する場合，または（2）決済日の前に確定するNDF取引の

---

4 「会計実務ライブラリー4　外貨建取引会計の実務（第2版）」新日本有限責任監査法人編　中央経済社　P.305。

決済レートと決済日の直物レートが乖離する場合は、キャッシュ・フローを固定することができないため、「将来のキャッシュ・フローの固定されるもの」に限って適用が認められる（外貨建取引実務指針5項）為替予約等の振当処理の適用は認められないと考えられる（図表5－15－1参照）。

ただし、NDF取引は相対取引でおこなわれるため、（1）（2）ともに乖離が生じず、決済日レートの決定日に同日の基準レートと同一のレートでスポット予約を締結することなどにより、NDF取引の決済レートと外貨建入出金取引の予約レートを一致させるような商品性のケースでは、実質的にキャッシュ・フローを固定する効果が得られることから、その他のヘッジ会計の要件を満たすことを前提に、為替予約等の振当処理の適用が認められると考えられる。

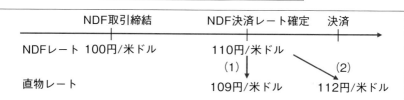

図表5－15－1　NDF取引の決済

(1) NDF取引の決済レートと直物レートが乖離
(2) NDF取引の決済レートと決済日の直物レートが乖離

Q5-16　外貨建前受金とヘッジ会計

外貨建前受金をヘッジ対象として、ヘッジ会計を適用することは認められるか。

A

外貨建前受金をヘッジ対象として、ヘッジ会計を適用することは認められないとする考え方と、認められるとする考え方の双方が考えられる。

解説

1 ヘッジ会計を適用することは認められないとする考え方

　外貨建取引実務指針第25項によれば「外貨により授受された前渡金及び前受金は，金銭授受時の為替相場による円換算額を付す。前渡金は将来，財又はサービスの提供を受ける費用性資産であり，前受金は将来，財又はサービスの提供を行う収益性負債であるから，外貨建金銭債権債務ではない。」とされる。

　この点を重視すると，前受金は収益性負債にあたることからその発生自体は予定取引（前記「Q5－5　予定取引ごとの繰延ヘッジの会計処理」参照）には該当しないものと考えられ，繰延ヘッジの適用は認められないと考えられる（金融商品実務指針169項参照）。また，前受金は外貨建金銭債務ではないためキャッシュ・フローの固定化効果はなく，振当処理の適用も認められないと考えられる（外貨建取引実務指針5項参照）（前記「Q5－2　為替ヘッジ取引の会計処理」参照）。

2 ヘッジ会計を適用することは認められるとする考え方

　外貨により受け取った前受金は収益性負債であるため，最終的に収益へと振り替えられる。費用性資産である棚卸資産や有形固定資産の取得に関しても，その為替変動リスクを回避するためにヘッジ会計の適用が認められていることを鑑みれば，収益性負債である前受金についても，最終的な収益計上の為替変動リスクをヘッジする目的で，予定取引に対するヘッジ（繰延ヘッジ）が認められると考えられる。

　また，為替予約等の振当処理が適用できるかどうかに関して，確かに将来の支払のキャッシュ・フローを固定化するものではないものの，為替予約等の振当処理に対しては外貨建取引自体を予約レートで換算できるとする簡便法が設けられている点（外貨建取引実務指針8項参照）を考慮すると，取引（将来の収益）を固定化する処理も必ずしも不合理ではなく，ヘッジ取引の実態を表しているとも考えられる。

第6章 有価証券ヘッジ取引に係る会計処理と実務論点

Q6-1 その他有価証券をヘッジする方法

その他有価証券をヘッジ対象とするヘッジ取引では、どのような会計処理が認められているか。

A

その他有価証券をヘッジ対象とするヘッジ取引では、繰延ヘッジまたは時価ヘッジのいずれかを選択できる。

解説

1 その他有価証券をヘッジ対象とするヘッジ会計

繰延ヘッジを選択する場合、ヘッジ手段に係る損益または評価差額を繰延ヘッジ損益として繰り延べる。繰延ヘッジ損益は、純資産に計上する（金融商品実務指針174項）。

また、金融商品会計基準では、ヘッジ対象である資産または負債に係る相場変動等を損益に反映させることにより、その損益とヘッジ手段に係る損益とを同一の会計期間に認識する方法も認められている（金融商品会計基準32項、図表6-1-1参照）。これを時価ヘッジといい、ヘッジ対象がその他有価証券である場合にのみ、適用することができる（金融商品実務指針185項）。

なお、金融商品会計基準（注14）において金利スワップの特例処理が定め

られているが，売買目的有価証券およびその他有価証券は金利スワップの特例処理を適用することができない（金融商品実務指針178項柱書きなお書き）。

図表6－1－1	その他有価証券をヘッジ対象とするヘッジ会計
繰延ヘッジ	ヘッジ手段の損益または評価差額を，ヘッジ対象（その他有価証券）に係る損益が認識されるまで，繰延ヘッジ損益として純資産に繰り延べる。
時価ヘッジ	ヘッジ対象（その他有価証券）に係る相場変動などを損益に反映させることにより，その損益とヘッジ手段に係る損益とを同一の会計期間に認識する。

2 繰延ヘッジを採用する場合の会計処理

　繰延ヘッジでは，ヘッジ手段の損益または評価差額を，ヘッジ対象であるその他有価証券に係る損益が認識されるまで，繰延ヘッジ損益として繰り延べ，純資産に計上する。なお，ヘッジ対象であるその他有価証券に係る評価差額も，純資産に計上される（設例6－1－1＜繰延ヘッジを採用する場合の会計処理＞参照）。

3 時価ヘッジを採用する場合の会計処理

　時価ヘッジを採用する場合，ヘッジ対象であるその他有価証券の時価変動額を損益に反映させることにより，ヘッジ対象に係る損益とヘッジ手段に係る損益を同一の会計期間に認識する。なお，ヘッジ対象であるその他有価証券の時価の変動要因のうち，特定のリスク要素（金利，為替，信用等）のみをヘッジの目的としている場合には，ヘッジ取引開始以後に生じた時価変動額のうち当該リスク要素の変動に係る時価変動額を当期の純損益に計上し，その他のリスク要素に係る時価変動額については純資産に計上する。また，ヘッジ手段の損益または評価差額は発生時に純損益計上する。
　当該処理により，ヘッジ手段から生じた時価変動額とヘッジ対象に係る時価変動額のうちヘッジ目的とされたリスク要素から生じた時価変動額が，損益計算書上で相殺されることとなる（金融商品実務指針160項，設例6－1－1＜時価ヘッジを採用する場合の会計処理＞参照）。

設例6-1-1　その他有価証券をヘッジする場合の会計処理

[前提条件]
① X1年2月1日に国債を10,000で取得し，その他有価証券に区分した。
② X1年3月1日に，3限月の国債先物を9,800で売り建てた。当該先物契約の時価はゼロである。また，現物の時価は9,800であった。
③ X1年3月31日（決算日）における現物の時価は10,200，先物の時価は△400である。
④ X1年5月31日に現物を10,300で売却するとともに，先物を差金決済した。先物の時価は△500であった。
⑤ 税効果は考慮しないものとする。

[会計処理]
＜ヘッジ会計を採用しない場合の会計処理＞
① X1年2月1日（国債取得日）

| (借) 投資有価証券 | (※)10,000 | (貸) 現金預金 | (※)10,000 |

(※) 10,000…取得原価（前提条件①参照）。

② X1年3月1日（先物契約締結日）

| 仕訳なし |

③ X1年3月31日（決算日）
　ⅰ　国債の時価評価

| (借) 投資有価証券 | (※)200 | (貸) その他有価証券評価差額金 | (※)200 |

(※) 200＝時価10,200（前提条件③参照）－帳簿価額10,000（前提条件①参照）

　ⅱ　先物の時価評価

| (借) 先物契約損失 | (※)400 | 先物契約 | (※)400 |

(※) △400…先物の時価（前提条件③参照）。

④ X1年4月1日（翌期初）

　ⅰ　国債の時価評価の振戻し

（借）その他有価証券　　　　　(※)200	（貸）投資有価証券　　　　　　(※)200
評価差額金	

(※)　X1年3月31日決算仕訳の振戻し。

　ⅱ　先物の時価評価の振戻し

（借）先物契約　　　　　　　　(※)400	（貸）先物契約損失　　　　　　(※)400

(※)　X1年3月31日決算仕訳の振戻し。

⑤ X1年5月31日（決済日）

　ⅰ　国債の売却

（借）現金預金　　　　　　(※1)10,300	（貸）投資有価証券　　　　(※2)10,000
	投資有価証券売却益　　(※3)300

(※1)　10,300…売却価格（前提条件④参照）。
(※2)　10,000…帳簿金額（前提条件①参照）。
(※3)　300 = 売却価格 10,300（前提条件④参照）− 帳簿価額 10,000（前提条件①参照）

　ⅱ　先物の買戻し決済

（借）先物契約損失　　　　　　(※)500	（貸）現金預金　　　　　　　　(※)500

(※)　△500…先物の時価（前提条件④参照）。

＜繰延ヘッジを採用する場合の会計処理＞

① X1年2月1日（国債取得日）

（借）投資有価証券　　　　　(※)10,000	（貸）現金預金　　　　　　　　　10,000

(※)　10,000…取得原価（前提条件①参照）。

② X1年3月1日（先物契約締結日）

仕訳なし

③ X1年3月31日（決算日）

　ⅰ　国債の時価評価

|(借) 投資有価証券 | (※)200 | (貸) その他有価証券評価差額金 | (※)200 |

(※) 200＝現物の時価10,200（前提条件③参照）－現物の帳簿価額10,000（前提条件①参照）

 ⅱ　先物の時価評価

|(借) 繰延ヘッジ損益 | (※)400 | (貸) 先物契約 | (※)400 |

(※) △400…先物の時価（前提条件③参照）。

④　X1年4月1日（翌期初）
 ⅰ　国債の時価評価の振戻し

|(借) その他有価証券評価差額金 | (※)200 | (貸) 投資有価証券 | (※)200 |

(※) X1年3月31日決算仕訳の振戻し。

 ⅱ　先物の時価評価の振戻し

|(借) 先物契約 | (※)400 | 繰延ヘッジ損益 | (※)400 |

(※) X1年3月31日決算仕訳の振戻し。

⑤　X1年5月31日（決済日）
 ⅰ　国債の売却

|(借) 現金預金 | (※1)10,300 | (貸) 投資有価証券 | (※2)10,000 |
| | | 投資有価証券売却益 | (※3)300 |

(※1)　10,300…売却価格（前提条件④参照）。
(※2)　10,000…帳簿価額（前提条件①参照）。
(※3)　300＝売却価格10,300（前提条件④参照）－帳簿価額10,000（前提条件①参照）

 ⅱ　先物の買戻し決済

|(借) 投資有価証券売却益 | (※)500 | (貸) 現金預金 | (※)500 |

(※) △500…先物の時価（前提条件④参照）。

＜時価ヘッジを採用する場合の会計処理＞
①　X1年2月1日（国債取得日）

| (借) 投資有価証券 | (※)10,000 | (貸) 現金預金 | (※)10,000 |

（※） 10,000…取得原価（前提条件①参照）。

② X1年3月1日（先物契約締結日）

| 仕訳なし |

③ X1年3月31日（決算日）

 ⅰ　国債の時価評価

| (借) 投資有価証券 | (※1)200 | (貸) 投資有価証券評価損益 | (※3)400 |
| その他有価証券評価差額金 | (※2)200 | | |

（※1）　200＝現物の時価10,200（前提条件③参照）－現物の帳簿価額10,000（前提条件①参照）
（※2）　△200＝ヘッジ取引開始時の現物の時価9,800（前提条件②参照）－現物の帳簿価額10,000（前提条件①参照）
（※3）　400＝現物の時価10,200（前提条件③参照）－ヘッジ取引開始時の現物の時価9,800（前提条件②参照）

 ⅱ　先物の時価評価

| (借) 先物契約損失 | (※)400 | (貸) 先物契約 | (※)400 |

（※）　△400…先物の時価（前提条件③参照）。

④ X1年4月1日（翌期初）

 ⅰ　国債の時価評価の振戻し

| (借) 投資有価証券評価損益 | (※)400 | (貸) 投資有価証券 | (※)200 |
| | | その他有価証券評価差額金 | (※)200 |

（※）　X1年3月31日決算仕訳の振戻し。

 ⅱ　先物の時価評価の振戻し

| (借) 先物契約 | (※)400 | 先物契約損失 | (※)400 |

（※）　X1年3月31日決算仕訳の振戻し。

⑤ X1年5月31日（決済日）
　i　国債の売却

（借）	現金預金	（※1）10,300	（貸）	投資有価証券	（※2）10,000
				投資有価証券売却益	（※3）300

（※1）　10,300…売却価格（前提条件④参照）。
（※2）　10,000…帳簿価額（前提条件①参照）。
（※3）　300＝売却価格10,300（前提条件④参照）－帳簿価額10,000（前提条件①参照）

　ii　先物の買戻し決済

（借）	先物契約損失	（※）500	（貸）	現金預金	（※）500

（※）　△500…先物の時価（前提条件④参照）。

Q6-2　満期保有目的の債券をヘッジする方法

満期保有目的の債券をヘッジ対象とするにあたり，留意点はあるか。

A

満期保有目的の債券は，原則として金利変動リスク（相場変動リスクまたはキャッシュ・フロー変動リスク）に関するヘッジ対象とすることはできない。ただし，債券取得の当初から金利スワップの特例処理の要件に該当する場合には，ヘッジ対象とすることができる。なお，債券の満期日の前にスワップを解約した場合は，満期保有目的の債券の売却があった場合と同様に，金融商品実務指針第83項に準じて，原則として当該債券を含む満期保有目的の債券全体を他の保有目的区分に振り替えなければならない。

解説

満期保有目的の債券は，満期まで保有することによる約定利息および元本の受取りを目的としており，時価が算定できるものであっても，原則として償却原価法に基づいて算定された価額をもって貸借対照表価額とすることとしている（金融商品会計基準16項）。このため，満期までの間の金利変動による価格変動のリスクを認める必要がなく，金利変動リスクに関してヘッジする必要が

ないことから，原則として満期保有目的の債券を金利変動リスクに関するヘッジ対象とすることは認められない（金融商品実務指針325項）。

ただし，金融商品実務指針第161項では，債券取得の当初から金利スワップの特例処理の要件に該当する場合にはヘッジ対象とできることとしている。これは，満期保有目的の債券である固定利付債券（または変動利付債券）の購入当初から金利スワップにより金利変動リスクをヘッジする場合には，変動利付債券（または固定利付債券）を購入した場合と実質的に同様であると考えられるため，金利スワップの特例処理の要件という一定の制限の下でヘッジ会計の適用を認めることとしたものである。一方で，保有期間中に金利スワップを開始または中止する場合には，実質的に債券の入替えと同様の効果をもたらすこととなり，満期まで保有することを前提とした満期保有目的の債券の取扱いに矛盾が生じるおそれがあるため，認められないこととしている（金融商品実務指針325項）。

なお，債券の満期日の前にスワップを解約した場合は，変動金利の債券を固定金利のものと入れ替える取引またはその逆の取引と実質的に同様の結果となるため，満期保有目的の債券の売却があった場合と同様に，金融商品実務指針第83項に準じて，当該債券を含む満期保有目的の債券全体を他の保有目的区分に振り替えなければならない（金融商品実務指針161項）。ただし，金利スワップの解約が，取引相手先の信用状態の著しい悪化や法規制の改廃等のやむを得ない理由によるものである場合は，他の保有目的区分に振り替える必要はない（金融商品実務指針325項）。

Q6-3　予定取引実行時の処理

> オプションの行使により有価証券を現物取得した（現引き）。その際，予定取引である有価証券取得をヘッジ対象として，オプション取引をヘッジ手段としてヘッジ会計の要件を満たしていた場合，有価証券の取得原価はどのように計算されるか。

A

オプション取引が有価証券取得（予定取引）のためのヘッジ手段としてヘッジ会計の要件を満たしていた場合，ヘッジ手段としてのオプション取引に係る損益を，当該有価証券の取得原価に加減する。

解説

金融資産の当初認識は，原則として当該資産の時価により測定される（金融商品実務指針29項）。このため，オプションの行使により取得した場合でも，取得時の時価を取得原価とすることが原則であり，行使時までの当該オプションの時価の変動は発生時に純損益として計上される。これは，独立第三者間で成立すべき取引価格とは異なる対価で行われた取引を，時価に基づいて認識するという趣旨と考えられる（金融商品実務指針243項）。

一方，金融商品実務指針第170項（2）では，ヘッジ対象とされた予定取引が資産の取得である場合に，ヘッジ手段について繰り延べられた損益または評価差額を，ヘッジ対象と同じ時期の純損益の計算に反映させるための例外的な処理を認めている。当該処理については，ヘッジ会計としての例外的な処理であるため，ヘッジ会計の要件を満たしていないオプション取引の現引きに対しては適用されない。

なお，ヘッジ会計の要件を満たす場合のオプションの時間的価値の取扱いについては，「ヘッジ手段の時価変動のうち時間的価値の変動を除いた部分（本源的価値の変動）のみを繰延処理の対象とし，時間的価値の変動をただちに当期の純損益に計上する方法」と「時間的価値を含めたヘッジ手段の時価変動の全体を繰延処理の対象とする方法」が認められている（金融商品実務指針171項，設例6－3－1参照）。

設例6－3－1　予定取引実行時の処理

[前提条件]

① X1年2月1日に，10,000で国債（その他有価証券に区分）を購入するコール・オプションを締結し，オプション料300（うち時間的価値300）を支払った。オプションの行使期日はX1年5月31日であった。

② X1年3月31日（決算日）の国債の時価は11,000, オプションの時価は1,200（うち時間的価値200）であった。

③ X1年5月31日にオプションを行使し，国債を現物取得（現引き）した。国債の時価は10,500，オプションの時価は500（うち時間的価値ゼロ）であった。
④ 便宜上，オプション料の支払いは契約締結日に，権利行使による資金決済は権利行使日に行うものとする。
⑤ 税効果は考慮しないものとする。

［時価の変動］

	X1年2月1日	X1年3月31日	X1年5月31日
国債	10,000	11,000	10,500
コール・オプションの購入	300	1,200	500
うち本源的価値	0	1,000	500
うち時間的価値	300	200	0

［会計処理］
＜ヘッジ会計を採用しない場合の会計処理＞
① X1年2月1日（契約締結日）

(借) オプション契約　　　(※)300　(貸) 現金預金　　　(※)300

(※) 300…オプション料（前提条件①参照）。

② X1年3月31日（決算日）

(借) オプション契約　　　(※)900　(貸) オプション契約利益　(※)900

(※) 900＝時価1,200（前提条件②参照）－オプション料300（前提条件①参照）

③ X1年4月1日（翌期初）

(借) オプション契約利益　(※)900　(貸) オプション契約　　　(※)900

(※) X1年3月31日決算仕訳の振戻し。

④ X1年5月31日(現物取得日)

(借) 投資有価証券	(※1) 10,500	(貸) 現金預金	(※2) 10,000
		オプション契約	(※3) 300
		オプション契約利益	(※4) 200

(※1) 10,500…国債の時価(前提条件③参照)。
(※2) 10,000…権利行使による支払額(前提条件①参照)。
(※3) 300…オプション料(前提条件①参照)。
(※4) オプション価値の増加200 = 権利行使時のオプション時価500(前提条件③) − オプション料300(前提条件①参照)

＜繰延ヘッジによる会計処理(オプションの時間的価値の変動を繰延処理せずただちに当期の純損益に計上する方法)＞

① X1年2月1日(契約締結日)

(借) オプション契約	(※) 300	(貸) 現金預金	(※) 300

(※) 300…オプション料(前提条件①参照)。

② X1年3月31日(決算日)

(借) オプション契約	(※1) 900	(貸) 繰延ヘッジ損益	(※3) 1,000
オプション契約損失	(※2) 100		

(※1) オプション全体の時価の変動900 = オプション全体の時価1,200(前提条件②参照) − オプション料300(前提条件①参照)
(※2) 時間的価値の減少△100 = 決算日の時間的価値200(前提条件②参照) − 当初の時間的価値300(前提条件①参照)
(※3) 本源的価値の増加1,000 = 決算日の本源的価値1,000(前提条件②参照) − 当初の本源的価値0(前提条件①参照)

③ X1年4月1日(翌期初)

(借) 繰延ヘッジ損益	(※) 1,000	(貸) オプション契約	(※) 900
		オプション契約損失	(※) 100

(※) X1年3月31日決算仕訳の振戻し。

④ X1年5月31日(現物取得時)

(借) 投資有価証券	(※1) 10,000	(貸) 現金預金	(※3) 10,000
(借) オプション契約損失	(※2) 300	(貸) オプション契約	(※4) 300

（※１）　10,000＝権利行使による支払額10,000（前提条件①参照）＋オプション料300（前提条件①参照）－時間的価値の減少300（※４）
（※２）　時間的価値の減少300＝当初の時間的価値300（前提条件①参照）－０（前提条件③参照）
（※３）　10,000…権利行使による支払額（前提条件①参照）。
（※４）　300…オプション料（前提条件①参照）。

＜繰延ヘッジによる会計処理（オプションの時間的価値を含めた時価変動の全体を繰延処理の対象とする方法）＞

① X1年２月１日（契約締結日）

| （借）オプション契約 | （※）300 | （貸）現金預金 | （※）300 |

（※）　300…オプション料（前提条件①参照）。

② X1年３月31日（決算日）

| （借）オプション契約 | （※）900 | （貸）繰延ヘッジ損益 | （※）900 |

（※）　900＝オプション全体の時価1,200（前提条件②参照）－オプション料300（前提条件①参照）

③ X1年４月１日（翌期初）

| （借）繰延ヘッジ損益 | （※）900 | （貸）オプション契約 | （※）900 |

（※）　X1年３月31日決算仕訳の振戻し。

④ X1年５月31日（現物取得日）

| （借）投資有価証券 | （※１）10,300 | （貸）現金預金 | （※２）10,000 |
| | | オプション契約 | （※３）300 |

（※１）　10,300＝権利行使による支払額10,000（前提条件①参照）＋オプション料300（前提条件①参照）
（※２）　10,000…権利行使による支払額（前提条件①参照）。
（※３）　300…オプション料（前提条件①参照）。

Q6-4 時価ヘッジへの会計方針の変更

　従来，その他有価証券をヘッジ対象とするヘッジ取引について繰延ヘッジを採用していた。ヘッジ手段の契約終了に伴い，当該その他有価証券をヘッジ対象として新たにヘッジ手段を契約し，時価ヘッジを採用することとした。なお，時価ヘッジに変更することに正当な理由があるものとする。
　その他有価証券をヘッジ対象とするヘッジについて，正当な理由により繰延ヘッジから時価ヘッジに変更する場合，会計方針の変更に該当するか。

A

　その他有価証券をヘッジ対象とするヘッジについて，正当な理由により繰延ヘッジから時価ヘッジに変更する場合，会計方針の変更に該当する。

解説

　その他有価証券をヘッジ対象とするヘッジ取引では，繰延ヘッジまたは時価ヘッジのいずれかを選択できる（金融商品実務指針160項）。ここで，いずれの方法を適用するかは，会計方針（過年度遡及会計基準4項（1））に該当するものと考えられる。したがって，繰延ヘッジから時価ヘッジに変更する場合には，会計方針の変更に該当すると考えられる。
　その他有価証券をヘッジ対象として繰延ヘッジを行っている場合で，ヘッジ手段であるデリバティブ契約が満期，売却，終了または行使されたときは，金融商品実務指針第180項に従ってヘッジ会計の中止処理を行い，ヘッジ対象に係る損益が純損益として認識されるまで繰り延べる必要がある。ただし，繰延ヘッジから時価ヘッジへ会計方針を変更する場合，時価ヘッジを遡及適用することになるため，繰延ヘッジ損益として繰り延べているヘッジ手段の損益または評価差額は純損益として計上されると考えられる。また，時価ヘッジが適用される場合，ヘッジ取引開始後のその他有価証券の時価変動額を純損益処理することになるが，ヘッジ取引開始前のその他有価証券の時価変動については，損益計算書に反映させることにはならず，引き続きその他有価証券評価差額金

設例6－4－1　会計方針の変更

[前提条件]
① X1年1月1日に，国債（その他有価証券に区分）を額面（10,000）で購入した。
② X1年2月28日に，当該国債の価格変動リスクをヘッジするために，想定元本10,000，期限X1年4月30日の国債先物の売建取引を1，締結した。また，X1年2月28日の国債の時価は9,900であった。ヘッジ会計の要件を満たしていることから，国債をヘッジ対象，国債先物の売建取引をヘッジ手段とした繰延ヘッジを適用した。
③ X1年3月31日（決算日）における当該国債の時価は9,700，国債先物の売建取引の時価は200であった。
④ X1年4月30日に，国債先物を決済し，現金預金300を受け取ることで差金決済を行った。また別途，想定元本10,000，期限X1年7月31日の国債先物の売建取引を新たに締結した。なお，X1年4月30日の国債の時価は9,600であった。ヘッジ会計の要件を満たしていることから，国債をヘッジ対象，国債先物の売建取引をヘッジ手段とするヘッジ会計を適用するが，会計方針を変更し時価ヘッジを適用した。当該会計方針の変更は，正当な理由によるものとする。
⑤ X1年6月30日（四半期決算日）における当該国債の時価は9,750，国債先物の売建取引の時価は△150であった。
⑥ 国債利息，税効果は考慮しない。

[時価の変動]

	X1年1月1日	X1年2月28日	X1年3月31日	X1年4月30日	X1年6月30日
国債	10,000	9,900	9,700	9,600	9,750
国債先物　売建 X1年2月28日締結	－	0	200	300	－
国債先物　売建 X1年4月30日締結	－	－	－	0	△150

[会計処理]
＜繰延ヘッジを採用する場合の会計処理＞

① X1年1月1日（国債取得日）

（借）投資有価証券	（※）10,000	（貸）現金預金	（※）10,000

（※）10,000…国債の取得原価（前提条件①参照）。

② X1年2月28日（先物契約締結日）

仕訳なし

③ X1年3月31日（決算日）

a. 国債の時価評価

（借）その他有価証券評価差額金	（※）300	（貸）投資有価証券	（※）300

（※）△300＝国債の時価9,700（前提条件③参照）－国債の取得原価10,000（前提条件①参照）

b. 国債先物の時価評価

（借）先物契約	（※）200	（貸）繰延ヘッジ損益	（※）200

（※）200…国債先物の時価（前提条件③参照）。

④ X1年4月1日（翌期初）

a. 国債の時価評価の振戻し

（借）投資有価証券	（※）300	（貸）その他有価証券評価差額金	（※）300

（※）X1年3月31日決算仕訳の振戻し。

b. 国債先物の時価評価の振戻し

（借）繰延ヘッジ損益	（※）200	（貸）先物契約	（※）200

（※）X1年3月31日決算仕訳の振戻し。

⑤ X1年4月30日（国債先物決済日）

a. 国債先物の決済（会計方針変更前の繰延ヘッジの処理）

| (借)現金預金 | (※)300 | (貸)繰延ヘッジ損益 | (※)300 |

(※) 300…国債は継続して保有しているため，決済差益300を繰延ヘッジ損益として繰り延べる（前提条件④参照）。

＜会計方針の変更による遡及適用（繰延ヘッジから時価ヘッジに変更）＞

　繰延ヘッジから時価ヘッジに会計方針を変更したため，遡及して上記の③X1年3月31日から⑤X1年4月30日の繰延ヘッジの会計処理を取り消し，時価ヘッジの会計処理を行う。

③'　X1年3月31日（決算日）

a.　国債の時価評価

| (借)投資有価証券評価損 | (※)300 | (貸)投資有価証券 | (※)300 |

(※)　△300＝国債の時価9,700（前提条件③参照）－国債の取得原価10,000（前提条件①参照）

b.　国債先物の時価評価

| (借)先物契約 | (※)200 | (貸)先物契約利益 | (※)200 |

(※) 200…国債先物の時価（前提条件③参照）。

④'　X1年4月1日（翌期初）

a.　国債の時価評価の振戻し

| (借)投資有価証券 | (※)300 | (貸)投資有価証券評価損 | (※)300 |

(※)　X1年3月31日決算仕訳の振戻し。

b.　国債先物の時価評価の振戻し

| (借)先物契約利益 | (※)200 | (貸)先物契約 | (※)200 |

(※)　X1年3月31日決算仕訳の振戻し。

⑤'　X1年4月30日（国債先物決済日および新規締結日）

a.　国債先物の決済

| (借)現金預金 | (※)300 | (貸)先物契約利益 | (※)300 |

(※) 300…国債先物の時価（前提条件④参照）。

d. 国債先物の新規締結

仕訳なし

⑥ X1年6月30日（四半期決算日）

a. 国債の時価評価

（借） その他有価証券 　　　評価差額金 　　　投資有価証券評価損	（※1）100 （※2）150	（貸） 投資有価証券	（※3）250

（※1） ヘッジ会計適用前の国債の時価変動額△100＝X1年2月28日の国債の時価9,900（前提条件②参照）－国債の取得原価10,000（前提条件①参照）
（※2） ヘッジ会計適用後の国債の時価変動額△150＝国債の時価9,750（前提条件⑤参照）－X1年2月28日の国債の時価9,900（前提条件②参照）
（※3） 取得時からの国債の時価変動額△250＝国債の時価9,750（前提条件⑤参照）－国債の取得原価10,000（前提条件①参照）

b. 国債先物の時価評価

（借） 先物契約損失	（※）150	（貸） 先物契約	（※）150

（※） △150…国債先物の時価（前提条件⑤参照）。

Q6-5　時価ヘッジと有効性評価との関係

その他有価証券をヘッジ対象とするヘッジ取引に時価ヘッジを採用する場合，ヘッジ有効性の評価は必要か。

A

その他有価証券をヘッジ対象とするヘッジ取引に時価ヘッジを採用する場合でも，繰延ヘッジと同様に，金融商品実務指針に従ってヘッジ有効性の評価を行う必要がある。

解説

時価ヘッジは，ヘッジ会計における選択方法の1つであり（金融商品会計基

準32項)，時価ヘッジを採用する場合であっても，ヘッジ会計の適用要件を満たす必要がある。ヘッジ関係が有効と認められないのであれば，その他有価証券は原則的な会計処理を行う必要があり，ヘッジ対象であるその他有価証券の評価差額とヘッジ手段の損益または評価差額について，同一の会計期間に純損益として認識することはできない。

したがって，時価ヘッジを採用してヘッジ対象となるその他有価証券の時価変動額を純損益に計上する場合であっても，前記のとおりヘッジ会計の要件を満たすかどうかが判断されるため，ヘッジ手段に係る時価変動額がヘッジ対象に係る時価変動額と相殺されるか否か有効性評価を行い，その評価の結果により，ヘッジ会計の継続適用の可否を判断する必要がある。仮にヘッジ手段とヘッジ対象のそれぞれの時価変動額の比率が，高い相関関係を示しておらず，ヘッジ有効性の評価基準を満たさない場合には，ヘッジ会計の適用を中止しなければならない（金融商品実務指針180項）。

Q6-6　時価ヘッジにおける損益の表示

> 時価ヘッジを適用する場合，ヘッジ手段とヘッジ対象に係る損益は総額で表示すべきか。

A

時価ヘッジを行う場合におけるヘッジ手段とヘッジ対象に係る損益の表示を総額，純額のいずれにすべきかは，取引の実態に即して決定すべきと考えられる。

解説

ヘッジ会計における時価ヘッジとは，ヘッジ対象である資産または負債に係る相場変動等を純損益に反映させることにより，その損益とヘッジ手段に係る損益とを同一の会計期間に認識する方法であり（金融商品会計基準32項ただし書き），ヘッジ手段から生ずる時価変動額とヘッジ対象の中のヘッジ目的とされたリスク要素から生ずる時価変動額が，当期純損益の計算上で相殺される

と定められている(金融商品実務指針160項)。ここでいう「相殺」が,純額で損益を表示することを意味しているのかは明示されていない。

ここで,費用および収益は総額で表示することが原則であり(企業会計原則第二 一 B),金融商品実務指針 設例18では異なる損益の勘定科目で仕訳を示しており,総額での表示を示唆しているかのようにみえる。しかし一方で,金融商品Q&A Q4においては同一の勘定科目で仕訳を示していることから,純額での表示も認められるように考えられる。また,金融商品Q&A Q65においては,実務指針における勘定科目の名称は便宜的に例示したものであり,取引の実態に即して決定すべきとしている。したがって,総額とすべきか純額とすべきかを一律に判断することはできず,あくまで取引の実態に即して決定すべきと考えられる。

Q6-7 時価ヘッジを行う場合のヘッジ会計中止後のその他有価証券の評価差額の取扱い

時価ヘッジを行った場合,ヘッジ中止後のその他有価証券の評価差額をどのように考えるか。

A

ヘッジ対象であるその他有価証券について,ヘッジ会計の中止後における評価差額の処理は,ヘッジ会計の中止時点の時価を基礎として行うものと考えられる。

解説

時価ヘッジを適用する場合,ヘッジ取引開始時から中止時までのヘッジ対象の時価の変動額は純損益として認識されるが,ヘッジ会計中止後の時価の変動額はヘッジ対象が消滅ないし減損処理するまで純損益として認識されない。このため,ヘッジ対象であるその他有価証券はヘッジ会計の中止によりそれまでの時価変動による損益が確定し,ヘッジ会計中止後はその他有価証券の中止時の時価を基礎として評価差額の処理を行うと考えられる。なお,ヘッジ取引開始前のその他有価証券の時価変動については,その他有価証券評価差額金とし

て計上され損益処理されていないことから，ヘッジ会計の中止時点の時価から当該時価変動を控除する（設例6−7−1参照）。

設例6−7−1　時価ヘッジにおけるヘッジ会計の中止

[前提条件]
① X1年5月1日に，株式指数連動型投資信託（その他有価証券に区分）を10,000で購入した。
② X1年10月30日に，投資信託の価格変動リスクをヘッジするために，株式指数に連動する株式先物の売建取引を締結した。投資信託の時価は9,900であった。なお，ヘッジ会計の要件を満たしていることから，投資信託をヘッジ対象，株式先物をヘッジ手段とした時価ヘッジを適用した。
③ X2年3月31日（決算日）における投資信託の時価は9,800，株式先物の売建取引の時価は100であった。
④ X2年10月31日に，株式先物を現金預金により決済した。なお，株式先物の売建取引の時価は400，投資信託の時価は9,500であった。
⑤ X3年3月31日（決算日）における投資信託の時価は9,700であった。
⑥ 投資信託の時価変動は，すべて株式指数変動による影響である。
⑦ 税効果は考慮しないものとする。

[時価の変動]

	X1年5月1日	X1年10月31日	X2年3月31日	X2年4月30日	X3年3月31日
投資信託	10,000	9,900	9,800	9,500	9,800
株式先物売建	−	0	100	400	−

[会計処理]
＜時価ヘッジを採用する場合の会計処理＞
① X1年5月1日（投資信託取得日）
（借）投資有価証券　　　（※）10,000　（貸）現金預金　　　（※）10,000
（※）10,000…投資信託の取得原価（前提条件①参照）。

② X1年10月31日(先物契約締結日)

仕訳なし

③ X2年3月31日(決算日)

a. 投資信託の時価評価

投資信託取得から株式先物締結時までの投資信託の時価変動額はその他有価証券評価差額金に計上する。また，株式先物締結時から決算日までの投資信託の時価変動はすべて株式指数変動要因のため，投資信託の時価変動額を純損益処理する。

(借) その他有価証券評価差額金	(※1) 100	(貸) 投資有価証券	(※3) 200
投資有価証券評価損	(※2) 100		

(※1) △100＝株式先物締結時の投資信託の時価9,900(前提条件②参照)－投資信託の帳簿価額10,000(前提条件①参照)

(※2) △100＝決算日の投資信託の時価9,800(前提条件③参照)－株式先物締結時の投資信託の時価9,900(前提条件②参照)

(※3) △200＝決算日の投資信託の時価9,800(前提条件③参照)－投資信託の帳簿価額10,000(前提条件①参照)

b. 株式先物の時価評価

(借) 先物契約	(※) 100	(貸) 先物契約利益	(※) 100

(※) 100…株式先物の売建取引の時価(前提条件③参照)。

④ X2年4月1日(翌期初)

a. 投資信託の時価評価の振戻し

(借) 投資有価証券	(※) 200	(貸) その他有価証券評価差額金	(※) 100
		投資有価証券評価損	(※) 100

(※) X2年3月31日決算仕訳の振戻し。

b. 株式先物の時価評価の振戻し

(借) 先物契約利益	(※) 100	(貸) 先物契約	(※) 100

(※) X2年3月31日決算仕訳の振戻し。

⑤　X2年10月31日（株式先物決済日）
a. 株式先物の決済

| （借）現金預金 | (※) 400 | （貸）先物契約利益 | (※) 400 |

（※）　400…株式先物の売建取引の時価（前提条件④参照）。

b. 投資信託の帳簿価額の修正
　株式先物締結時から決済時（ヘッジ会計中止時）までの株式指数変動要因による投資信託の時価変動額を純損益処理し，帳簿価額に反映させる。

| （借）投資有価証券評価損 | (※) 400 | （貸）投資有価証券 | (※) 400 |

（※）　△400 ＝ 株式先物決済時の投資信託の時価9,500（前提条件④参照）－株式先物締結時の投資信託の時価9,900（前提条件②参照）

⑥　X3年3月31日（決算日）
　投資信託の時価評価

| （借）投資有価証券 | (※1) 200 | （貸）その他有価証券評価差額金 | (※1) 200 |

（※1）　200 ＝ 決算日の投資信託の時価9,800（前提条件⑤参照）－投資信託の帳簿価額9,600(※2)

（※2）　9,600 ＝ 株式先物決済時の投資信託の時価9,500（前提条件④参照）－（株式先物締結時の投資信託の時価9,900（前提条件②参照）－投資信託の取得原価10,000（前提条件①参照））

Q6-8　時価ヘッジを適用した場合のその他有価証券の減損処理

　時価ヘッジを適用した場合，ヘッジ対象であるその他有価証券に係る評価差額は純損益に計上される。このため，売買目的有価証券と同様に，減損判定および減損処理を行わなくてよいか。

A

　時価ヘッジを適用する場合であっても，ヘッジ対象の減損判定および減損処理は必要と考えられる。

解説

　時価ヘッジを適用する場合には、ヘッジ対象であるその他有価証券について、時価が著しく下落するか否かにかかわらず、ヘッジ目的とされたリスク要素から生ずる時価変動額は純損益に計上する。また、減損処理を行ったとしても、その後に時価が上昇した場合には、時価ヘッジの会計処理により評価益が計上されることになる。このため、売買目的有価証券と同様に、減損処理は要しないとも考えられる。

　しかしながら、「時価ヘッジの場合は減損処理を要しない」との定めはなく、また、金融商品実務指針第91項では「その他有価証券については、減損処理の基礎となった時価により帳簿価額を付け替えて取得原価を修正し、以後、当該修正後の取得原価と毎期末の時価とを比較して評価差額を算定することになる。」と定めており、また「個々の銘柄の有価証券の時価が取得原価に比べ50％程度以上下落した場合には「著しく下落した」ときに該当する。」と定めている。このため、時価ヘッジを適用しているか否かにかかわらず、その他有価証券の減損判定は必要であると考えられる。

　なお、減損判定における時価および取得原価とは、個々の銘柄としての時価および取得原価であり、個々の銘柄をヘッジ対象部分とヘッジ対象でない部分とに区分する必要はないものと考えられる。また、時価との比較対象はあくまで取得原価であり（金融商品実務指針91項）、時価ヘッジ適用後の帳簿価額ではないことに留意が必要である（設例6-8-1参照）。

設例6-8-1　時価ヘッジを適用した場合のその他有価証券の減損処理

[前提条件]

① X1年2月1日に、その他有価証券として保有している社債の価格変動をヘッジする目的で、当該社債と同一銘柄のプット・オプションを締結し、オプション料1,000（うち時間的価値1,000）を支払った。社債の額面は10,000、取得原価は10,000、時価は8,000であり、オプションの行使期日はX1年5月31日、行使価格は8,000であった。

② X1年3月31日（決算日）の社債の時価は4,000、オプションの時価は4,600（うち時間的価値600）である。当該社債の時価は著しく下落し、かつ、取得原価まで回復する見込みがあるとは認められないと判断されたため、減損処理を行った。

③ X1年5月31日にオプションを行使し,社債を8,000で売却した。社債の時価は5,000,オプションの時価は3,000(うち時間的価値ゼロ)であった。
④ 便宜上,オプション料の支払いは契約締結日に,権利行使による資金決済は権利行使日に行うものとする。
⑤ 税効果は考慮しないものとする。

[時価の変動]

	X1年2月1日	X1年3月31日	X1年5月31日
社債(取得原価10,000)	8,000	4,000	5,000
プット・オプションの購入	1,000	4,600	3,000
うち本源的価値	0	4,000	3,000
うち時間的価値	1,000	600	0

[会計処理]
＜時価ヘッジを採用する場合の会計処理＞
① X1年2月1日(契約締結日)

(借)オプション契約　　(※)1,000　(貸)現金預金　　(※)1,000

(※) 1,000…オプション料(前提条件①参照)。

② X1年3月31日(決算日)
　ⅰ 社債の減損処理

(借)投資有価証券評価損　(※)6,000　(貸)投資有価証券　(※)6,000

(※) 6,000＝社債の取得原価10,000(前提条件①参照)－社債の時価4,000(前提条件②参照)

　ⅱ 社債の時価ヘッジによる会計処理

仕訳なし(※)

(※) 減損処理により時価まで評価損を行っているため,仕訳なし。

　ⅲ オプションの時価評価

(借)オプション契約　　(※)3,600　(貸)オプション契約利益　(※)3,600

(※) 3,600＝オプションの時価4,600(前提条件②参照)－オプション料1,000(前提条件①参照)

③ X1年4月1日（翌期初）

| （借）オプション契約利益 | （※）3,600 | （貸）オプション契約 | （※）3,600 |

（※） X1年3月31日決算仕訳の振戻し。

④ X1年5月31日（オプション行使日）

（借）現金預金	（※1）8,000	（貸）投資有価証券	（※2）4,000
		オプション契約	（※3）1,000
		投資有価証券売却益	（※4）3,000

（※1） 8,000…オプション行使価格（前提条件①参照）。
（※2） 4,000…社債の帳簿価額（減損処理後の取得原価）（前提条件②参照）。
（※3） 1,000…オプション料（前提条件①参照）。
（※4） 3,000＝オプション行使による売却代金受取額8,000（前提条件①参照）−（社債の帳簿価額（減損処理後の取得原価）4,000（前提条件②参照）＋オプション料1,000（前提条件①参照））

Q6-9 金利スワップの特例処理と同様の要件を満たす場合のその他有価証券のヘッジ有効性の判定の省略

その他有価証券について，金利スワップを利用して金利リスクに起因する価格変動リスクをヘッジすることとした。この場合，その他有価証券に金利スワップの特例処理を適用することはできないものの，金利スワップの特例処理の要件を満たすことをもってヘッジ有効性の判定を省略できるか。

A

金利スワップの特例処理の要件を満たす場合，有効性の判定に変えることができる。その他有価証券は金利スワップの特例処理を適用することができないが，その他有価証券のヘッジ取引において金利スワップの特例処理と同様の要件を満たす場合には，ヘッジ手段とヘッジ対象に関する重要な条件が同一であるため，有効性の判定に代えることができると考えられる。

解 説

　金融商品実務指針第158項なお書きにおいて，金利スワップについては，金利スワップの特例処理の要件を満たす場合，ヘッジ有効性の判定に代えることを認めている。これは金利スワップの特例処理の要件を満たす場合，ヘッジ開始時およびその後も継続して相場変動またはキャッシュ・フロー変動を完全に相殺するものと想定することができると考えられるためである（金融商品実務指針158項本文）。ここで，相場変動またはキャッシュ・フロー変動を完全に相殺するか否かの判定に，ヘッジ対象がその他有価証券に区分されるか否かは関係ないものと考えられる。

　したがって，その他有価証券に区分される有価証券についても，図表6－9－1に示した金利スワップの特例処理と同様の要件を満たす場合には，ヘッジ手段とヘッジ対象に関する重要な条件が同一であり，ヘッジ開始時およびその後も継続して相場変動またはキャッシュ・フロー変動を完全に相殺するものと想定することができ，その判定をもって有効性の判定に代えることができると考えられる。

図表6－9－1	金利スワップの特例処理の要件（金融商品実務指針178項）
①	金利スワップの想定元本とヘッジ対象（その他有価証券）の元本金額がほぼ一致している。
②	金利スワップの契約期間とヘッジ対象（その他有価証券）の満期がほぼ一致している。
③	ヘッジ対象（その他有価証券）の金利が変動金利である場合には，その基礎となっているインデックスが金利スワップで受払される変動金利の基礎となっているインデックスとほぼ一致している。
④	金利スワップの金利改定のインターバルおよび金利改定日がヘッジ対象（その他有価証券）とほぼ一致している。
⑤	金利スワップの受払条件がスワップ期間を通して一定である（同一の固定金利および変動金利のインデックスがスワップ期間を通して使用されている。）。
⑥	金利スワップに期限前解約オプション，支払金利のフロアーまたは受取金利のキャップが存在する場合には，ヘッジ対象（その他有価証券）に含まれた同等の条件を相殺するためのものである。

Q6-10 上場株式について受渡期間が通常より長い譲渡契約を締結した場合のヘッジ会計

その他有価証券として保有している上場株式を通常より長い受渡期間の定めとなっている譲渡契約を締結した。この場合，売手は上場株式をヘッジ対象，先渡契約により発生する権利義務をヘッジ手段とし，ヘッジ会計の適用ができるか。また，買手は上場株式の取得（予定取引）をヘッジ対象，先渡契約により発生する権利義務をヘッジ手段とし，ヘッジ会計の適用ができるか。

A

売手はその他有価証券である上場株式をヘッジ対象，先渡契約により発生する権利義務をヘッジ手段とし，繰延ヘッジまたは時価ヘッジのいずれかを選択できる。また，買手は上場株式の取得（予定取引）をヘッジ対象，先渡契約により発生する権利義務をヘッジ手段とし，繰延ヘッジを適用できる。

解 説

1 先渡契約におけるヘッジ会計の適用の可否

有価証券の売買契約について，受渡期間が通常よりも長い場合，売買契約は先渡契約であり，約定日に当該先渡契約による権利義務の発生を認識することとなる（金融商品実務指針22項）。

売手は保有する上場株式がその他有価証券である場合，上場株式をヘッジ対象，先渡契約により発生する権利義務をヘッジ手段としてヘッジ会計を適用でき，繰延ヘッジまたは時価ヘッジのいずれかを選択できる（金融商品実務指針160項，図表6－10－1参照）。なお，繰延ヘッジと時価ヘッジのいずれを選択するかは，会計方針に該当する。

また，買手は上場株式の取得（予定取引）をヘッジ対象，先渡契約により発生する権利義務をヘッジ手段とし，繰延ヘッジを適用できる（金融商品実務指針170項(2)，図表6－10－1参照）。なお，先渡契約締結時からの上場株式の時価変動は，ヘッジ手段である先渡契約による評価差額として認識され，ヘッジ対象としての評価差額は計上されない。このため，時価ヘッジを適用す

ることはできず，仮に時価ヘッジとして会計処理したとしても，ヘッジ会計を適用しない場合と同様の結果となる。

2 売手が繰延ヘッジを採用する場合

売手が繰延ヘッジを採用する場合，上場株式をヘッジ対象，先渡契約に係る権利義務の発生をヘッジ手段として指定し，上場株式の譲渡損益が計上されるまで，ヘッジ手段の先渡契約に係る損益を評価・換算差額等として繰り延べる（設例6－10－1＜繰延ヘッジを採用する場合の売手の会計処理＞参照）。

3 売手が時価ヘッジを採用する場合

売手が時価ヘッジを採用する場合，上場株式をヘッジ対象，先渡契約に係る権利義務の発生をヘッジ手段として指定し，上場株式の時価変動額およびヘッジ手段の先渡契約に係る損益をともに当期の純損益に計上する（設例6－10－1＜時価ヘッジを採用する場合の売手の会計処理＞参照）。

4 買手が繰延ヘッジを適用する場合

買手が繰延ヘッジを適用する場合，上場株式の取得（予定取引）をヘッジ対象，先渡契約に係る権利義務の発生をヘッジ手段として指定し，上場株式取得までのヘッジ手段に係る損益を繰延ヘッジ損益として繰り延べ，取得時に上場株式の取得原価に加減する（設例6－10－1＜繰延ヘッジを採用する場合の買手の会計処理＞参照）。

図表6－10－1　先渡契約におけるヘッジ会計

	ヘッジ対象	ヘッジ手段	繰延ヘッジ	時価ヘッジ
売手	保有する その他有価証券	先渡契約（売）	適用可 （前記2）	適用可 （前記3）
買手	上場株式の取得 （予定取引）	先渡契約（買）	適用可 （前記4）	－

設例6－10－1　上場株式について受渡期間が通常より長い譲渡契約を締結した場合のヘッジ会計

［前提条件］
① X1年3月25日に，その他有価証券として保有しているA社株式（帳簿価額8,000）を，X1年4月14日を受渡日とした譲渡契約を締結した。X1年3月25日の時価および約定価格は10,000であり，先渡契約（売）の時価はゼロである。
② X1年3月31日（決算日）のA社株式の時価は12,000であり，先渡契約（売）の時価は△2,000であった。
③ X1年4月14日（受渡日）のA社株式の時価は11,000であり，先渡契約（売）の時価は△1,000であった。
④ 税効果は考慮しないものとする。

［時価の変動］

	X1年3月25日	X1年3月31日	X1年4月14日
A社株式	10,000	12,000	11,000
先渡契約（売）	0	△2,000	△1,000
先渡契約（買）	0	2,000	1,000

［会計処理］
＜繰延ヘッジを採用する場合の売手の会計処理＞
① X1年3月25日（約定日）

仕訳なし

② X1年3月31日（決算日）
　ⅰ　株式の期末時価評価

（借）投資有価証券　　　　　　(※)4,000　（貸）その他有価証券　　　　　(※)4,000
　　　　　　　　　　　　　　　　　　　　　　　評価差額金

(※)　4,000 ＝ A社株式の時価12,000（前提条件②参照）－ A社株式の帳簿価額8,000（前提条件①参照）

　ⅱ　先渡契約の期末時価評価

| （借）繰延ヘッジ損益 | （※）2,000 | （貸）先渡契約 | （※）2,000 |

（※） △2,000…先渡契約（売）の時価（前提条件②参照）。

③ X1年4月1日（翌期初）
　　ⅰ　株式の期末時価評価の振戻し

| （借）その他有価証券評価差額金 | （※）4,000 | （貸）投資有価証券 | （※）4,000 |

（※） X1年3月31日決算仕訳の振戻し。

　　ⅱ　先渡契約の期末時価評価の振戻し

| （借）先渡契約 | （※）2,000 | （貸）繰延ヘッジ損益 | （※）2,000 |

（※） X1年3月31日決算仕訳の振戻し。

④ X1年4月14日（受渡日）

| （借）現金預金 | （※1）10,000 | （貸）投資有価証券 | （※2）8,000 |
| | | 　　　投資有価証券売却益 | （※3）2,000 |

（※1） 10,000…譲渡契約の約定価格（前提条件①参照）。
（※2） 8,000…A社株式の帳簿価額（前提条件①参照）。
（※3） 2,000 = 譲渡契約の約定価格10,000（前提条件①参照）− A社株式の帳簿価額8,000（前提条件①参照）

＜時価ヘッジを採用する場合の売手の会計処理＞

① X1年3月25日（約定日）

| 仕訳なし |

② X1年3月31日（決算日）
　　ⅰ　株式の期末時価評価

| （借）投資有価証券 | （※1）4,000 | （貸）その他有価証券評価差額金 | （※2）2,000 |
| | | 　　　投資有価証券評価益 | （※3）2,000 |

（※1） 4,000 = A社株式の時価12,000（前提条件②参照）− A社株式の帳簿価額8,000（前提条件①参照）
（※2） 2,000 = A社株式の先渡契約約定日の時価10,000（前提条件①参照）− A社株式の帳

簿価額 8,000（前提条件①参照）
（※3） 2,000＝A社株式の時価 12,000（前提条件②参照）－A社株式の先渡契約約定日の時価 10,000（前提条件①参照）

　　ⅱ　先渡契約の期末時価評価

| （借）先渡契約損失 | （※）2,000 | （貸）先渡契約 | （※）2,000 |

（※）　△2,000…先渡契約（売）の時価（前提条件②参照）。

③　X1年4月1日（翌期初）
　　ⅰ　株式の期末時価評価の振戻し

| （借）その他有価証券評価差額金 | （※）2,000 | （貸）投資有価証券 | （※）4,000 |
| 投資有価証券評価益 | （※）2,000 | | |

（※）　X1年3月31日決算仕訳の振戻し。

　　ⅱ　先渡契約の期末時価評価の振戻し

| （借）先渡契約 | （※）2,000 | （貸）先渡契約損失 | （※）2,000 |

（※）　X1年3月31日決算仕訳の振戻し。

④　X1年4月14日（受渡時）

| （借）現金預金 | （※1）10,000 | （貸）投資有価証券 | （※3）8,000 |
| 先渡契約損失 | （※2）1,000 | 投資有価証券売却益 | （※4）3,000 |

（※1）　10,000…譲渡契約の約定価格（前提条件①参照）。
（※2）　△1,000…先渡契約（売）の時価（前提条件③参照）。
（※3）　8,000…A社株式の帳簿価額（前提条件①参照）。
（※4）　3,000＝A社株式の時価 11,000（前提条件③参照）－A社株式の帳簿価額 8,000（前提条件①参照）

＜繰延ヘッジを採用する場合の買手の会計処理＞
①　X1年3月25日（約定日）

| 仕訳なし |

②　X1年3月31日（決算日）

| (借)　先渡契約 | （※）2,000 | (貸)　繰延ヘッジ損益 | （※）2,000 |

（※）　2,000…先渡契約（買）の時価（前提条件②参照）。

③　X1年4月1日（翌期初）

| (借)　繰延ヘッジ損益 | （※）2,000 | (貸)　先渡契約 | （※）2,000 |

（※）　X1年3月31日決算仕訳の振戻し。

④　X1年4月14日（受渡日）

| (借)　投資有価証券 | （※）10,000 | (貸)　現金預金 | （※）10,000 |

（※）　10,000…譲渡契約の約定価格（前提条件①参照）。

Q6-11　外貨建債券等の受取外貨額を円転せずに外貨建有形固定資産を取得する場合のヘッジ会計の適用可否

　外貨建債券，外貨建預金および外貨建貸付金等の貨幣性資産（以下「外貨建債券等」という。）の受取外貨額によって外貨建有形固定資産（非貨幣性資産）を取得（再投資）する場合のヘッジ会計適用について，以下どのように解釈すればよいか。
（ⅰ）　金融商品実務指針第165項（1）および第170項（2）と，外貨建実務指針第24項および第67項のどちらを優先して適用すべきか。
（ⅱ）　異通貨での取引にヘッジ会計を適用できるか。
（ⅲ）　100％に近い相関関係を示す異通貨（ペッグ制をとっている香港ドルと米国ドル等）であれば，同一通貨同士の取引に準じてヘッジ会計を適用できるか。

A

（ⅰ）外貨建取引についても，原則的には金融商品会計基準に係るヘッジ会計の要件を満たすことが前提となっている。
（ⅱ）（ⅲ）同一通貨でなければ外貨建取引実務指針の要件を満たさず，ヘッジ会計を適用できない。

解 説

1 （ⅰ）について

　外貨建取引会計基準の平成11年10月の改訂において，外貨建取引についても，原則的には金融商品会計基準に係るヘッジ会計が適用されることが明示されており，そのヘッジ会計の要件については，金融商品会計基準の要件を満たすことが前提となっていると考えられる（外貨建取引等会計処理基準の改訂に関する意見書　二　2等）。

　本件の外貨建債券等（貨幣性資産）の受取外貨額により有形固定資産（非貨幣性資産）を取得（再投資）する場合については，まず当該予定取引（再投資）がヘッジ対象となり得る予定取引の判断基準（金融商品実務指針162項等）を充足することが必要であり，その上で再投資計画が正式な文書で明確にされているかどうか等の外貨建取引実務指針第24項の要件を充足しているかを判断することになると考えられる。

　したがって，いずれかが排他的に優先して適用されるのではなく，金融商品実務指針のヘッジ要件を満たした上で，外貨建取引実務指針の要件を満たす必要があるというように重畳的に検討すべきと考えられる。

2 （ⅱ）および（ⅲ）について

　本来，外貨建債券等の決算時の換算差額は為替差損益として処理されるが，固定資産等の取得代金に充当するために事前に外貨建債券等で運用していた場合には，外貨建債券等と固定資産の取得が一連の取引とみなせることから，例外的に運用途中の時点での外貨建債券等の換算差額を繰り延べることができるものとされており（設例6－11－1参照），外貨建取引実務指針第24項には以下の要件が定められている。

> ①　外貨建債券等の取得の当初から再投資することを計画していることが正式な文書により明確にされている（ただし，再投資までの期間がおおむね1年を超える場合，取引の実行可能性について十分吟味する必要がある。）。
> ②　同一通貨同士の取引である。

前記の取扱いは例外的なものであるため，要件は厳格に判断すべきであり，同一通貨であることが必要と考える。したがって，たとえ100％に近い相関関係を示す異通貨（ペッグ制をとっている香港ドルと米国ドル等）であっても，同一通貨でなければ外貨建取引実務指針の要件を満たさず，ヘッジ会計は適用できないと考えられる。

なお，将来の固定資産取得時までの為替相場の変動リスクをヘッジするために事前に外貨建債券等を保有しておくのであれば，同一通貨で保有すればよく，為替相場がほぼ連動するペッグ制の通貨で保有しておくことが事前に正式に文書で明確にされているようなことは通常はないと考えられる。

設例6−11−1　外貨建その他有価証券の受取外貨額を円転せずに外貨建有形固定資産を取得する場合のヘッジ会計

[前提条件]

① X1年1月1日に，社債（その他有価証券に区分）を100米ドルで取得した。当該社債の額面は100米ドルであった。当該社債は米国内の土地購入に係る為替変動リスクに備え，ヘッジ手段として取得したものであり，ヘッジ会計の要件を満たしている。

② X1年6月30日に，社債を110米ドルで売却した。同日，社債売却の受取外貨額により，米国内の土地を100米ドルで取得した。

③ 各時点における社債の時価と直物為替相場は以下のとおりであった。

日付	社債の時価	直物為替相場
X1年1月1日（社債取得）	100米ドル	100円／米ドル
X1年3月31日（決算日）	104米ドル	103円／米ドル
X1年6月30日（社債売却）	110米ドル	105円／米ドル

④ 税効果は考慮しないものとする。

[会計処理（単位：円）]

① X1年1月1日（社債取得日）

（借）投資有価証券　　　　（※）10,000　　（貸）現金預金　　　　　　（※）10,000

（※）社債の帳簿価額10,000円＝社債の取得価額100米ドル（前提条件①参照）×直物為替相場100円／米ドル（前提条件③参照）

② X1年3月31日（決算日）

（借）投資有価証券	（※1）712	（貸）その他有価証券 評価差額金	（※2）412
		繰延ヘッジ損益	（※3）300

（※1） 712円＝社債の時価104米ドル（前提条件③参照）×直物為替相場103円/米ドル（前提条件③）－社債の帳簿価額10,000（会計処理①参照）
（※2） 外貨通貨による時価変動に係る換算差額412円＝（社債の時価104米ドル（前提条件③参照）－社債の取得価額100米ドル（前提条件①参照））×直物為替相場103円/米ドル（前提条件③参照）
（※3） 外国為替相場変動に係る換算差額300円＝（直物為替相場103円/米ドル（前提条件③参照）－社債取得時の直物為替相場100円/米ドル（前提条件③参照））×社債の取得原価100米ドル（前提条件①参照）

③ X1年4月1日（翌期初）

（借）その他有価証券 評価差額金	（※）412	（貸）投資有価証券	（※）712
繰延ヘッジ損益	（※）300		

（※） X1年3月31日決算仕訳の振戻し。

④ X1年6月30日（社債売却日および土地取得日）
　ⅰ 社債売却

（借）現金預金	（※1）11,550	（貸）投資有価証券	（※2）10,000
		投資有価証券売却益	（※3）1,050
		繰延ヘッジ損益	（※4）500

（※1） 11,500円＝社債の売却価格110米ドル（前提条件②参照）×直物為替相場105円/米ドル（前提条件③参照）
（※2） 10,000円…社債の帳簿価額（会計処理①参照）。
（※3） 1,050円＝（社債の売却価格110米ドル（前提条件②参照）－社債の取得価額100米ドル（前提条件①参照））×直物為替相場105円/米ドル（前提条件③参照）
（※4） 外国為替相場の変動に係る換算差額500円＝（直物為替相場105円/米ドル（前提条件③参照）－社債取得時の直物為替相場100円/米ドル（前提条件③参照））×社債の取得原価100米ドル（前提条件①参照）

ii 土地取得

(借)	土地	(※1) 10,000	(貸)	現金預金	(※3) 10,500
	繰延ヘッジ損益	(※2) 500			

(※1) 10,000円＝土地の取得価額100米ドル（前提条件②参照）×直物為替相場105円／米ドル（前提条件③参照）－繰延ヘッジ損益500（会計処理④ⅰ参照）
(※2) 500円…繰延ヘッジ損益（会計処理④ⅰ参照）。
(※3) 10,500円＝土地の取得価額100米ドル（前提条件②参照）×直物為替相場105円／米ドル（前提条件③参照）

Q6-12 外貨建債券を減損処理した場合の利息部分についてのヘッジ会計継続の適否

従来より外貨建債券の元本および利息の為替変動リスクを通貨金利スワップによりヘッジし，繰延ヘッジを適用していたが，当期に当該外貨建債券を減損処理した。この場合のヘッジ会計の取扱いについて教えてほしい。

A

外貨建債券の元本のうち減損部分の為替変動リスクに対しては，ヘッジ会計が部分的に終了したものとして取り扱い，残余部分については引き続きヘッジ会計を適用できると考えられる。

また，債券の受取利息部分については，減損後も利息の回収可能性が高いと認められる場合には，ヘッジ会計を適用できると考えられる。

解説

1 外貨建債券の元本部分

元本のうち減損処理を行った部分については，回収可能性が低いと考えられる。そこで，当該部分に係るヘッジ会計を終了し，繰り延べられていたヘッジ手段に係る損益または評価差額を，当期の純損益に計上すべきと考えられる（金融商品実務指針181項）。

また，元本のうち残余部分については，ヘッジの有効性は継続していると考

えられることから，引き続き為替変動リスクをヘッジする目的でヘッジ会計を適用できると考えられる。

2 外貨建債券の利息部分

　金融商品会計基準（注12）において，「予定取引とは，未履行の確定契約に係る取引及び契約は成立していないが，取引予定時期，取引予定物件，取引予定量，取引予定価格等の主要な取引条件が合理的に予想可能であり，かつ，それが実行される可能性が極めて高い取引をいう。」とされている。具体的には，将来の仕入・販売取引や，固定資産の購入取引などが該当するが，既に保有する債券の将来受取利息は前記の定義に照らしたところでは予定取引には該当しないものと考えられる。

　このため，利息部分についてただちにヘッジ会計を終了しなければならないわけではなく，例えば契約どおりに継続して利息を受け取り，将来においても利息回収が見込まれる場合のように，利息の回収可能性が高いと認められる場合には，ヘッジ関係は継続していると考えられ，減損処理後も引き続きヘッジ会計を適用できると考えられる。

　ただし，例えば金融商品実務指針第95項，第119項の定めに従って，すでに計上されている未収利息を損失として計上し，それ以後の期間に係る利息の計上を中止した場合のように，利息の回収可能性に疑義が生じている場合には，金融商品実務指針第181項のヘッジ対象が消滅したときの定めに従って会計処理を行う必要があると考えられる。

第7章

商品ヘッジ取引に係る会計処理と実務論点

Q7-1 商品デリバティブの概要とヘッジ会計

> 商品デリバティブとはどういった種類のデリバティブ取引をいい、どのような特徴があるのか。また、商品デリバティブをヘッジ手段としてヘッジ会計を適用することができるか。

A

　商品デリバティブとは、現物の商品（例えば、各種金属（金、銀、銅、アルミニウムなど）、各種エネルギー商品（原油、天然ガスなど）、食品（トウモロコシ、大豆など）、電力など）の価格を指標（インデックス）とするデリバティブ取引である。

　また、ヘッジ会計の要件を満たす限りにおいて、商品デリバティブをヘッジ手段としてヘッジ会計を適用することが認められる。

解説

1 商品デリバティブとは

（1） 商品デリバティブのインデックス

　商品デリバティブとは、現物商品価格を指標（インデックス）として組成されたデリバティブ取引のことを指す。具体的には、市場において取引されているものも含め、図表7－1－1のような商品デリバティブがある。

図表7－1－1	商品デリバティブの主なインデックス
種別	具体的な商品（指標）
非鉄金属	金，銀，白金，銅，アルミニウム，ニッケル
エネルギー	原油，石油製品（ガソリン，航空燃料），天然ガス
食物	穀物（トウモロコシ，大豆，小麦），畜産物（豚肉）
その他	電力，温室効果ガス排出量

（2） 商品デリバティブの種類

　商品デリバティブにおいても，通常の金利，為替などをインデックスとしたデリバティブ取引と同様の商品が取引されている。すなわち，商品スワップ取引，商品オプション取引などといった商品が組成される。

① 商品スワップ取引

　商品スワップ取引とは，ある商品について，価格を固定化するために契約するものである。すなわち，将来の一時点において，あらかじめ定めた価格と決済[1]時点の時価との差額を収受する取引であり，商品先物取引とも称される。

② 商品オプション取引

　「① 商品スワップ取引」が価格の固定化のために使われる金融商品であるとすると，この商品オプション取引は，一部分を固定化する効果のみを有する商品であり，通常のオプション取引とその特徴に特に違いはない。
　上値を固定するキャップ取引，下値を固定するフロアー取引および上下を固定するカラー取引がある点，オプションが将来の一時点でのみ行使できるか，権利行使期間中いつでも行使できるかという点，さらに，オプション（行使する権利）を企業側が有するか，金融機関（取引先）側が有するかという点でも，通常のオプション取引のパターンと相違はない。

③ 商品先渡取引

　価格の固定効果があるが，「① 商品スワップ取引」と異なり，実際の現物

1　デリバティブ取引の決済（損益の確定）を指しており，金銭の決済とは異なる。

がやり取りされるものがこの商品先渡取引（商品先渡契約）である。この商品の会計処理等に係る論点は，後記「Q7－2　金融商品会計の適用対象とならない商品先渡契約」で詳述しているため，そちらを参照されたい。

2　商品デリバティブによるヘッジ会計

(1)　商品デリバティブによるヘッジ会計の可否

　ヘッジ会計の要件を満たす限りにおいて，商品デリバティブをヘッジ手段としてヘッジ会計を適用することができる。金融商品実務指針第143項（1）においても，「非鉄金属，食糧，食品，燃料等の商品価格変動リスクに対して国内外の商品取引所における商品先物取引・商品オプション取引等をヘッジ手段として用いることが考えられる」とされており，この点が明確化されている。

(2)　商品デリバティブによるヘッジ会計のメカニズム
①　商品スワップ取引の場合

　商品スワップ取引を用いた価格固定化（ヘッジ取引）のメカニズムを，売上および仕入のヘッジを対照させた単純な例で確認する（設例7－1－1参照）。

> **設例7－1－1**　商品スワップ取引を用いたヘッジ取引とヘッジ会計

［前提条件］
① 　A社は，非鉄金属の地金を製造・販売する会社であり，製造した地金を各メーカーに販売している。
② 　A社が販売する非鉄金属の地金の販売単価は，販売月の市場価格によるものとされており，当該価格変動のリスクを回避する目的で，商品スワップ契約を締結している。具体的に，X1年度に取引先であるB社に販売する地金10単位（販売契約締結済）の販売価格の変動を相殺するため，固定価格を受け取り，変動価格を支払う商品スワップ取引を契約した。
③ 　B社は，A社から仕入れた非鉄金属の地金を原材料として，製品を製造し，一般消費者へと販売している。
④ 　②に記載したように，B社が仕入れる非鉄金属の地金の仕入単価は，仕入月の市場価格によるものとされており，B社においても，当該価格変動のリスクを回避する目的で，商品スワップ契約を締結している。具体的に，X1

年度に仕入先であるＡ社から仕入れる地金10単位（仕入契約締結済）の仕入価格の変動を相殺するため，固定価格を支払い，変動価格を受け取る商品スワップ取引を契約した。

[Ａ社・Ｂ社のリスクと商品スワップ契約の性格]

会社	リスク	スワップ受取(※)	スワップ支払(※)
Ａ社（販売）	売上価格の変動	固定商品価格	変動商品価格
Ｂ社（仕入）	仕入価格の変動	変動商品価格	固定商品価格

(※) 先物契約のため，実際には差金決済される。

[商品価格が上昇した場合]

　スワップ契約締結時の商品単価が@10／1単位，1年先物（＝固定スワップ価格）が@12／1単位であったものとして，商品販売時の市場価格（単価）が@20／1単位まで上昇していたものとする。

＜Ａ社におけるスワップ精算金の算出と会計処理＞

　スワップ精算金：(@12（固定受取）－@20（変動支払））／1単位×10単位＝△80

会計処理：

(借) 売掛金	(※1) 200	(貸) 売上	(※1) 200
(借) 売上	(※2) 80	(貸) 未払金	(※2) 80

(※1)　200＝商品単価@20×売上10単位
(※2)　スワップ精算金

＜Ｂ社におけるスワップ精算金の算出と会計処理＞

　スワップ精算金：(@20（変動受取）－@12（固定支払））／1単位×10単位＝80

会計処理：

(借) 原材料	(※1) 200	(貸) 買掛金	(※1) 200
(借) 未収入金	(※2) 80	(貸) 原材料	(※2) 80

(※1)　200＝商品単価@20×売上10単位
(※2)　スワップ精算金

[商品価格が下落した場合]

スワップ契約締結時の商品単価が@10/1単位，1年先物（＝固定スワップ価格）が@12/1単位であったものとして，商品販売時の市場価格（単価）が@4/1単位まで下落していたものとする。

＜A社におけるスワップ精算金の算出と会計処理＞

スワップ精算金：(@12（固定受取）－@4（変動支払))／1単位×10単位＝80

会計処理：

（借）売掛金	(※1) 40	（貸）売上	(※1) 40
（借）未収入金	(※2) 80	（貸）売上	(※2) 80

（※1） 40＝商品単価@4×売上10単位
（※2） スワップ精算金

＜B社におけるスワップ精算金の算出と会計処理＞

スワップ精算金：(@4（変動受取）－@12（固定支払))／1単位×10単位＝△80

会計処理：

（借）原材料	(※1) 40	（貸）買掛金	(※1) 40
（借）原材料	(※2) 80	（貸）未払金	(※2) 80

（※1） 40＝商品単価@4×売上10単位
（※2） スワップ精算金

② 商品オプション取引の場合

商品オプション取引を用いたヘッジ会計においても，価格変動とヘッジ効果の関係は，「① 商品スワップ取引の場合」と大きく変わりはない。オプション取引の場合，スワップ取引のような完全な固定化ではなく，一部分のみ固定化されているため，オプションが行使されるケースで，ヘッジ効果が生じることになる。

Q7-2 金融商品会計の適用対象とならない商品先渡契約

当社は，半年後に決済される商品先渡契約を締結している。決済に際し，当社では実際に当該商品を仕入れる予定であるが，このような場合でも先渡契約はデリバティブ取引となり，時価評価されるのか。

A

現物商品に係る先渡取引のうち，トレーディング目的で行われるものではなく，将来の仕入，売上または消費を目的として行われるもので，当初から現物を受け渡すことが明らかなものは，金融商品会計基準の対象外となるものとされており，デリバティブ取引としての会計処理は行われない。

解説

1 商品デリバティブの金融商品実務指針上の定め

我が国の会計基準において，デリバティブ取引は商品種別によって定義されており，具体的には「先物取引，先渡取引，オプション取引，スワップ取引及びこれらに類似する取引」がデリバティブ取引になるとされている（金融商品会計基準4項）。

また，金融商品実務指針においては，デリバティブ取引の特徴に照らした要件が示されており，デリバティブ取引の権利義務の価値が「現物商品価格」等の変化に反応して変化する基礎数値を有することが，1つの特徴として挙げられている（金融商品実務指針6項（1））。

これに加えて，金融商品実務指針第20項本文では，金融商品実務指針第6項（3）の「差額決済要件」を満たす商品デリバティブとして，以下のものが挙げられており，これらについては（排出クレジットを基礎数値をするものも含め）金融商品会計基準のデリバティブ取引として取り扱われる。

- 商品先物市場，ロンドン金属取引所（LME）における取引
- コモディティ・スワップ，原油取引におけるブック・アウト（BOOK-OUT）取引など，当事者間で通常差金（差額）決済取引が予定されているもの

金融商品会計基準のデリバティブ取引に該当する商品デリバティブは，会計上，以下のような取扱いがなされる。

- 当該取引により生じる正味の債権・債務は，毎期末において時価をもって貸借対照表価額とし，評価差額は，原則として当期の純損益に計上される（金融商品会計基準25項）。
- ヘッジ会計におけるヘッジ手段として用いることができる（金融商品実務指針143項。ただし，ヘッジ会計の要件（金融商品会計基準第31項の要件）を満たすことが必要である。）。

2 商品先渡取引に係る例外的な取扱い

実務においては，固定価格による商品の販売契約，原材料の購入契約など，いわゆる「先渡取引」に該当するような商品デリバティブ取引を行っているケースがあると思われる。

当該取引については，一律に金融商品会計基準上のデリバティブ取引に該当するのではなく，以下に示す一定の要件を満たすことにより，金融商品会計基準の適用対象外となる。

- トレーディング目的（棚卸資産会計基準60項参照）以外で行われる取引であること
- 将来予測される仕入，売上または消費を目的として行われる取引であること
- 当初から現物を引き渡すことが明らかであること
- 取引の当初から文書化を行い当該取引部門の責任者の承認を受けていること

このような現物商品の先渡取引が金融商品会計基準の対象となるか否かで，会計処理に与える影響を図表7－2－1にまとめているため，ご参照いただきたい。

図表７－２－１　商品先渡取引の会計処理

時点	金融商品会計基準の対象外	金融商品会計基準の対象
期末時	処理なし（ただし，契約損失引当金の計上の要否を検討する。）	時価評価 （ヘッジ会計適用の可能性あり）
取引時	契約額で売上・仕入を計上（※）	時価で売上・仕入を計上

（※）　仕入に際し，契約損失引当金を計上している場合には，当該残高を調整する必要があると考えられる。

Q7-3　ヘッジ対象と異なる商品によるヘッジの可否

　価格変動リスクがあるヘッジ対象に対してヘッジ取引を行うことを想定しているが，利用可能なデリバティブ取引に制約があるようなときに，異なるインデックスのデリバティブ取引を利用してヘッジ会計を適用することができるか。

A

　価格変動リスクがあるヘッジ対象に対してヘッジ取引を行う際に，ヘッジ手段として利用可能なデリバティブ取引に制約があるような場合には，異なるインデックスのデリバティブ取引を利用してヘッジ会計を適用することができるものと明示されている。ただし，このようなケースでは，事前・事後のヘッジ有効性の評価を適切かつ慎重に行う必要があると考えられる。

解説

1　商品デリバティブを用いたヘッジ会計の適用

　企業経営においては，ときにさまざまな商品価格の変動リスクにさらされることがあり，例えば，非鉄金属，食糧，食品，燃料等の商品価格変動リスクに対して，国内外の商品取引所における商品先物取引や商品オプション取引等をヘッジ手段として用いることが考えられる（金融商品実務指針143項(1)参照）。また，市場で取引されているデリバティブ取引ではなく，OTCや相対取引で

契約したデリバティブ取引をヘッジ手段として用いることもしばしば行われているものと考えられる。

ヘッジ取引でも，金利や為替といったリスクに対応するケースでは，ヘッジ対象のインデックス（例えば，LIBOR や米ドル）と，ヘッジ手段（デリバティブ取引等）のインデックスが一致していることも多いと思われる。また，商品ヘッジ取引においても，アルミ地金の仕入価格がLME市場におけるアルミニウム価格に連動しており，これを同じくLME市場におけるアルミニウム価格をインデックスとする商品スワップ取引でヘッジするようなケースでは，有効性の評価において大きな問題は生じないものと考えられる。

ただし，商品ヘッジ取引の場合には，同一のインデックスのデリバティブ商品が市場で取引されていない，取引量が少なく流動性に乏しいためヘッジに適さない，そもそも同一インデックスのデリバティブ商品がない（相対でも存在しない）ようなケースがあり得る。このようなときに，異なるインデックスのデリバティブ取引をヘッジ手段として用いることができるかどうかが論点となる。

2 異なるインデックスによるヘッジの可否

(1) 本論点に係るASBJ等での検討の経緯および結論

本論点については，平成25年11月20日の基準諮問会議（公益財団法人財務会計基準機構）に，新規テーマの提案として経済産業省商務流通保安グループおよび農林水産省食料産業局の連名で上程された[2]。その後，平成26年3月18日の同会議での企業会計基準委員会（ASBJ）への新規テーマ提言の承認，同年4月14日の第285回企業会計基準委員会における新規テーマの承認を経て，ASBJの金融商品専門委員会で審議が行われた。

そこでの審議を受け，同年12月18日の第302回企業会計基準委員会におい

---

[2] 具体的な提案内容は，「商品デリバティブ取引に係るヘッジ会計関連規定について」という表題で，この「異なる商品間でのヘッジ取引におけるヘッジ会計の適用」の論点の他，「ロールオーバーにおけるヘッジ会計の適用」（前記「第5章 Q5-8 予定取引が予定よりも遅れた場合の会計処理」参照）や「ヘッジ有効性の事後テストに関する80-125%ルールの撤廃」（特に，事後テストにおける回帰分析の利用。後記「Q7-7 商品ヘッジにおける期末有効性の評価」参照）などが掲げられていた。

て，当該テーマについては金融商品実務指針を作成する日本公認会計士協会へ修正の検討を依頼することとされ，最終的に，他に適当なヘッジ手段がない場合においては，事前の有効性の予測を前提として，ヘッジ対象と異なる類型のデリバティブ取引をヘッジ手段として用いることができる点が明確化された（金融商品実務指針143項，314－2項）。

（2） 具体的な例示と取扱い

金融商品実務指針第314－2項では，例示として，石油関連商品をヘッジ対象とするときに，流動性が高く価格変動が類似する原油関連のデリバティブをヘッジ手段として用いるケースが挙げられている。

ただし，例えば，石油関連商品をヘッジ対象，原油デリバティブをヘッジ手段とするケースでは，事前の有効性が予測されたとしても，事後テスト（80-125％テスト）を充足しないケースが多いとも考えられるため，その適用には慎重であるべきと考えられる。また，同項の取扱いの明示は，前記の例でいうと，石油関連商品のうち，原油要素の価格変動のみを取り出してヘッジ会計を行う（ヘッジ有効性の評価を行う）ことを指しているものではなく[3]，あくまで，現行の我が国の会計基準においては，ヘッジ有効性の評価において，石油関連商品全体の価格変動と原油デリバティブの価格変動を比較して行うべきものと考えられるため，留意が必要である[4]。

Q7-4 ウェザー・デリバティブを用いたヘッジ取引におけるヘッジ会計適用の可否

天候の変動による収益の減少をカバーするために，ヘッジ目的でウェザー・デリバティブを取得した。当該ウェザー・デリバティブをヘッジ手段としてヘッジ会計を適用することができるかどうか教えてほしい。

---

3 「会計制度委員会報告第14号『金融商品会計に関する実務指針』及び『金融商品会計に関するQ＆A』の改正について（公開草案）に対するコメントの概要とその対応」（平成27年4月14日　日本公認会計士協会）の「4　コメントの概要とその対応」参照。
4 IFRS上の取扱いは，後記「第14章　Q14－2　2（3）合計エクスポージャー」参照。

A

　ウェザー・デリバティブであっても，ヘッジ会計の適用要件を満たしていれば，ヘッジ会計を適用できるものと考えられる。

　ただし，収益の減少（ヘッジ対象）との相関関係があるかどうかに関しては，相当程度慎重に判断する必要があるのではないかと考えられる。

解 説

1 ウェザー・デリバティブの特徴

　金融商品実務指針第17項において，ウェザー・デリバティブは金融商品であり，金融商品会計基準の対象であるとされている[5]。すなわち，デリバティブ取引の特徴（金融商品実務指針6項）を満たすものとして，デリバティブ取引（金融商品）に該当するとされているものである。

　より具体的には，気温や降水量などをインデックスとして価値が定められるデリバティブ取引であり，保険契約に類似するものの，損失を補填するような商品特性は有しておらず，金融商品として取り扱われる。

　非上場のウェザー・デリバティブについても，時価算定会計基準および時価算定適用指針の定めに従い時価評価を行う必要がある。なお，同会計基準等の適用前は認められていた公正な評価額を算定することが極めて困難と認められる場合に，（時価ではなく）取得価額をもって評価することとされていた定め（2019年改正前金融商品実務指針104項参照）は廃止されており，時価評価が必須とされている点に留意する必要がある。

2 ウェザー・デリバティブを用いたヘッジ取引

（1） ヘッジ会計の適用の可否

　ウェザー・デリバティブをヘッジ手段としてヘッジ取引を行うこと自体は，当然に特段の制限はない。実務上，当該取引にヘッジ会計を適用できるかどうかが重要な論点となってくると思われる。

5　厳密には，ウェザー・デリバティブは商品価格をインデックスとするデリバティブ取引ではないため，商品デリバティブではないが，便宜的に本章で取り扱うこととする。

この点，ヘッジ会計の要件（金融商品実務指針141項以下参照）を満たしている限りにおいてはヘッジ会計が適用できると思われ，「ヘッジ対象と価格変動が類似する商品のデリバティブ取引をヘッジ手段として利用することが認められている」点（金融商品実務指針311－2項）に鑑みても，ヘッジ会計の適用を直ちに否定することにはならないと考えられる。

ただし，同項において，「ヘッジ手段とヘッジ対象の経済的な関係や価格変動の推移から，ヘッジの有効性を事前に予測しておく必要がある」とされており，その有効性の評価が重要になってくると思われる。すなわち，ウェザー・デリバティブの評価（気候変動）と収益の減少の間にヘッジ会計の要件を満たすような相関関係を見出すこと（事後テストにおける80-125％テストを充足すること）には，相当の困難を伴うのではないかと考えられる。

(2) ウェザー・デリバティブに係る損益の表示区分

ウェザー・デリバティブを用いたヘッジ取引において，ヘッジ会計の適用が認められない場合には，当該ウェザー・デリバティブの評価損益（および決済損益）は，金融収益または費用として，営業外収益または営業外費用に計上されることになると考えられる。

Q7-5　商品デリバティブにおける期末時価の算定

> 商品デリバティブについては，非上場のものが多いと思われるが，これらの時価算定上の取扱いについて教えてほしい。

A

非上場デリバティブ取引についても，一定の評価技法を用いて時価を算定し，当該時価を会計処理の基礎とすることになる。また，当該時価は企業自身が算定することが原則ではあるものの，取引先の金融機関，ブローカー，情報ベンダー等の第三者から入手した相場価格を，会計基準に従って算定されたものであると判断して時価の算定に用いているケースも多いのではないかと思われる。

解 説

1 ┃ 上場デリバティブ取引の時価評価

　商品ヘッジ取引のヘッジ手段として，上場している商品デリバティブを用いている場合には，他の上場デリバティブ取引の時価評価と同様，期末日（時価の算定日）において，企業が入手できる活発な市場における相場価格を時価の算定の基礎として用いることが原則となる（時価算定会計基準11項（1））。

2 ┃ 非上場デリバティブ取引の時価評価

　商品ヘッジ取引のヘッジ手段として用いられている商品デリバティブは，多くのケースで非上場なのではないかと思われる。この場合でも，当該デリバティブ取引は時価評価が必須とされているため（金融商品会計基準25項），一定の評価技法を用いて，ヘッジ会計の基礎となるその時価を算定することになる。

　上記一定の評価技法は，時価算定適用指針第5項において，以下の方法が例示されているが，非上場デリバティブ取引の時価の算定に際しては，マーケット・アプローチまたはインカム・アプローチのいずれかを用いることが多いのではないかと思われる（時価算定会計基準8項かっこ書き参照）。このとき，自社とデリバティブ取引の相手先の双方の信用リスクも，時価の算定にあたっては考慮する必要があると考えられる。

- マーケット・アプローチ
  同一または類似の資産または負債に関する市場取引による価格等のインプットを用いる評価技法
- インカム・アプローチ
  利益やキャッシュ・フロー等の将来の金額に関する現在の市場の期待を割引現在価値で示す評価技法をいい，例えば，現在価値技法やオプション価格モデルが含まれる。
- コスト・アプローチ
  資産の用役能力を再調達するために現在必要な金額に基づく評価技法

　また，取引相手の金融機関，ブローカー，情報ベンダー等から時価を入手することも多いと考えられるが，当該第三者から入手した相場価格が時価算定会

計基準に従って算定されたものであると判断する場合には，当該価格を時価の算定に用いることができるとされている（時価算定適用指針18項）。この判断に際しては，企業が以下の手続などを状況に応じて選択して実施することが考えられるとして，時価算定適用指針第43項にその手続が例示されている。

- 当該第三者から入手した価格と企業が計算した推定値との比較
- 当該第三者以外の他の第三者から入手した，会計基準に従って算定がなされていると期待される価格と当該第三者から入手した価格との比較
- 当該第三者が時価を算定する過程で，会計基準に従った算定がなされているかどうかの確認
- 会計基準に従って算定されている類似銘柄の価格との比較
- 過去に会計基準に従って算定されていることを確認した当該金融商品の価格の時系列推移の分析などの分析の実施

Q7-6 商品ヘッジ取引における事前テストや包括ヘッジの取扱い

商品ヘッジ取引において，ヘッジ取引に先立って行われる事前テストや，包括ヘッジの要件の検討の際に留意すべき点があれば教えてほしい。

A

商品デリバティブの価格変動の特徴として，インデックスが実物資産であるという点に起因する需給の季節性や，投機的取引の存在，さらには性状が類似している商品であっても価格が異なるようなケースがあるため，こういった点も考慮してヘッジ方針を定める必要があると考えられる。

解説

1 商品デリバティブの特徴

商品デリバティブが，金利や為替のデリバティブと大きく異なる点がある。金利や為替に係るデリバティブは，その参照する指標（インデックス）が1つ

に定まるという特徴がある一方，商品デリバティブはロケーションによって価格が異なるようなケースがある。

また，実物の価格をインデックスとしているため，季節によって需給が異なることで商品価格に影響したり（例えば，燃料をインデックスとするデリバティブについては，需要が増大する冬期に価格が上昇したり，厳冬や寒波襲来の際に価格が高騰したりすることがあり得る。），これとは逆に実需とは異なる投機的資金が流入することによって価格が高騰したりするようなケースが考えられる。

2 商品デリバティブを用いたヘッジ会計における留意点

商品デリバティブを用いてヘッジ会計を行う場合，前記「1　商品デリバティブの特徴」に記載した点にも留意して，ヘッジ方針の策定や有効性の評価などを行う必要がある。

（1）　輸送コストなどに起因する価格の相違

為替や金利といった金融商品であれば，基本的にマーケットの違いによって価格が大きく異なることは想定されない。なぜなら，商品自体が完全に同質であることから，市場によって価格が異なったとしても，裁定が働くことにより，瞬時に単一の価格に収斂するためである。

一方で，商品デリバティブをヘッジ手段として用いるケースに関しては，ヘッジ対象である商品の受渡しと異なる箇所（ロケーション）で取引されるヘッジ手段（商品デリバティブ）を用いた場合に，ヘッジが有効とならないことがあり得る。すなわち，商品デリバティブは同一の商品であっても箇所（ロケーション）により価格が異なるケースがあり，これは，輸送コストなどといった実物商品に固有の性質を反映したものであって[6]，性状が類似しているような商品であっても，価格が異なるケースがあることによる。

---

[6] なお，国際財務報告基準（IFRS）第13号「公正価値測定」（以下「IFRS第13号」という。）においては，時価の算定に際して「取引コスト」は含めないこととされているが，この「取引コスト」には「輸送コスト」を含めないこととされている。また，商品（コモディティ）においては，所在地が資産の特性となる場合があることが示されている（IFRS第13号25項，26項）。

これは,ヘッジ手段(デリバティブ取引)だけでなく,ヘッジ対象側にもいえる特徴であり,事前テストのみならず,包括ヘッジ[7]の要件を満たしているかどうかについても,慎重な判断が必要となる(金融商品会計基準(注11),金融商品実務指針152項参照)(図表7-6-1参照)。

図表7-6-1　包括ヘッジの要件

包括ヘッジの要件(※1)	具体的な判断基準
個々の資産または負債が共通の相場変動等による損失の可能性にさらされていること	個々の資産または負債の時価またはキャッシュ・フローの変動割合が,ポートフォリオ(※2)全体の変動割合の上下10%を目安にその範囲内にあること
その相場変動等に対して同様に反応することが予想されること	

(※1)　これらの要件をいずれも満たす必要がある。
(※2)　資産または負債の集合体を指す。

(2)　季節的変動の影響

前記「1　商品デリバティブの特徴」に記載したとおり,一部の商品については季節により需給に違いがあることから,その価格に季節的な変動を生じさせるケースがある。典型的には,灯油などの燃料油について,需要期である冬期に価格が上昇したり,寒波の襲来などで厳冬となったときに価格が高騰したりすることが挙げられる。

ヘッジ手段(デリバティブ取引等)の季節的変動と,ヘッジ対象の季節的変動に連関がある場合にはともかく,ヘッジ手段側に季節的変動がないようなケース(例えば,ヘッジ対象が灯油で,ヘッジ手段が原油のケースなど)では,ヘッジ手段の価格変動が有効性評価においてノイズとなる可能性があるため,充分に留意することが必要である。

(3)　投機的資金の流入

基本的には,実需に伴い価格が上下すると考えられる商品相場であるが,と

---

[7] 包括ヘッジとは,リスクの共通する資産または負債等をグルーピングした上で,ヘッジ対象を識別する方法をいう。詳細は,前記「第2章　Q2-2　同種のヘッジ関係について個別ヘッジと包括ヘッジを使い分けることの可否」を参照のこと。

きにマネーゲームの対象として，投機的な資金が流入・流出することで価格が乱高下するようなときがある。ヘッジ手段とヘッジ対象のインデックスが同じ場合には問題ないが，類似商品によりヘッジ取引を行っている場合，ヘッジ手段ないしヘッジ対象のいずれかにおいて投機的資金の影響が生じたときに，ヘッジが有効と判断されなくなる可能性がある。

Q7-7　商品ヘッジにおける期末有効性の評価

> 商品デリバティブをヘッジ手段としてヘッジ会計を適用した場合，期末の有効性評価はどのように行われるのか。

A

　商品デリバティブをヘッジ手段として用いる場合であっても，事後的な有効性の評価における特例は特に設けられておらず，ヘッジ対象の時価またはキャッシュ・フローの変動と，ヘッジ手段（デリバティブ取引）の時価またはキャッシュ・フローの変動を比較して，概ね80〜125％の範囲に入っているかどうかを確認する必要がある。

解説

1　いわゆる「事後テスト」における実務指針上の定め

（1）　事後テストの基本的な考え方

　ヘッジの有効性は，ヘッジ取引を実行するよりも前の時点において，合理的に見込まれるのみならず，取引実行後においても，事後的にその有効性が評価される必要がある。

　金融商品実務指針においては，この「事後テスト」について，原則としてヘッジ開始時（ヘッジ指定時，通常はデリバティブの取得時）から有効性判定時点（期末）までの期間において，ヘッジ対象の相場変動またはキャッシュ・フロー変動の累計と，ヘッジ手段の相場変動またはキャッシュ・フロー変動の累計を比較し，両者の変動額等を基礎として判断する。

両者の変動額の比率が，概ね80～125%までの範囲内にあれば，ヘッジ対象とヘッジ手段に高い相関関係があると認められ，ヘッジ会計の適用が認められることになる（金融商品実務指針156項）。

（2） 金利ヘッジや為替ヘッジとの関係

「（1）事後テストの基本的な考え方」に記載した事後テストの方法は，「80-125%テスト」などとも呼ばれ，ごく一般的な事後テストの方法である。

なお，金利や為替の場合には高い有効性があると想定されることにより，事後テストが省略されるケースも多いと考えられ，相対的に，商品ヘッジ取引における事後テストの重要性は高い。

（3） 変動幅が小さいケースの特例

ヘッジ取引開始時に行ったヘッジ効果の事前確認の結果がヘッジ手段の高い有効性を示している限りにおいて，80-125%テストの結果が高い相関関係を示していない（概ね80～125%の範囲に変動額の比率がない）場合であっても，その原因が変動幅が小さいことによる一時的なものと認められるときには，ヘッジ会計の適用を継続することができるとされている（金融商品実務指針156項）。

具体的なイメージは図表7－7－1に示している。

図表7－7－1　変動幅が小さいケースの特例（イメージ）

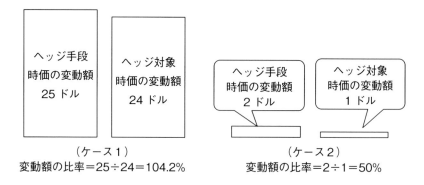

2 事後テストにおける統計的手法の利用

　事後的な有効性の評価においては，事前の有効性の予測の際（金融商品実務指針314項参照）と異なり，統計的手法（例えば，回帰分析）の利用は想定されていない（金融商品実務指針323項）。

　この点，商品デリバティブの利用を促進する目的で，本論点について，平成25年11月20日の基準諮問会議（公益財団法人財務会計基準機構）に，新規テーマの提案として経済産業省商務流通保安グループおよび農林水産省食料産業局の連名で上程された。その後，平成26年3月18日の同会議での企業会計基準委員会（ASBJ）への新規テーマ提言の承認，同年4月14日の第285回企業会計基準委員会における新規テーマの承認を経て，ASBJの金融商品専門委員会で審議が行われた。

　そこでの審議を受け，同年12月18日の第302回企業会計基準委員会において，事後テストにおいて回帰分析を利用することについては，今後，さらなる検討を行わないことが適当であるという報告がなされた[8]。米国会計基準や国際財務報告基準（IFRS）の実務で認められている事後テストでの回帰分析の利用について，ヘッジの非有効部分に関する重要な損益の繰延べが行われないようにしつつ，原則的な方法である80-125%テストと同等の結果が得られるような閾値を設定することが難しい，というのがその結論の骨子であった。

　このため，一部の業種[9]を除いては，事後テストにおいて回帰分析を用いることは認められない。

---

[8] 「ヘッジ会計の限定的な見直し－回帰分析を有効性判定の事後テストとして認めるか否かの検討」（審議事項（8）－3）第302回企業会計基準委員会（平成26年12月18日）資料。

[9] 銀行業においては，業種別監査委員会報告第24号「銀行業における金融商品会計基準適用に関する会計上及び監査上の取扱い」の定めにより，事後テストに回帰分析を使用することが認められている。

Q7-8 商品ヘッジ取引と取得原価の調整

仕入価格の変動をヘッジするために，商品デリバティブによるヘッジ取引を行い，仕入価格を固定化している。このとき，予定取引が実行された場合の会計処理はどうなるのか。

A

仕入によって資産（棚卸資産など）が計上される場合，予定取引実行時（資産の仕入時）に取得原価にヘッジ手段の損益を加減して資産計上する。

なお，仕入によって純損益が直ちに生じるようなケースでは，当該純損益の計上に合わせて，ヘッジ手段の損益を純損益に計上する。

解説

1 予定取引実行時の会計処理

予定取引に関してヘッジ手段を取得し，ヘッジ会計が適用される場合，予定取引の実行時まで繰り延べられてきた繰延ヘッジ損益は，予定取引の種類により，それぞれ以下のように処理される（金融商品実務指針170項）。

(1) 予定取引が資産の取得である場合
　予定取引が棚卸資産などの資産の購入である場合，繰延ヘッジ損益は資産の取得原価に含められ，当該資産の費用化（売上に対応する原価計上，棚卸資産会計基準の適用による簿価切下げなど）に伴い，純損益に計上される。
(2) 予定取引により純損益が直ちに発生する場合
　予定取引が，売上や経費項目である場合など，純損益が直ちに発生する取引であるときには，予定取引の実行に伴い，繰延ヘッジ損益も同じタイミングで純損益に計上される。
　この場合，勘定科目はヘッジ対象取引に係る損益項目（売上高，燃料費など）に含められることとされている。

2 設例による解説

前記「1 予定取引実行時の会計処理」の「(1) 予定取引が資産の取得である場合」の処理を，設例により確認する（設例7－8－1参照）。

設例7－8－1　ヘッジ会計を適用する予定取引が資産の取得である場合

[前提条件]
① 会社（3月決算）は，外部から仕入れた非鉄金属の地金を原材料として，製品を製造し，外部へと販売している。
② 会社が仕入れる非鉄金属の地金の仕入単価は，仕入月の市場価格によるものとされている。この価格変動のリスクを回避する目的で，X1年10月に商品スワップ契約を締結した。具体的に，X2年5月に仕入れる地金10単位（仕入契約締結済）の仕入価格の変動を相殺するため，固定価格（@80/1単位）を支払い，変動価格を受け取る商品スワップ取引（10単位）を契約した。
③ X2年3月末時点の商品スワップ取引の評価損は△40，地金仕入時点での仕入単価は@77/1単位であった。なお，商品スワップ取引の決済差額は△30（＝10単位×（@77－@80）/1単位）とする。
④ 法定実効税率は30％とし，繰延税金資産の回収可能性には問題がないものとする。

[会計処理]
＜商品スワップ契約締結時＞

仕訳なし

＜X2年3月期（期末）の会計処理＞

(借) 繰延ヘッジ損失	(※1) 28	(貸) 商品スワップ	(※3) 40
繰延税金資産	(※2) 12		

(※1) 28＝スワップ評価損40×（1－法定実効税率30％）
(※2) 12＝スワップ評価損40×法定実効税率30％
(※3) 40…前提条件③参照。

＜X3年3月期（期首）の会計処理＞

（借） 商品スワップ	（※）40	（貸） 繰延ヘッジ損失	（※）28
		繰延税金資産	（※）12

（※） 前期末の仕訳の振戻し。

＜原材料仕入時＞

（借） 原材料	（※1）770	（貸） 買掛金	（※1）770
（借） 原材料	（※2）30	（貸） 未払金	（※2）30

（※1） 770＝仕入単価＠77/1単位×10単位
（※2） 30…前提条件③参照。

Q7-9 ヘッジ会計終了時点における損失の見積り

ヘッジ会計の適用を中止した場合に，ヘッジ会計の終了時点で重要な損失が生じるおそれがある場合，具体的にどのように会計処理されるのか。

A

ヘッジ会計が，ヘッジ有効性の基準を満たさなくなる，ないし，ヘッジ手段（デリバティブ取引等）が決済などで消滅するなどしてその適用が中止された場合に，最終的なヘッジ会計の終了時点で重要な損失が生じるおそれがあるときには，当該損失部分を見積って，当期の損失として処理しなければならない。

解説

1 ヘッジ会計の中止に係る定めとヘッジ会計終了時点における損失の見積り

(1) ヘッジ会計の中止

金融商品実務指針第180項では，以下のような事象が生じたときに，ヘッジ会計の適用を「中止」することと定められている。

- 当該ヘッジ関係が企業の有効性評価の基準を満たさなくなったとき
- ヘッジ手段（デリバティブ取引等）が，満期，売却，終了または行使のいずれかの事由により消滅したとき

　このように，ヘッジ会計が「中止」されるケースでは，その時点まで繰り延べられてきたヘッジ手段に係る損益または評価差額は，ヘッジ対象に係る損益が純損益として認識されるまで繰り延べることになる。

　この点，ヘッジ対象（ヘッジ取引の対象となる資産・負債）が消滅したときまたはヘッジ対象となる予定取引が実行されないことが明らかになった際のヘッジ会計の「終了」とは異なるため，留意が必要である。

（2） ヘッジ会計を中止したときのヘッジ会計終了時点における損失の見積り

　ヘッジ会計の要件を満たさなくなったことなどにより，ヘッジ会計の適用を中止した場合，ヘッジ対象（予定取引など）に係る含み益が減少することによってヘッジ会計の終了時点で重要な損失が生じるおそれがあるときには，当該損失部分を見積って，当期の損失として処理する（金融商品会計基準33項）。

　具体的には，ヘッジ中止後の商品相場の変動により，ヘッジ対象（予定取引など）に係る含み益が減少し，ヘッジ手段（デリバティブ取引等）の含み損に対して重要な不足が生じているような状態を指すものとされている。この場合，当該不足額のうち，ヘッジ中止後のヘッジ対象の相場変動に対応する金額が損失処理される（金融商品実務指針183項）。

　当該損失処理のイメージ図を図表7－9－1に，仕入・売上のそれぞれがヘッジ対象のときの損失発生パターンを図表7－9－2にまとめている。

図表７－９－１　ヘッジ会計終了時点における損失見積りのイメージ

（ヘッジ中止時点）
フルヘッジを前提に
ヘッジ対象の含み益とヘッジ手段の
含み損が同額であるとする

（その後）
商品価格の変動により，
ヘッジ対象の含み益が減少し
含み損が顕在化する

含み損＞含み益
となる

図表７－９－２　取引（ヘッジ対象）別の損失発生パターン

ヘッジ対象	ヘッジ手段の含み損の発生	その後（ヘッジ中止後）の価格変動	ヘッジ会計終了時点における損失
売上（または商品）	商品価格の上昇	商品価格の上昇	生じない
		商品価格の下落	発生
仕入	商品価格の下落	商品価格の上昇	発生
		商品価格の下落	生じない

　なお，ヘッジ取引開始時にヘッジ対象に含み損益が生じていた場合には，以下のように取り扱われる（金融商品実務指針350項）。

- ヘッジ対象に含み益が存在していた場合
  含み益＞見込損失（時価の変動分）のとき，損失の見積計上を要しない。
- ヘッジ対象に含み損が存在していた場合
  当該含み損は，損失の見積計上の対象とはしない。

2　設例による解説

　ここでは，仕入取引（予定取引）をヘッジ対象とする場合の取扱いを，設例

を用いて解説する（設例7－9－1参照）。なお，保有する商品（すなわち売上取引）をヘッジ対象とする場合の取扱いは，金融商品実務指針　設例25に示されているため，そちらを参照されたい。

設例7－9－1　ヘッジ会計終了時点における損失見積り（仕入取引）

[前提条件]
① 会社（3月決算）は，外部から仕入れたA商品を販売している。
② 会社が仕入れるA商品の仕入単価は，仕入月の市場価格によるものとされている。この価格変動のリスクを回避する目的で，X1年10月にA商品の商品スワップ契約を締結した。具体的に，X2年5月に仕入れるA商品10単位（仕入契約締結済）の仕入価格の変動を相殺するため，固定価格（＠80/ 1単位）を支払い，変動価格を受け取る商品スワップ取引（10単位）を契約した。なお，A商品は販売先がすでに確定しており，＠82/ 1単位で契約済みである。
③ X2年2月末の時点で，当該商品の市場価格が大幅に下落したことで，商品スワップ取引の評価損は△200（先物価格の単価が＠60/ 1単位）となり，さらなる下落が見込まれたことから，当該スワップ取引を解約し，当該評価損相当を支払った。この解約自体は，ヘッジ会計の中止に該当するため，解約時点の評価損△200は繰延ヘッジ損失として地金の仕入時まで繰り延べられる。なお，解約違約金は簡便的にないものとする。
④ その後，予想に反して商品価格が反転上昇し，X2年3月末時点での商品価格は＠70/ 1単位であった。
⑤ 税効果会計は考慮しないものとする。

[会計処理]
＜商品スワップ契約締結時＞

仕訳なし

＜スワップ契約解約時（X2年2月）の会計処理＞

（借）繰延ヘッジ損失	（※）200	（貸）スワップ解約未払金	（※）200

（※）　200…前提条件③参照。

＜X2年3月期（期末）の会計処理＞

(借) ヘッジ取引損失　　　　(※) 80　(貸) 繰延ヘッジ損失　　　　(※) 80

(※) 80 ＝（＠70 － ＠60）（含み益の減少分）－（＠82 － ＠80）（販売益相当額）× 10単位

Q7-10　商品ヘッジが活用される場面

> 金利や為替のヘッジ取引は相対的に多くの企業で行われていると思われるが，これらに比べて，商品デリバティブを用いたヘッジ取引は実例が少なく，具体的にどういった場面で行われているのかが知りたい。

A

平成27年4月1日から平成28年3月31日までに終了する連結会計年度（事業年度）において，有価証券報告書の会計方針の項における「重要なヘッジ会計の方法」において明示されている商品ヘッジのヘッジ対象として，最も多いものは「燃料」（27社）であった。

解説

1　金融商品実務指針で想定されている商品ヘッジ

金融商品実務指針第143項(1)では，商品ヘッジで想定されるヘッジ対象（価格変動リスク）として，非鉄金属，食糧，食品，燃料が具体的に例示されている。すなわち，これらを仕入れて原材料として使用するケースや，転売して利益を得るケース，燃料を消費して事業活動を行うケースなどが想定されていると考えられる。もちろん，費用（原価）サイドの価格変動リスクのみならず，売上金額が商品価格に連動するケースでは，当該商品価格の変動リスクを回避するために，商品ヘッジを行うことも考えられる（前記「Ｑ7－1　商品デリバティブの概要とヘッジ会計」も参照のこと）。

2 ｜ 実務において行われている商品ヘッジ

ここで，有価証券報告書における開示から，商品ヘッジとしてどのような取引が行われているのかを調査した。

事例調査 　有価証券報告書における商品ヘッジ取引の開示

＜前提条件＞

調査対象企業（書類）：平成27年4月1日から平成28年3月31日までに終了する連結会計年度（事業年度）の有価証券報告書

調査対象箇所：連結財務諸表の（連結財務諸表作成のための基本となる重要な事項）の「会計方針に関する事項」または個別財務諸表の（重要な会計方針）における「重要なヘッジ会計の方法」

調査方法：前記の調査対象箇所のヘッジ対象となる商品を集計した。同一企業の連結財務諸表および個別財務諸表で同一の商品が記載されている場合には，これらを1としてカウントし，同一企業で複数の商品が記載されている場合は，それぞれを1としてカウントした。

なお，調査に際して，網羅性は確保されていない可能性がある。

＜調査結果＞

各社の注記においては，商品デリバティブを用いた商品ヘッジ取引が行われていることは読み取れるものの，ヘッジ対象が単に「原材料」「商品」「仕入」「売上」などとのみ記載され，具体的な商品種別が判然としない例もあった。

その中で，具体的な商品種別が判明したものについて，以下の表にて集計している。

ヘッジ対象の商品	会社数
燃料	27
アルミニウム地金	7
非鉄金属	7
石油製品	6
原油	6
貴金属	3

ヘッジ対象の商品	会社数
運賃	3
重油	2
粗糖	2
その他(※)	各1
合計	75

（※）ガス，銅，穀物，繊維，LPG（液化石油ガス），電力，食料，鉛，石油，ニッケル，用船料，軽油の計12社。

調査の結果，明示されているヘッジ対象としては，燃料が一番多いという結果となった。

なお，燃料価格の為替変動リスクを為替デリバティブによりヘッジしているようなケースは集計に含めていない。

Q7-11　商品ヘッジ取引に係る予定取引の対象期間

> 当社では，今後3年間にわたる原材料の仕入価格の変動をヘッジする目的で，商品デリバティブをヘッジ手段とするヘッジ取引を行う予定である。このとき，当該取引についてはヘッジ会計の対象とすることができるかどうか，教えてほしい。

A

商品価格の変動の回避のために行われる予定取引に対するヘッジであっても，為替と同様，予定取引までの期間が1年を超えるものについては原則としてヘッジ会計は認められず，例外的にヘッジ会計を適用するケースでも，その他の要素を十分に吟味し，慎重に判断することが求められる。

解説

1　予定取引のヘッジにおける適格性（予定取引発生までの期間）

将来の取引，いわゆる「予定取引」をヘッジ対象とする場合には，当該取引が未履行の確定契約の他，契約未成立のものであっても，一定の要件の下，ヘッジ会計が適用できるとされている（金融商品会計基準（注12））。

具体的には，契約未成立のケースの要件の1つとして，当該予定取引発生までの期間として，その期間が長いほど実行される可能性が低くなるとされ，特に当該期間が概ね1年以上である場合には，他の要素も十分に吟味するものとし，原則として予定取引発生までの期間を1年未満とする定めが置かれている。

金融商品Q&A　Q55-2では，外貨建の予定取引に係る為替変動リスクをヘッジするようなヘッジ取引において，過去の取引実績等から考えて長期的に予定取引が生じ得るケースであっても，1年以上の予定取引は，原則として投機目的と捉えられるとされている。ただし，金融商品Q&A　Q55-2では，為替取引を例に以下のいずれかの要件を満たすときには，たとえ1年以上の予定取引であってもヘッジ適格となる可能性があるとしており，商品ヘッジ取引においても，当該取扱いの趣旨を踏まえ，慎重な検討が求められる。

- （為替）相場の合理的な予測に基づく売上と輸入（品目が特定される必要あり）に係る合理的な計画があり，かつ，損失が見込まれないこと
- 輸入予定取引に対応する円建売上に係る解約不能な契約があり，かつ，損失とならないこと

2　商品ヘッジ取引へのあてはめ

前記「1　予定取引のヘッジにおける適格性」に記載した金融商品Q&A　Q55-2の取扱いは，長期為替予約によるヘッジについて示されたものである。ただし，その基本的な考え方は商品ヘッジでも変わるところはなく，原則として1年以上の商品デリバティブ取引は，投機目的であるものとして，その評価損益を純損益に計上することになる（金融商品会計基準25項）。

なお，このようなデリバティブ取引を取得した場合であったとしても，決済までの期間が1年未満になった段階でヘッジ指定を行い，ヘッジ会計を適用することには特段の問題はないと考えられる。

Q7-12　取引の価格決定とヘッジ取引との関係

当社の原材料仕入は，仕入先との契約により，実際の仕入月の前月末の相場価格を基礎として仕入単価が決定される。このような仕入取引になっている場合，当該仕入単価の変動をヘッジする目的でヘッジ取引を行う場合の留意点は何か。

A

　本質問のケースでは，仕入時点や支払時点（掛取引の場合）まで価格変動リスクを負っているわけではないため，ヘッジ指定（ヘッジ手段の取得）の際に，価格変動リスクを適切に識別し，正しくヘッジ指定を行う必要がある。

解　説

1 ┃ ヘッジ指定の考え方

　企業は，ヘッジ取引の開始時点において，ヘッジ手段とヘッジ対象を正式な文書によって明確化しなければならないとされている（金融商品実務指針143項(1)）。すなわち，ヘッジ会計を適用するために，ヘッジ対象のリスクを明確にし，これらのリスクに対していかなるヘッジ手段を用いるかを明確にしなければならないとされているが，今回の質問のように，仕入時点と当該仕入に係る価格変動リスクから解放される時点が異なるようなケースでは，特にヘッジ対象とヘッジ手段の関係に留意して文書化を行う必要があると考えられる（図表7－12－1参照）。

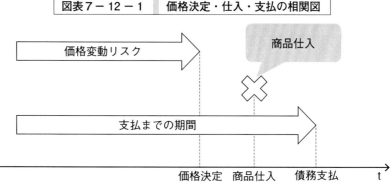

（※1）　これ以外の要素として，デリバティブ取引の決済（精算）時点が会計処理の時点として考えられるが，ヘッジ会計それ自体の会計処理には影響を及ぼさない。
（※2）　債務の支払いは，為替変動リスクを回避するケースでは，この時点までのヘッジを行うケースが多いと思われるが，商品ヘッジの場合には，ヘッジ会計それ自体の会計処理には影響を及ぼさない。

2 具体的な会計処理と留意点

例えば，3月末に価格決定，4月末仕入，5月末買掛金決済，というような流れを経る場合，商品の価格決定日にデリバティブが決済（金銭の精算ではなく，損益（受払額）の確定という意味）されるように契約を締結する必要がある。

そして，例えば3月末決済，翌営業日精算というデリバティブをヘッジ手段として用いたケースでは，期末時点（3月決算会社を想定）での会計処理は以下のとおりとなる（デリバティブが利益サイド，税効果は省略する。）。

[会計処理]

| (借) 未収入金 | ××× | (貸) 繰延ヘッジ利益 | ××× |

この場合，デリバティブはすでに決済ずみであるため，「繰延ヘッジ損益」は計上されているが，デリバティブ取引の注記からは除外される点に留意が必要である。

Q7-13 金属地金の仕入値のヘッジをしていた場合のヘッジ会計の中止および評価損の関係

> 当社は，金属の地金の販売取引に際し，先物取引を行うことで価格変動をヘッジしている。当該ヘッジ取引を手仕舞ってヘッジ会計の中止の処理を行った後に，当該地金を仕入れて，さらに評価損が計上された（簿価が切り下げられた）場合の取扱いはどうなるのか。

A

ヘッジ会計の中止後に，対応する商品を仕入れ，当該商品について棚卸資産会計基準に基づく簿価切下げが行われた場合には，ヘッジ対象に係る損益が認識されたものとして，繰延ヘッジ損益を純損益に振り替える必要があると考えられる。

解説

1 ヘッジ会計の中止に係る定め

ヘッジ会計を適用している際に，以下のような事象が生じたときには，ヘッジ会計の適用を「中止」することとされている（金融商品実務指針180項）。

- 当該ヘッジ関係が企業の有効性評価の基準を満たさなくなったとき
- ヘッジ手段（デリバティブ取引等）が，満期，売却，終了または行使のいずれかの事由により消滅したとき

このように，ヘッジ会計が「中止」されるケースでは，その時点まで繰り延べられてきたヘッジ手段に係る損益または評価差額は，直ちに純損益に計上されるのではなく，ヘッジ対象に係る損益が純損益として認識されるまで繰り延べられる。

2 取引へのあてはめ

続いて，本質問のケースを会計基準の定めにあてはめて考えていく。
まず，質問の前提条件を改めて整理する（イメージをつかむため，数字を適宜補足している。）。

[前提条件]
① 会社（12月決算）は，X2年2月に実行予定の金属地金の販売取引の価格変動をヘッジするため，X1年3月に商品スワップ取引を締結した。固定価格は@80/1単位（スワップ契約締結時のスポット価格は@75/1単位とする。）であり，販売予定数量である100単位を下回る80単位のスワップを締結したものとする（なお，予定取引の実行可能性には問題がない前提とする。）。
② その後，価格が上昇傾向を示したため，会社はX1年9月にスワップ取引を手仕舞った。手仕舞時の先物価格（X2年2月限月）は@100/1単位（スポット価格は@98/1単位）とし，決済差額1,600（＝80単位×（@100－@80）/1単位）を受け取った。また，同月にX2年2月に販売する予定の地金100単位を@98/1単位で仕入れた。

③ さらに、その後において、当該金属の価格が急落し、期末時点での売却見込価額は@ 70/ 1 単位となった。このため、会社は X1 年 12 月決算において、棚卸資産の簿価切下げ 2,800（＝ 100 単位×（@ 98 －@ 70）/ 1 単位）を計上した。

②のデリバティブ取引の手仕舞いにより、前記「1　ヘッジ会計の中止に係る定め」に記載したヘッジ会計の中止の処理が行われることになり、具体的には、決済差額 1,600 が繰延ヘッジ利益（税効果考慮前）として繰り延べられることになる。

そして、「ヘッジ対象に係る損益が純損益として認識されるまで」という定めの「ヘッジ対象に係る損益」に、③の簿価切下げが含まれるかどうかが論点となる。この点、以下の理由により、簿価切下げも「ヘッジ対象に係る損益」に含まれると考えられる。

- 金融商品実務指針第 180 項では、「ヘッジ対象に係る損益が純損益として認識されるまで」とされ、特に売却という事象に限っておらず、実質的に収益性の低下を反映している簿価切下げも含めるべきと考えられること
- ヘッジ対象は売上であるが、その対象物は在庫（金属地金）であり、当該資産に関して簿価切下げが認識されたため、その時点で当初のヘッジ目的は果たされたと考えられること

このため、前記［前提条件］の記載の③の時点で、繰延ヘッジ利益を取り崩して、純損益（売上原価）に振り替えることになると考えられる。

Q7-14 外貨建の商品価格を固定化し，さらに為替予約で円貨固定する場合の取扱い

当社では，商品の仕入に際して，当該商品の価格変動リスクをヘッジしたいと考えている。商品価格は米ドルで決定し，米ドルで決済されることになり，商品価格自体の変動リスクの他，為替変動リスクも負っているため，まず，商品価格を商品デリバティブ取引で固定化し，その上で，為替予約で円貨額を確定させることを考えている。このときのヘッジ会計適用上の論点を教えてほしい。

A

商品価格のヘッジによって外貨建の購入価格を確定させた上で，為替デリバティブによって円貨額を固定するようなヘッジ取引については，金融商品Q&A Q48においてヘッジ非適格とされる「組合せポジション」をヘッジ対象とするものでないかどうか，慎重に検討する必要があると考えられる。

解説

1 「組合せポジション」がヘッジ対象となる場合

金融商品Q&A Q48では，「変動金利の借入金」を固定化スワップにより固定化し，さらにこの「利息が実質固定化された借入金」をヘッジ対象として変動化スワップをヘッジ手段として用いることによって時価変動のリスクを回避する取引について取扱いが示されている。当該Q&Aでは，変動化スワップをヘッジ手段とみるために，借入金（変動金利）と固定化スワップの合体ポジションをヘッジ対象とすることになるが，「このような組合せポジションはヘッジ対象としては適格ではありません。」として，ヘッジ非適格とする考え方が示されている。

2 取引へのあてはめ

本質問の取引では，外貨建の商品輸入取引について，まず商品スワップにより外貨建の商品価格を確定させ，その後に為替予約で円貨額を確定することが

想定されている。

(1) 商品デリバティブと為替デリバティブを同時に取得する（ヘッジ指定する）場合

ヘッジ会計の適用に際して，デリバティブ同士を組み合わせてヘッジ手段とすることは特段の問題がないと考えられる。同一インデックスということでは，カラー取引などが複合デリバティブをヘッジ手段として用いるケースに該当し，異なるインデックスということでは，金利通貨スワップ（金融商品Q＆A　Q56。図表7－14－1参照）をヘッジ手段として用いるケースがこれに当たる。

図表7－14－1　金利通貨スワップの構成要素

構成要素	内容	ヘッジ手段としてヘッジされるリスク
金利スワップ	外貨建の金利の固定化（※）	金利変動リスク
通貨スワップ	（固定化した後の）金銭債権債務（元本および金利部分）の円貨額の確定	為替変動リスク

（※）　ここでは，金融商品Q＆A　Q56と同じく，金利スワップによる金利キャッシュ・フローの固定化を前提としているが，固定金利の債権債務の時価変動リスクをヘッジするために，金利を変動化するケースも考えられる。

このため，商品価格のヘッジと為替変動リスクのヘッジを同時期に行う場合には，前記のカラー取引や金利通貨スワップと同様，当該取引はヘッジ会計の適用対象となるものと考えられる。

(2) 商品デリバティブを取得した後に，為替デリバティブを取得するケース

こちらは，今回の質問のケースである。

前記「1　「組合せポジション」がヘッジ対象となる場合」における「このような組合せポジション」が以下のいずれの意味を有するかによって，当該ヘッジ取引がヘッジ適格であるかどうかが決まってくる。

① 「このような」組合せポジションという記述が，この金融商品Q&A Q 48のような組合せポジションについてはヘッジ非適格という趣旨で使われていると解釈する場合
② 「このような」組合せポジションという記述が，組合せポジションについては一律にヘッジ非適格であるという趣旨で使われていると解釈する場合

　この点，金融商品Q&A　Q 48の取扱いの他に，我が国の会計基準において明確な取扱いは示されていない。IFRS（IAS第39号）では，デリバティブ取引はヘッジ対象としては非適格とされ（IAS第39号F.2.1項），また，デリバティブ取引と非デリバティブ金融商品の組合せにより創出されたいわゆる「合計エクスポージャー」は，ヘッジ対象にならないとされている[10]。

　今回のケースは，金融商品Q&A　Q 48の取引のように，いったん金利を固定化した取引を，再度変動化するようなものではなく，商品・為替という異なるリスクをそれぞれ固定化するものであり，企業の合理的なヘッジ行動に即しているものであるとも考えられる。一方で，前記のIFRS（改訂前）の取扱いのように，「組合せポジション」自体が会計上のヘッジ対象として非適格であるというような考え方も存在する。

　以上を踏まえ，当該取引におけるいわゆる「合計エクスポージャー」について，ヘッジ非適格な組合せポジションには該当しないという考え方（すなわち前記の①）を取り得るものかどうか，金融商品Q&A　Q 48の取扱いの趣旨も踏まえ，個別の取引ごとに慎重に判断することが必要と考えられる。

　特に，商品価格が下落局面になく，商品，為替それぞれが予定取引の想定金額の範囲内に収まっている場合には特段問題ないが，商品価格が下落し，固定化スワップ（商品デリバティブ）を考慮した外貨仕入額をヘッジ対象としないと為替予約の残高（想定元本）の方が大きくなってしまうようなケースでは，ヘッジ会計の適用の可否が重要な論点になってくるため，充分な検討が求められる。

---

[10] 「IFRIC UPDATE」平成21年（2009年）7月号　国際会計基準審議会（IASB）PP.4-5。なお，改訂後のIFRS第9号では，合計エクスポージャーはヘッジ対象として適格であると改められているが，リスク管理実務とヘッジ会計をより整合させるとの目的の下でヘッジ会計の取扱いが大きく改訂されたものであり（後記「第14章　Q 14-2　IFRSにおけるヘッジ会計の適格要件①」参照），ここでは日本基準との比較としてIAS第39号を対象として検討している。

第8章

持分ヘッジ取引に係る会計処理と実務論点

Q8-1　在外子会社に対する持分に係るヘッジ取引（借入金）

在外子会社に対する持分について借入金により為替リスクをヘッジしている場合の会計処理はどうなるか。

A

在外子会社等に対する持分投資は為替レートが円高局面にむかうと価値が低減するため，借入金のように円高時に為替差益が生じる金融商品をヘッジ手段として用いることができる。連結財務諸表では，ヘッジ手段から生じた損益は為替換算調整勘定に計上し，個別財務諸表では，繰延ヘッジ損益として繰り延べる。

解説

1 在外子会社等への持分投資についてのヘッジ取引の概要および趣旨

連結財務諸表作成手続上，在外子会社等の資産・負債項目は決算時の為替相場で換算され，資本項目は発生時の為替相場で換算される。このため，資産・負債項目の換算レートと純資産の部（親会社からみると投資）の換算レートとの差額の積上げが為替換算調整勘定として計上される。為替換算調整勘定は親会社からの投資に関する為替換算差額を表し，持分の為替変動リスクが反映さ

れる（図表 8 − 1 − 1 参照）。

図表 8 − 1 − 1　在外子会社への持分投資と為替レート

在外子会社の純資産 100 米ドル（発生時レート 100 円／米ドル）

	為替換算調整勘定
為替相場変動なし（100 円／米ドル）	0 円
円高時（80 円／米ドル）	(※1) △2,000 円（借方残高）
円安時（120 円／米ドル）	(※2) 2,000 円（貸方残高）

(※1)　100 米ドル ×（80 円／米ドル − 100 円／米ドル）＝ △2,000 円（損）
(※2)　100 米ドル ×（120 円／米ドル − 100 円／米ドル）＝ 2,000 円（益）

　親会社はヘッジ対象である在外子会社への持分投資のリスクを相殺・低減するヘッジ手段（外貨建金銭債務・外貨売建為替予約）を講じる場合がある。例えば，米ドル建の借入金 100 米ドルを実行し，在外子会社への持分投資がさらされている為替変動リスクをヘッジするものとする。円高時には同額の為替差益が生じ，図表 8 − 1 − 1 で示した為替換算調整勘定の為替変動による損益が相殺される効果がある（図表 8 − 1 − 2 参照）。

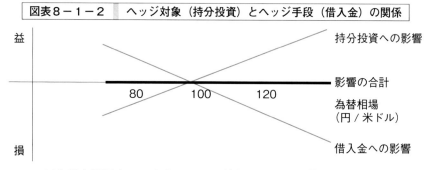

図表 8 − 1 − 2　ヘッジ対象（持分投資）とヘッジ手段（借入金）の関係

　ヘッジ会計を適用するにあたっては，前記のヘッジの効果を反映させるため，連結財務諸表では為替換算調整勘定を用い，個別財務諸表においては繰延ヘッジ損益を用いて会計処理をすることとなる。

2　連結財務諸表における会計処理

　ヘッジ会計の要件を満たしていることを前提に，ヘッジ手段である借入金から生じた換算差額は為替換算調整勘定に含めて表示する（外貨建取引会計基準

注解　注13）。

3 ▎個別財務諸表における会計処理

　子会社株式は取得原価で計上，評価され（金融商品会計基準17項），外貨建の場合には取得時の為替相場により換算される（外貨建取引会計基準　一　2（1）③　ハ）。このため，個別財務諸表ではヘッジ手段たる借入金に係る換算差額は繰延ヘッジ損益として繰り延べることとなる（金融商品実務指針168項また書き）。

4 ▎設例による解説

　個別財務諸表を作成後，それに基づいて連結財務諸表を作成する手順のため，その順序にて解説する（設例8－1－1参照）。

設例8－1－1　ヘッジ手段に借入金を用いる持分ヘッジ（ヘッジ対象投資原価のみ）

［前提条件］
① 　親会社P社（3月決算）はX1年4月1日に米国に100％子会社S社（3月決算）を設立した。
② 　投資原価は100千米ドル，日本円で12,000千円（120円／米ドル）である。
③ 　P社はS社持分に係る為替リスクのヘッジのために，X2年3月31日に100千米ドル（期間2年）の借入を実行し，投資原価100千米ドルをヘッジ対象にヘッジ指定を行った。なお，ヘッジ会計の要件は満たしているものとする。
④ 　借入時の為替レートは110円／米ドル，X3年3月期末の為替レートは100円／米ドルとする。

［会計処理（単位：千円）］
＜P社個別財務諸表＞
① 　借入時（X2年3月期末）

| （借）現金預金 | (※) 11,000 | （貸）借入金 | (※) 11,000 |

(※) 11,000千円 = 100千米ドル×為替レート110円/米ドル

② 期末決算会計処理（X3年3月期末）

　ⅰ　為替差損益の計上

| （借）借入金 | (※) 1,000 | （貸）為替差益 | (※) 1,000 |

(※) 1,000千円 = 100千米ドル×（借入時レート110円/米ドル－期末為替レート100円/米ドル）

　ⅱ　繰延ヘッジ処理

| （借）為替差益 | (※) 1,000 | （貸）繰延ヘッジ損益 | (※) 1,000 |

(※) 1,000千円 = 100千米ドル×（借入時レート110円/米ドル－期末為替レート100円/米ドル）

＜P社連結修正仕訳＞

期末決算会計処理（X3年3月期末）

繰延ヘッジ損益の為替換算調整勘定への振替え

| （借）繰延ヘッジ損益 | (※) 1,000 | （貸）為替換算調整勘定 | (※) 1,000 |

(※) 個別財務諸表の繰延ヘッジ損益1,000千円を為替換算調整勘定へ振替え。

　続いて，投資原価のみならず，取得後利益剰余金もヘッジ対象に含める場合の会計処理を検討する。この場合，考え方は2とおりある。まず第一に，個別財務諸表においては，取得後利益剰余金は持分ヘッジ取引の対象とならず，連結財務諸表上は繰り延べたヘッジ手段の換算差額等を，個別財務諸表上は純損益に計上する考え方である。第二に，個別財務諸表においても，取得後利益剰余金は持分ヘッジ取引の対象とし，対応するヘッジ手段の換算差額等を繰延ヘッジ損益として繰り延べる考え方である。以下，設例を用いて双方の考え方を解説する。

設例8-1-2　ヘッジ手段に借入金を用いる持分ヘッジ（ヘッジ対象に取得後利益剰余金を含む。）

[前提条件]

設例8-1-1③を次のように変更する。

③　P社はS社持分に係る為替リスクヘッジのために，X2年3月期末に150千米ドル（期間2年）の借入を実行し，投資原価100千米ドルおよび取得後利益剰余金50千米ドルを対象にヘッジ指定を行った。なお，ヘッジ会計の要件は満たしているものとする。

[会計処理（単位：千円）]

＜P社個別財務諸表＞

① 借入時（X2年3月期末）

（借）現金預金	(※) 16,500	（貸）借入金	(※) 16,500

（※）16,500千円＝150千米ドル×為替レート110円/米ドル

【パターン1：取得後利益剰余金はヘッジ対象としない考え方】

② 期末決算会計処理（X3年3月期末）

　i　為替差損益の計上

（借）借入金	(※) 1,500	（貸）為替差益	(※) 1,500

（※）1,500千円＝150千米ドル×（借入時レート110円/米ドル－期末為替レート100円/米ドル）

（借）為替差益	(※) 1,000	（貸）繰延ヘッジ損益	(※) 1,000

（※）投資原価のみ繰延べ1,000千円＝100千米ドル×（借入時レート110円/米ドル－期末為替レート100円/米ドル）

＜P社連結修正仕訳＞

期末決算会計処理（X3年3月期末）

繰延ヘッジ損益の為替換算調整勘定への振替え

（借）繰延ヘッジ損益	(※1) 1,000	（貸）為替換算調整勘定	(※2) 1,500
為替差益	(※3) 500		

（※1）　個別財務諸表の繰延ヘッジ損益1,000千円を為替換算調整勘定へ振替え。
（※2）　合計で算出。
（※3）　取得後利益剰余金の損益を為替換算調整勘定へ振替え。

　この会計処理は，個別財務諸表上，子会社株式の帳簿価額が取得原価となっており，取得後利益剰余金相当額が計上されないことを論拠とする。金融商品実務指針第336項（3）において，「個別財務諸表においては，外貨建の子会社株式及び関連会社株式は取得時の為替相場で円換算され，為替差損益が当期の純損益に計上されないため，これに対するヘッジ手段に係る損益又は評価差額についてヘッジ会計を認める必要がある。」とのみ定められているだけで，取得後利益剰余金についての取扱いは触れられていない。取得後利益剰余金については，個別財務諸表上は考慮されないと考えるものである。

【パターン2：取得後利益剰余金をヘッジ対象とする考え方】
②　期末決算会計処理（X3年3月期末）
　　ⅰ　為替差損益の計上

（借）借入金	（※）1,500	（貸）為替差益	（※）1,500

（※）　1,500千円＝150千米ドル×（借入時レート110円/米ドル－期末為替レート100円/米ドル）

（借）為替差益	（※）1,500	（貸）繰延ヘッジ損益	（※）1,500

（※）　1,500千円＝150千米ドル×（借入時レート110円/米ドル－期末為替レート100円/米ドル）

＜P社連結修正仕訳＞
　期末決算会計処理（X3年3月期末）
　繰延ヘッジ損益の為替換算調整勘定への振替え

（借）繰延ヘッジ損益	（※）1,500	（貸）為替換算調整勘定	（※）1,500

（※）　個別財務諸表の繰延ヘッジ損益1,500千円を為替換算調整勘定へ振替え。

　本設問のように，持分ヘッジ取引を取り組む経営者の意図としては，当初の投資原価のみならず取得後利益剰余金についてもヘッジ対象に含めることが一般的であると考えられる。このとき，個別財務諸表上も，ヘッジ手段に関する損益のうち取得後利益剰余金に対応する部分についても繰り延べる会計処理の

方がより実態に即しているともいうことができる。

この場合，予定取引（金融商品会計基準（注12））の考え方に基づいて，個別財務諸表上もヘッジ会計の適用が可能になると解釈することとなる。個別財務諸表上，未認識の取得後利益剰余金相当の為替換算差額が実現するのは売却または清算などのケースに限定されるが，ここでは予定取引の考え方を準用して，個別財務諸表上，ヘッジ手段に係る損益を繰延ヘッジ損益として繰り延べるという考え方である。

予定取引の実行可能性に関しては，一定の要件があり，特に予定取引実行までの期間がおおむね１年以上の場合には，他の要素を充分に吟味することとされている（金融商品実務指針162項，金融商品Q&A Q 55, Q 55 - 2）。個別財務諸表上の予定取引の実行可能性については，１年以上の場合においては，慎重な判断を要するものとなるので留意が必要である[1]。

Q8-2　在外子会社に対する持分に係るヘッジ取引（為替予約）

> 在外子会社に対する持分について，為替予約をヘッジ手段として為替リスクをヘッジしている場合，元本・通貨を一致させても借入金のようにヘッジ効果がヘッジ対象と完全に一致するわけではない。不一致を生じさせている原因である金利部分の具体的な会計処理はどうなるか。

A

為替予約をヘッジ手段とする場合，日本と外国との金利差を除いてはじめてヘッジ対象たる在外子会社に対する持分とヘッジ手段が完全に一致することとなる。このため，ヘッジ手段たる為替予約の時価のうちヘッジ指定しない部分（金利差）の変動額については，各期の純損益に計上する必要があると考えられる。

---

[1] 「為替換算調整勘定の会計実務（第２版）」新日本有限責任監査法人編　中央経済社　PP.307～309。

解説

在外子会社への持分投資は，円高局面にむかうと価値が低減するため，ヘッジ手段としては，円高時に為替差益が生じるような為替予約（円貨の買建予約すなわち外貨の売建予約）を締結する。

ヘッジ手段として為替予約を用いる場合，為替予約の時価の変動額には，直物為替相場の変動だけではなく，日本と外国との金利差から生じる部分も含まれる。このため，為替予約の損益（時価変動）の構成要素を直物為替相場の変動による部分と日本と外国との金利差から生じる部分に分割し，直物為替相場の変動による部分のみをヘッジ手段としてヘッジ指定することができる（金融商品実務指針171項①）。その場合においては前記「Q8-1 在外子会社に対する持分に係るヘッジ取引（借入金）」に記載したときと同様に，ヘッジ手段とヘッジ対象が完全に一致し同Q&Aの会計処理が可能となる。これにより，日本と外国の金利差から生じる為替相場の変動部分はヘッジ手段とならず，純損益処理することとなる[2]。

設例8-2-1　ヘッジ手段に為替予約を用いる持分ヘッジ

[前提条件]

設例8-1-1の[前提条件]のうち，③のヘッジ手段として，100千米ドルの借入ではなく，為替予約取引（想定元本100千米ドル，期間3年）を用いる。

想定元本：100千米ドル

為替予約レート：91.67円/米ドル

[為替変動等の状況]

	X0年度末	X1年度末	X2年度末	X3年度末
直物相場（円/米ドル）	100.00	90.00	110.00	115.00
年度末先物相場（円/米ドル）	(※1)91.67	(※2)83.27	(※3)106.83	115.00
為替予約時価（千円）	0	(※4)839.77	(※5)△1,515.69	(※6)△2,332.89

---

[2] 「為替換算調整勘定の会計実務(第2版)」新日本有限責任監査法人編　中央経済社　P.310。

内時間的価値相当 （累積損益）（千円）	0.00	(※7)△160.23	(※8)△515.69	(※9)△832.89
金利：日本	2%	1%	1%	0%
金利：米国	5%	5%	4%	3%

（※1） 日米金利差を反映：91.67円／米ドル＝100円／米ドル×（1＋2%)³÷（1＋5%)³
X0年末に100円を2％金利（日本）で3年間保有した場合の3年後の金額（106.1208円）と同額（106.1208円）を5％金利（米国）で3年分割り戻して算定した現在価値の金額が日米金利差を反映した先物相場91.67円／米ドルである。
（※2） 日米金利差を反映：83.27円／米ドル＝90円／米ドル×（1＋1%)²÷（1＋5%)²
（※3） 日米金利差を反映：106.83円／米ドル＝110円／米ドル×（1＋1%)÷（1＋4%)
（※4） 839.77千円＝（為替予約レート91.67－期末先物相場83.27）円／米ドル×100千米ドル
（※5） △1,515.69千円＝（為替予約レート91.67－期末先物相場106.83）円／米ドル×100千米ドル
（※6） △2,332.89千円＝（為替予約レート91.67－期末先物相場115.00）円／米ドル×100千米ドル
（※7） △160.23千円＝為替予約時価839.77千円－（直物相場増減100.00－90.00）円／米ドル×100千米ドル
（※8） △515.69千円＝為替予約時価△1,515.69千円－（直物相場増減100.00－110.00）円／米ドル×100千米ドル
（※9） △832.89千円＝為替予約時価△2,332.89千円－（直物相場増減100.00－115.00）円／米ドル×100千米ドル

[会計処理（単位：千円）]

＜X1年3月期末＞

仕訳なし

＜X2年3月期末＞

（借） 為替予約	(※1) 840	（貸） 為替換算調整勘定	(※2) 1,000
為替予約評価損	(※3) 160		

（※1） 840（839.77）千円…前記［為替変動等の状況］表中のX1年度末の為替予約時価参照。
（※2） 1,000千円＝840千円(※1)＋160千円(※3)
（※3） 160（160.23）千円…前記［為替変動等の状況］表中のX1年度末の時間の価値相当参照。

＜X3年3月期末＞

（借）	為替換算調整勘定	（※1）2,000	（貸）	為替予約	（※2）2,355
	為替予約評価損	（※3）355			

（※1） 差額で算出。
（※2） 2,355（2,355.46）千円…（前記［為替変動等の状況］表中のX2年度末の為替予約時価 − X1年度末の為替予約時価）参照。
（※3） 355（355.46）千円…（前記［為替変動等の状況］表中のX2年度末の時間的価値 − X1年度末の時間的価値相当）参照。

＜X4年3月期末＞

（借）	為替換算調整勘定	（※1）500	（貸）	為替予約	（※2）817
	為替予約評価損	（※3）317			

（※1） 差額で算出。
（※2） 817（817.2）千円…（前記［為替変動等の状況］表中のX3度末の為替予約時価 − X2年度末の為替予約時価）参照。
（※3） 317（317.2）千円…（前記［為替変動等の状況］表中のX3年度末の時間的価値 − X2年度末の時間的価値相当）参照。

為替換算調整勘定累計　1,500

Q8-3　在外子会社からの外貨建の配当金のヘッジ

　在外子会社からの配当金についてヘッジ手段として為替予約契約を締結し，キャッシュ・フローを固定化して為替変動リスクをヘッジしている場合，連結財務諸表上の会計処理はどうなるか。

A

　在外子会社からの外貨建受取配当金をヘッジ対象とし，為替予約等をヘッジ手段としてヘッジ指定を行っている場合には，個別財務諸表上では，為替予約等に係る損益または評価差額を繰延ヘッジ損益として繰り延べる。連結財務諸表上は，子会社に対する持分投資をヘッジ対象としてヘッジ指定した場合には，ヘッジ手段の損益または評価差額が為替換算調整勘定に計上される。

解 説

1 個別財務諸表上の会計処理について

　在外子会社からの外貨建受取配当金をヘッジ対象とし，為替予約等をヘッジ手段としてヘッジ指定を行っている場合，個別財務諸表上では，為替予約等に係る損益または評価差額を繰延ヘッジ損益として繰り延べる処理が行われる。

2 連結財務諸表上の会計処理について

　在外子会社からの外貨建受取配当金は，親会社では純損益に計上されるが，子会社では資本取引として，利益剰余金等から直接減額される。当該受取配当金は，配当決議時の為替相場で換算され，利益剰余金等から減額されるものであるため，連結ベースでの為替差額は，為替換算調整勘定として計上されていることになる(外貨建取引実務指針77項)。したがって，通常の損益取引をヘッジ手段とするヘッジ取引とは異なり，連結財務諸表上，子会社に対する持分投資をヘッジ対象として改めてヘッジ指定することで，ヘッジ手段の損益または評価差額を為替換算調整勘定として計上することができるものと考えられる。

Q8-4　子会社株式の追加取得により生じた資本剰余金の持分ヘッジの可否

> 　子会社株式の追加取得により生じた資本剰余金が持分ヘッジ取引の対象となるか。

A

　子会社株式の追加取得または支配を喪失しない一部売却の場合に，連結財務諸表上計上される資本剰余金は，子会社投資に係る持分を構成せず，ヘッジの対象とはなり得ないものと考えられる。

解説

1 子会社株式の追加取得・一部売却による資本剰余金の計上

平成25年9月に企業結合会計基準および関連する他の改正会計基準等が見直され，親会社の支配が継続している場合の子会社株式の追加取得や一部売却に伴う親会社持分変動による差額は，のれんや売却損益でなく資本剰余金として処理されることとなった。当該改正においては，我が国における親会社株主の視点を重視するスタンスは維持しつつも，国際的な会計基準との比較可能性を確保するため，親会社の持分変動による差額は，資本剰余金に計上することとされたものである（連結会計基準28項から30項）。

それゆえ，追加取得時に減少する非支配株主持分相当額と親会社の支払対価の差額，または一部売却時に増加する非支配株主持分相当額と親会社の受取対価の差額は，資本取引として計上される性格を有する。したがって，将来当該子会社が連結グループから外れても，子会社投資に係る持分として計上されていないため，連結グループ内に残ることになるともいえる（資本連結実務指針49－2項参照）。

2 子会社株式の追加取得等で生じた資本剰余金がヘッジ対象か否か

子会社株式の追加取得または支配を喪失しない一部売却の場合に，連結財務諸表上計上される資本剰余金は，当該子会社が連結除外されたとしても計上され続けるものである（資本連結実務指針49－2項）。ゆえに，この資本剰余金は子会社投資に係る持分を構成せず，ヘッジの対象とはなり得ないものと考えられる。

3 為替換算調整勘定への影響

子会社株式の追加取得等による持分変動により為替換算調整勘定残高の親会社株主持分が非支配株主持分へ一部振り替えられる。このため，外貨建取引実務指針第35項に定めがある，「子会社に対する持分から発生する為替換算調整勘定」に変動が生じる。当該変動により，同項が定める「ヘッジ手段から発生する換算差額」がヘッジ対象たる「子会社に対する持分から発生する為替換算

調整勘定」を超過する額も変動することに留意する。

なお，当該超過額についてもヘッジ会計は適用できず，純損益処理することとなる（後記「Q8-5　子会社持分に対するヘッジ取引のオーバー・ヘッジ部分の個別財務諸表上の取扱い」参照）。

Q8-5　子会社持分に対するヘッジ取引のオーバー・ヘッジ部分の個別財務諸表上の取扱い

在外子会社の持分への投資に対するオーバー・ヘッジ部分を連結財務諸表上純損益として処理する場合に，個別財務諸表上の会計処理はどうなるか。

A

連結財務諸表において，ヘッジ手段から生じた為替換算差額が，ヘッジ対象となる子会社持分から生じた為替換算調整勘定を超過したため純損益処理した部分（オーバー・ヘッジ部分）については，個別財務諸表においても同様に純損益処理すべきであると考えられる。

解説

1 | オーバー・ヘッジ部分の個別財務諸表上の取扱い

在外子会社持分のヘッジ取引は，在外子会社等の財務諸表の換算により連結財務諸表に計上される為替換算調整勘定相当額をヘッジ対象とするものである（外貨建取引実務指針72項）。ヘッジ対象に係る相場変動の影響が反映されない個別財務諸表においても，特例的に，ヘッジ会計の適用が認められている（金融商品実務指針168項）。連結財務諸表上は為替換算調整勘定に含めて表示されたヘッジ手段に係る損益または評価差額が，個別財務諸表では繰延ヘッジ損益として処理される。

連結財務諸表ではヘッジ手段から発生した為替差額が，ヘッジ対象たる子会社に対する持分から発生した為替換算調整勘定を上回った場合，その上回った額を純損益として処理することとなる（外貨建取引実務指針35項）。このとき，

個別財務諸表において繰延処理を行うことができる換算差額は，連結財務諸表において為替換算調整勘定として繰り延べられる金額を上限とすべきと考えられる。

なぜなら，連結財務諸表は個別財務諸表を基礎として作成されることから，基本的に個別財務諸表と連結財務諸表の処理は整合すべきと考えられるためである（連結会計基準10項）。持分ヘッジ適用に際し，連結財務諸表と個別財務諸表において異なる状況（事実関係）はみあたらないことから，連結財務諸表においてオーバー・ヘッジとして純損益処理した部分については，個別財務諸表上も同様に純損益として処理すべきであると考えられる。

2 オーバー・ヘッジ部分の算定

設例を用いて，オーバー・ヘッジ部分の算定について検討する。考え方は以下の2とおりあり，設例を用いてそれぞれの会計処理を検討する。

(1) ヘッジ手段から発生する換算差額と比較する為替換算調整勘定は，期末日時点の当該在外子会社等に係る為替換算調整勘定残高（親会社持分）とする考え方
(2) ヘッジ手段から発生する換算差額と比較する為替換算調整勘定は，当期に発生した（当期にその他の包括利益に計上された）為替換算調整勘定（親会社持分）とする考え方

設例8-5-1　オーバー・ヘッジ部分の算定

[前提条件]
① P社（3月決算）はX1年3月期の期首に米国に10千米ドル出資して100％連結子会社S社（3月決算）を設立した。
② P社はX1年3月末に，S社持分投資のヘッジのために借入（10千米ドル）を行い，投資原価部分（10千米ドル）を対象にヘッジ指定を行った。
③ X1年3月末およびX2年3月末のS社純資産額は以下のとおりである。

(単位：外貨：千米ドル，円貨：千円)

	X1年3月末			X2年3月末		
	外貨	レート	円貨	外貨	レート	円貨
資本金（※1）	10	120	1,200	10	120	1,200
利益剰余金（※2）	0	-	0	5	-	500
株主資本合計	10	-	1,200	15	-	1,700
為替換算調整勘定（※3）		-	△400		-	△200
純資産合計	10	80	800	15	100	1,500

(※1) 出資額1,200千円＝10千米ドル×120円／米ドル（X1年3月期首為替レート＝取得時レート）であり，配当は行っていない。
(※2) 当期純利益500千円＝5千米ドル×100円／米ドル（X2期末為替レート）であり，配当は行っていない。
(※3) ヘッジ会計反映前

④ X1年3月期首為替レート 120円／米ドル
　 X1年3月期末為替レート 80円／米ドル
　 X2年3月期末為替レート 100円／米ドル

＜X1年3月末の為替換算調整勘定（単位：千円）＞

諸資産（資本金相当）	800	資本金	1,200
		為替換算調整勘定	△400

＜X2年3月末の為替換算調整勘定（単位：千円）＞

諸資産（資本金相当）	1,000	資本金	1,200
		為替換算調整勘定（期首）	△400
		為替換算調整勘定（当期発生）	200
諸資産（利益剰余金相当）	500	利益剰余金	500

　ヘッジ手段の借入金から生じた換算差額△200千円（＝（80－100）円／米ドル×10千米ドル）であり，これと比較すべき為替換算調整勘定がどれであるか以下で検討する。

[会計処理（単位：千円）]

(1) 為替換算調整勘定残高と比較する考え方

　ヘッジ手段から生じた換算差額△200千円を為替換算調整勘定X2年3月末残高△200千円と比較する。ヘッジ取引開始後，円安になったため，借入金の換算差額は損失となっている。また，為替換算調整勘定の累積残高も損失（含み損）である。ヘッジ対象，ヘッジ手段のいずれも損失サイドとなっており，両者が互いの損益を減殺する効果が生じていない。ゆえにヘッジ手段から生じた為替換算差額は，子会社持分から生じた為替換算調整勘定を全額オーバーしている状態にあるとみる他はなく，換算差額は純損益に計上される。このため，個別財務諸表上も同様に純損益処理すると考えられる。

＜個別財務諸表上の会計処理＞

| (借) 為替差損 | (※) 200 | (貸) 借入金 | (※) 200 |

(※) △200千円＝借入金10千米ドル×（前期末レート80－当期末レート100）円／米ドル

(2) 為替換算調整勘定発生高と比較する考え方

　ヘッジ手段から生じた換算差額△200千円を資本金相当部分から当期に発生した為替換算調整勘定200千円と比較する。ヘッジ手段から生じた為替換算差額は，子会社持分から生じた為替換算調整勘定を超過しておらず，ヘッジ会計を適用し，換算差額は為替換算調整勘定に計上される。オーバー・ヘッジ部分は生じていないため，個別財務諸表上は繰延ヘッジ処理される。

＜個別財務諸表上の会計処理＞

| (借) 繰延ヘッジ損益
　　（発生額相当） | (※) 200 | (貸) 借入金 | (※) 200 |

(※) △200千円＝借入金10千米ドル×（前期末レート80－当期末レート100）円／米ドル（なお，為替換算調整勘定の当期発生額200千円が上限となる。）

3 オーバー・ヘッジ算定に係る2つの考え方の比較

　前記「2 (1) 為替換算調整勘定残高と比較する考え方」は，外貨建取引実務指針第35項に基づくものである。「ヘッジ対象とヘッジ手段が同一通貨の場合には，金融商品会計実務指針の有効性に関するテストは省略できる。ただし，

ヘッジ手段から発生する換算差額がヘッジ対象となる子会社に対する持分から発生する為替換算調整勘定を上回った場合には，その超える額を当期の損益として処理する」と定められていることから，残高ベースの比較を行い，文言どおりの会計処理を行うものである。

　同じく前記「2（2）為替換算調整勘定発生高と比較する考え方」は，金融商品会計基準第29項において，「ヘッジ会計とは，ヘッジ取引のうち一定の要件を充たすものについて，ヘッジ対象に係る損益とヘッジ手段に係る損益を同一の会計期間に認識し，ヘッジの効果を会計に反映させるための特殊な会計処理をいう」と定められていることを踏まえ，同一の会計期間に発生したものを比較するものである。前提条件②より，ヘッジ対象は投資原価部分（10千米ドル）であることから，資本金相当部分の為替換算調整勘定（当期発生）200千円を比較対象とする[3]。

3　「為替換算調整勘定の会計実務（第2版）」新日本有限責任監査法人編　中央経済社　PP.313〜317。

第9章

ヘッジ会計と連結・企業結合

Q9-1 企業結合時の取得企業の再度のヘッジ指定の会計処理

企業結合時の被取得企業の金利スワップ約定残高について，取得企業が再度ヘッジ指定を行って，ヘッジ会計を適用する場合の具体的な会計処理はどうなるか。

A

企業結合日に時価で承継した金利スワップ取引をヘッジ手段にすることになるので，企業結合日からヘッジ指定日までの時価の変動は純損益として処理する。ヘッジ指定日の金利スワップ取引の時価評価額のうち，ヘッジ指定日の属する事業年度に金利の受渡決済が行われる部分は，当該事業年度の純損益に振り替えられる。ヘッジ指定日の属する事業年度の後に金利の受渡しが行われる部分と当該事業年度末の金利スワップ取引の時価との差額は，繰延ヘッジ処理が行われることになると考えられる。

解説

被取得企業が締結している金利スワップ取引について，取得企業は企業結合日の時価で金利スワップ取引に係る資産または負債を計上する（企業結合適用指針68項）。ヘッジ会計が適用されない場合は期末において，企業結合日に計上された金利スワップ取引に係る資産または負債の時価と期末時価との差額が純損益として処理される（金融商品会計基準25項）。

ヘッジ会計が適用される場合は繰延ヘッジ処理が行われる。借入金金利のキャッシュ・フロー・ヘッジ取引について，設例9－1－1を用いて解説する。

設例9－1－1　企業結合時の取得企業による金利スワップの繰延ヘッジ

[前提条件]

① S社はX1年4月1日に借入を行った。
　　元本：2,000,000（返済期限：3年（一括返済））
　　支払金利（固定）：年3％，期末支払
② S社はX1年4月1日に金利スワップ契約を締結しヘッジ会計を適用した。
　　受取金利（固定）：年3％　支払金利（変動）
③ P社は企業結合日X2年4月1日にS社から①および②の借入金および金利スワップ契約を承継し，ヘッジ会計を適用した。

	(i)借入金	(ii)期首変動利率	(iii)支払利息	(iv)期末変動利率
X1年4月1日	2,000,000			
X2年3月31日	2,000,000	3.0％	60,000	4.0％
X3年3月31日	2,000,000	4.0％	80,000	2.5％
X4年3月31日	2,000,000	2.5％	50,000	

	金利スワップ契約の時価			
	X2年3月期決済	X3年3月期決済	X4年3月期決済	計
X1年4月1日				
X2年3月31日		(※1) △19,231	(※2) △18,491	△37,722
X3年3月31日			(※3) 9,756	9,756
X4年3月31日				

(※1)　((i)×(iv)－3％)÷(1＋(iv))^{未経過年数}＝(2,000,000×(3.0％－4.0％))÷(1＋4.0％)
(※2)　((i)×(iv)－3％)÷(1＋(iv))^{未経過年数}＝(2,000,000×(3.0％－4.0％))÷(1＋4.0％)^2
(※3)　((i)×(iv)－3％)÷(1＋(iv))^{未経過年数}＝(2,000,000×(3.0％－2.5％))÷(1＋2.5％)

[会計処理]

P社はX2年4月1日に，金利スワップ契約残高を時価△37,722，借入金元本2,000,000を時価2,000,000で承継し，金利スワップ取引について繰延ヘッジ

を適用する。

<企業結合仕訳(X2年4月1日)>

X2年4月1日(企業結合日)に借入金,金利スワップ取引を時価で承継する。

(借)	諸資産	×××	(貸)	金利スワップ	(※) 37,722
	のれん	×××		借入金	(※) 2,000,000
				諸負債	×××
				払込資本	×××

(※) 37,722, 2,000,000…前提条件③参照。

< X2年4月1日(企業結合日)にヘッジ会計を適用>

(借)	金利スワップ	(※) 37,722	(貸)	未払利息	(※) 37,722

(※) 37,722……前提条件③参照。

< X3年3月期の金利受渡し>

(借)	支払利息	(※1) 60,000	(貸)	現金預金	(※1) 60,000
(借)	支払利息	(※2) 80,000	(貸)	受取利息	(※3) 60,000
				現金預金	(※4) 20,000
(借)	未払利息	(※5) 18,861	(貸)	支払利息	(※5) 18,861
(借)	金利スワップ	(※6) 9,756	(貸)	繰延ヘッジ損益	(※6) 9,756

(※1) 60,000 = 借入金2,000,000×固定利率3%
(※2) 80,000 = 金利スワップ元本2,000,000×期首変動利率4%
(※3) 60,000 = 金利スワップ元本2,000,000×固定利率3%
(※4) 差額で算出。
(※5) 18,861 = 37,722×1/2(定額法2年償却)
(※6) 9,756…前提条件③参照。

< X3年4月1日期首再振替仕訳>

(借)	支払利息	(※) 18,861	(貸)	未払利息	(※) 18,861
(借)	繰延ヘッジ損益	(※) 9,756	(貸)	金利スワップ	(※) 9,756

(※) 前期末の振戻仕訳。

＜X4年3月31日の元本返済＞

| （借） | 借入金 | （※）2,000,000 | （貸） | 現金預金 | （※）2,000,000 |

（※）　2,000,000…前提条件①参照。

＜X4年3月31日の金利受渡し＞

（借）	支払利息	（※1）60,000	（貸）	現金預金	（※1）60,000
（借）	支払利息	（※2）50,000	（貸）	受取利息	（※3）60,000
	現金預金	（※4）10,000			
（借）	支払利息	（※5）37,722	（貸）	支払利息	（※5）37,722

（※1）　60,000 ＝ 借入金2,000,000 × 固定利率3％
（※2）　50,000 ＝ 金利スワップ元本2,000,000 × 期首変動利率2.5％
（※3）　60,000 ＝ 金利スワップ元本2,000,000 × 固定利率3％
（※4）　差額で算出。
（※5）　37,722…前提条件③参照。

Q9-2　吸収合併消滅会社からのヘッジ会計の引継ぎ（特例処理の場合）

　取得に該当する吸収合併において，被取得企業（消滅会社）が金利スワップの特例処理を適用している金利スワップ取引について，取得企業（存続会社）が新たにヘッジ指定を行う場合，会計処理はどうなるか。

A

　取得企業が受け入れた金融資産または引き受けた金融負債（デリバティブを含む。）は金融商品会計基準に従って算定した時価を基礎として取得原価を配分することとされ，被取得会社における金利スワップの特例処理を取得企業が引き継ぐことはできない。企業結合日に金利スワップ取引を時価評価して前受利息等に振り替えるとともに，新たにヘッジ指定した金利スワップ取引は期末時価を繰延ヘッジ損益に振り替える。

解 説

1 合併時の会計処理

被取得企業（消滅会社）でヘッジ会計を適用していた場合でも，受け入れた金融資産または引き受けた金融負債（デリバティブ取引を含む。）は，合併時において金融商品会計基準に基づいて算定された時価を基礎として，取得原価を配分する。仮に被取得会社において繰延ヘッジが適用されていた場合において，繰延ヘッジ損益が計上されていたとしても，取得企業はそれらを引き継ぐことはできない（企業結合適用指針68項）。金利スワップの特例処理はヘッジ会計の一手法であり，また，ヘッジ対象とヘッジ手段である金利スワップとの実質的な一体性を根拠とするものであるため（金融商品Q＆A　Q55），金利スワップの特例処理を適用している金利スワップ取引について，取得企業（存続会社）は当該特例処理を引き継ぐことができないケースが一般的と考えられる。

2 合併後のヘッジ指定

合併後，新たにヘッジ指定を行い，ヘッジ会計の要件を満たす場合には，ヘッジ会計の適用が可能であることは，被取得企業において繰延ヘッジが適用されていた場合と同様である。企業結合日に時価で計上された金利スワップの約定残高については，前受利息等に振り替え，ヘッジ対象が純損益として実現する期間の純損益として処理する（企業結合適用指針68項）。なお，この際の期間按分方法は利息法または定額法が考えられる（金融商品実務指針70項）。

3 合併後にヘッジ指定した場合の会計処理

新たにヘッジ指定をしてヘッジ会計を適用した場合，金利スワップ未履行約定残高について期末に時価評価を行い，時価の変動部分を繰延ヘッジ損益に計上することになる。このとき，企業結合日における金利スワップ約定残高の時価評価額は前受利息等に振り替えているので，金利スワップ未履行約定残高の時価の変動は，期末時評価額と一致することになると考えられる。この場合の具体的会計処理について，設例9－2－1を用いて解説する。

設例9-2-1　企業結合時のヘッジ会計の引継ぎ（特例処理）

[前提条件]
① A社はB社をX2年4月1日に吸収合併した。
② A社（吸収合併存続会社），B社（吸収合併消滅会社）とも3月決算である。当該合併は取得とされ，取得企業はA社である。
③ 被取得企業B社は，借入金につき金利スワップ取引を金融機関と締結し，金利スワップの特例処理を行っていた。
④ A社はX2年4月1日に③の金利スワップ取引を新たにヘッジ指定し，繰延ヘッジを適用した。
⑤ X2年3月31日の金利スワップの時価は△10，X3年3月31日の時価は5であった。

[会計処理]
＜取得企業A社による企業結合日（X2年4月1日）の会計処理＞
被取得企業で金利スワップの特例処理が行われていても，取得企業は引き継ぐことはできない。当該金利スワップ取引を時価で計上する。

（借）諸資産	×××	（貸）金利スワップ（時価）	(※) 10
のれん	×××	借入金	×××
		払込資本	×××

(※)　△10…X2年3月31日の金利スワップの時価（前提条件⑤参照）。

＜ヘッジ指定＞
デリバティブ時価を前受利息に振り替える。なお，金利スワップに関し，新たなヘッジ指定を行うが，仕訳は行われない。

（借）金利スワップ	(※) 10	（貸）前受利息	(※) 10

(※)　△10…前提条件⑤参照。

＜結合事業年度末（X3年3月31日）＞
前受利息10のうち，当期に帰属する金額を受取利息に振り替える。ヘッジ指定で生じた前受利息は利息法または定額法で期間按分することになると考えられる。

| (借) 前受利息 | (※1) ×× | (貸) 受取利息 | (※1) ×× |
| (借) 金利スワップ | (※2) 5 | (貸) 繰延ヘッジ損益 | (※2) 5 |

(※1) 前受利息10のうち，当期帰属金額。
(※2) 5…X3年3月31日の金利スワップ時価（前提条件⑤参照）。

Q9-3 外貨建子会社株式の取得に際して為替予約を締結していた場合の投資と資本の相殺消去

在外子会社株式の取得に際して，為替変動リスクをヘッジするため予定取引として為替予約を締結していた場合，投資と資本の相殺消去はどのように行うべきか。

A

方法は2とおりあり，会計方針として継続的に適用することを条件として，以下のいずれの方法も認められると考えられる。第一に，繰延ヘッジ損益加減後の円貨の取得価額と株式取得日の為替レートで換算した子会社資本の差額をのれんとして処理する方法である。第二に，のれんは外貨で確定しているものとして，個別財務諸表上，株式の取得原価に加減された繰延ヘッジ損益を連結財務諸表上は為替換算調整勘定として処理する方法である。

解説

1 在外子会社株式の取得に際して行う予定取引のヘッジ

将来の外貨建有価証券の取得のための為替変動を固定する手段に係る損益または評価差額は，外貨建有価証券と同様の性格を有するものと考えられ，取得時の純損益に計上される。ただし，在外子会社株式の取得を予定取引としてキャッシュ・フローを固定化するために為替予約を締結し，ヘッジの要件を満たす場合には，ヘッジ会計を適用することが認められている（金融商品実務指針168項，169項）。

在外子会社の取得にあたり予定取引のヘッジを行う場合，為替変動リスクをヘッジするための為替予約から生じた繰延ヘッジ損益は当該在外子会社株式の

取得価額に加減される（金融商品実務指針170項）。このとき，当該株式を円貨に換算する実質的な為替相場（予約レート）が取得日の為替相場と異なるため，連結財務諸表上，投資と資本の相殺消去をどのように行うかが論点となる。

考え方は2とおりあり，会計方針として継続的に適用することを条件として，以下のいずれの方法も認められると考えられる。

（1）　円貨の取得原価（繰延ヘッジ損益加減後）と株式取得日の為替レートで換算した子会社資本の差額をのれん（または負ののれん）として処理する方法
（2）　のれん（または負ののれん）は外貨で確定しているものとして，個別財務諸表上は株式の取得原価に加減された繰延ヘッジ損益を，連結財務諸表上は為替換算調整勘定として処理する方法

設例9－3－1を用いて，双方の会計処理を検討する。

設例9－3－1　在外子会社株式の取得に際して行う予定取引のヘッジ

[前提条件]
① 　P社はX1年4月30日にS社株式100％を100千米ドルで取得する契約をX1年1月1日に締結した。
② 　P社はこの取引の為替変動リスクをヘッジするため，X1年1月31日に為替予約を行った。なお，ヘッジ会計の要件は満たしており，予定取引のヘッジを行う。また，先物為替相場は95円／米ドルとする。
③ 　直物為替相場は以下のとおりとする。なお，単純化のため3月31日，4月30日の先物為替相場も同一であったとする。
　X1年1月31日：90円／米ドル
　X1年3月31日：100円／米ドル
　X1年4月30日：120円／米ドル
④ 　X1年4月30日におけるS社の貸借対照表は以下のとおりである。

(単位：外貨：千米ドル，円貨：千円)

	米ドル	レート	円貨		米ドル	レート	円貨
資産	100	100	10,000	負債	20	100	2,000
				資本金	50	100	5,000
				利益剰余金	30	100	3,000

[会計処理（単位：千円）]

＜P社個別財務諸表＞

① X1年1月31日（為替予約締結）

仕訳なし

② X1年3月31日（決算日）

(借) 為替予約	(※) 500	(貸) 繰延ヘッジ損益	(※) 500

(※) 500千円＝為替予約契約100千米ドル×（100円／米ドル（決算日相場）－95円／米ドル（為替予約先物相場））

③ X1年4月30日（株式取得日）

　　i　S社株式の取得

(借) S社株式	(※) 12,000	(貸) 現金預金	(※) 12,000

(※) 12,000千円＝株式取得価額100千米ドル×120円／米ドル（取得時相場）

　　ii　為替予約の時価評価

(借) 為替予約	(※) 2,000	(貸) 繰延ヘッジ損益	(※) 2,000

(※) 2,000千円＝為替予約の契約額100千米ドル×（120円／米ドル（取得時相場）－100円／米ドル（前期末決算日相場））

　　iii　繰延ヘッジ損益の資産の取得原価への振替

(借) 繰延ヘッジ損益	(※) 2,500	(貸) S社株式	(※) 2,500

(※) S社株式の取得価額は9,500千円（＝12,000千円－2,500千円）となる。株式取得価額100千米ドルに為替予約実行時の先物為替相場95円／米ドルを乗じた結果と一致する。

＜連結修正仕訳＞
　Ｐ社の投資とＳ社の資本の相殺消去
（１）　円貨の取得原価（繰延ヘッジ損益加減後）と株式取得日の為替レートで換算した子会社資本の差額をのれん（または負ののれん）として処理する方法

（借）	資本金	（※１）	5,000	（貸）	Ｓ社株式	（※２）	9,500
	利益剰余金	（※１）	3,000				
	のれん	（※３）	1,500				

（※１）　5,000千円，3,000千円…X1年4月30日におけるＳ社の貸借対照表より（前提条件④参照）。
（※２）　9,500千円＝100千米ドル×95円／米ドル（為替予約実行時の先物為替相場）
（※３）　差額で算出。

（２）　のれん（または負ののれん）は外貨で確定しているものとして，個別財務諸表上株式の取得原価に加減された繰延ヘッジ損益を連結財務諸表上は為替換算調整勘定として処理する方法

（借）	資本金	（※１）	5,000	（貸）	Ｓ社株式	（※２）	9,500
	利益剰余金	（※１）	3,000		為替換算調整勘定	（※４）	900
	のれん	（※３）	2,400				

（※１）　5,000千円，3,000千円…X1年4月30日におけるＳ社の貸借対照表より（前提条件④参照）。
（※２）　9,500千円＝100千米ドル×95円／米ドル（為替予約実行時の先物為替相場）
（※３）　2,400千円＝外貨のれん20千米ドル（100千米ドル－（資本金50千米ドル＋利益剰余金30千米ドル））×120円／米ドル（取得時相場）
（※４）　差額で算出。

2　論点の検証

それぞれの見解の根拠は以下のとおりである。

（１）　円貨の取得原価（繰延ヘッジ損益加減後）と株式取得日の為替レートで換算した子会社資本の差額をのれん（または負ののれん）として処理する方法

　企業結合において，取得原価が受け入れた資産および引き受けた負債に按分

された純額を上回る場合には，超過額をのれんとして，下回る場合には負のれんとして処理することと定められている（企業結合会計基準31項）。ここでの取得原価はヘッジ会計の適用により円貨（9,500千円＝100千米ドル×予約レート95円／米ドル）で固定化されており，取得時点の子会社の資本との差額を「差額のれん」として捉えることが，企業結合（取得）の実態に即していると考えられる。

また，当該差額については，在外子会社の財務諸表項目の「換算によって生じた換算差額」（外貨建取引会計基準　三　4）という為替換算調整勘定の定義を満たしていない上，取得後に生じた為替差額（その他の包括利益）を当該子会社の売却まで繰り延べるという為替換算調整勘定の趣旨とも合致していないことも根拠として挙げられ得る。

（2）　のれん（または負ののれん）は外貨で確定しているものとして，個別財務諸表上株式の取得原価に加減された繰延ヘッジ損益を連結財務諸表上は為替換算調整勘定として処理する方法

在外子会社に係るのれんは在外子会社の財務諸表を表示する外貨ベースで把握することと定められている（外貨建取引実務指針40項）。この定めの背景として，投資と資本の相殺消去において為替換算差額が生じることは想定されていない。したがって，取得した株式に為替予約を付してヘッジ会計が適用された場合には，資本項目を予約レートで換算し，投資と資本の相殺消去においてあるべきのれん以外の投資消去差額が生じないように取り扱うことが考えられる。この結果，在外子会社の財務諸表の換算において換算差額が生じるが，これは資産・負債の換算レートと資本の換算レートが異なることによって生じた換算差額（外貨建取引会計基準　三　4）に他ならず，為替換算調整勘定として処理することが妥当と考えられる。

（1），（2）のいずれの方法も取得に際して為替予約を付して円貨を固定した場合の取扱いは明示されておらず，会計方針として継続的に適用することを条件としていずれの方法も認められるものと考えられる[1]。

1　「為替換算調整勘定の会計実務（第2版）」新日本有限責任監査法人編　中央経済社　PP.37～45。

Q9-4 外貨建予定取引に該当する連結会社間取引のヘッジ

適格な外貨建予定取引における為替変動リスクをヘッジ対象とする取引については，連結財務諸表上消去される連結会社間取引であっても，連結財務諸表においてヘッジ会計を適用できる。このようなヘッジ会計の適用が認められるのはなぜか，また会計処理はどうなるか。

A

連結会社間取引をヘッジ対象とするものであっても連結財務諸表上ヘッジ会計が認められるのは，連結グループの観点からは，外貨建の予定取引について為替変動にさらされるリスクが残るためである。また，連結会社間取引であってもヘッジ対象である予定取引が通常の売上・仕入取引や利息・経営指導料・ロイヤルティ等である場合には，連結財務諸表上も繰延ヘッジ処理を行うことになると考えられる。

解説

1 連結会社間取引の外貨建予定取引

予定取引とは，未履行の確定契約に係る取引と，契約は成立していないが，取引予定時期，取引予定物件，取引予定量，取引予定価格などの主要な取引条件が合理的に予測可能であり，かつ，それが実行される可能性が高い取引のことをいう（金融商品会計基準（注12））。ここに，連結会社間取引は内部取引として連結財務諸表上相殺消去されるものの，為替変動にさらされるリスクは連結財務諸表上も残るとされている（金融商品実務指針333項ただし書き）。その点について，以下解説する。

親会社（円建で財務諸表作成）から在外子会社（米ドル建で財務諸表作成）に対して米ドル建売上取引が予定されているとする。親会社で当該予定取引に対して為替予約によるヘッジ取引を行った場合，為替予約締結時から取引実行時までの為替相場の変動がヘッジされる。取引実行時に円高になった場合に備え，為替予約取引から益を生じさせ，売上取引から生じる潜在的損失をヘッジする。ただし，この潜在的な為替差損益はあくまで見込みであって連結財務諸

表上相殺されない。この取引の後に，在外子会社がドル建で連結グループの外部へ売り上げる取引が想定される状況において，連結グループの観点からは，為替変動リスクに依然さらされているためであると考えられる。

2 ▍連結財務諸表における通常の損益取引の取扱い

予定取引が通常の損益取引（売上・仕入取引や利息・経営指導料・ロイヤルティ等）である場合には，連結財務諸表上もヘッジ取引が適用できる（金融商品実務指針163項ただし書き）。予定取引実行時まで繰延ヘッジ処理を行い，取引実行時にはヘッジ手段に係る損益を純損益に計上する。

3 ▍連結財務諸表における子会社からの外貨建受取配当金をヘッジ対象とする場合の取扱い

在外子会社からの外貨建の受取配当金をヘッジ対象とし，ヘッジ手段として為替予約等を取り組む取引の場合である。連結財務諸表上，子会社に対する持分投資をヘッジ対象としてヘッジ指定した上で，ヘッジ手段に係る損益または評価差額を為替換算調整勘定に計上する（前記「第8章　Q8-3　在外子会社からの外貨建の配当金のヘッジ」参照）。

Q9-5　連結会社が行う外部取引を別の連結会社がヘッジする場合のヘッジ会計適用の可否

子会社の外貨建予定取引をヘッジする目的で，親会社が為替予約を締結した。この場合，親会社の個別財務諸表上，為替予約をヘッジ手段としてヘッジ会計を適用することができるか。

A

個別財務諸表上および連結財務諸表上の双方で，子会社の外貨建予定取引に親会社が締結する為替予約等をヘッジ手段として繰延ヘッジを適用することはできないと考えられる。

解 説

1 個別財務諸表上の取扱い

　ヘッジ会計の目的は，ヘッジ対象とヘッジ手段の損益認識時点が一致しない場合に，両者の損益認識時点を一致させることによってヘッジの効果を財務諸表に適切に反映することにある（金融商品会計基準29項）。ヘッジ対象とヘッジ手段が異なる企業に属する場合は，ヘッジ対象が存在せずヘッジ会計の要件を満たさないと考えられる。このため，個別財務諸表上，為替予約をヘッジ手段としてヘッジ会計を適用することは認められない。

2 連結財務諸表上の取扱い

　今回のケースは，連結財務諸表という観点からは，ヘッジ手段とヘッジ対象が同一の報告主体の中にあるともいえる。しかしながら，金融商品実務指針は，個別財務諸表で連結会社間取引をヘッジ対象としているケースに限り，連結財務諸表で異なる企業間のヘッジを認めているに過ぎず（金融商品実務指針163項），個別財務諸表でヘッジ指定が行われていないものにまで，連結財務諸表におけるヘッジ指定を認めているものではないと考えられる。

Q9-6 子会社株式の当初取得時における繰延ヘッジ損益実現の会計処理

　子会社株式を当初取得した際に子会社で計上されていた繰延ヘッジ損益が実現するときの会計処理はどうなるか。

A

　子会社株式の当初取得に際し，子会社で計上されていた繰延ヘッジ損益は子会社資本の一部であるため，連結財務諸表上，子会社の資本金や剰余金と同様に相殺消去を行う。その後，繰延ヘッジ損益が実現した場合には，既に相殺消去された繰延ヘッジ損益について税効果を再度計上し直した上で純損益に振り替える必要がある。

解 説

子会社株式を取得し支配を獲得した場合，子会社に係るその他の包括利益累計額（その他有価証券評価差額金，繰延ヘッジ損益等）は支配獲得日までの持分額として投資と資本の相殺消去の対象となる（資本連結実務指針21項）。資本連結手続上，子会社で計上されていた繰延ヘッジ損益は，支配獲得日までの持分額として投資と相殺消去される。

その後，子会社において当該繰延ヘッジ損益に係るヘッジ手段に係る損益が実現したとき，連結財務諸表において既に相殺消去された繰延ヘッジ損益の会計処理が論点となる（設例9－6－1および設例9－6－2参照）。

設例9－6－1　繰延ヘッジ損益を計上した子会社株式を当初取得した場合の会計処理

[前提条件]
① P社（親会社）はX1年3月31日にS社の発行済株式総数の60％を取得し，連結子会社とした。当初取得原価は1,026であった。
② S社はヘッジ目的で為替予約を締結しており，X1年3月31日における繰延ヘッジ損益（税効果調整後）は210である。
③ S社の法定実効税率は30％である。
④ S社貸借対照表（抜粋）は以下のとおりである。

X1年3月31日

科目	金額	科目	金額
為替予約	300	繰延税金負債	90
		資本金	1,000
		利益剰余金	500
		繰延ヘッジ損益	210
		（うち親会社持分（60％））	(126)
		純資産額	1,710

⑤ S社からの配当は行われていないものとする。

[会計処理]

＜P社個別財務諸表＞

S社株式の当初取得の会計処理

(借) S社株式　　　　　　　(※) 1,026　(貸) 現金預金　　　　　　　(※) 1,026

(※) 1,026…前提条件①参照。

＜P社連結財務諸表＞

X1年3月期の投資と資本の相殺消去仕訳

(借) 資本金　　　　　　　(※1) 1,000　(貸) S社株式　　　　　　　(※2) 1,026
　　　利益剰余金　　　　　(※3) 500　　　非支配株主持分　　　　(※4) 684
　　　繰延ヘッジ損益　　　(※5) 210

(※1) 1,000…前提条件④参照。
(※2) 1,026…前提条件①参照。
(※3) 500…前提条件④参照。
(※4) 684 =（1,000 + 500 + 210）×非支配株主持分比率40%
(※5) 210…前提条件④参照。

設例9−6−2　子会社において繰延ヘッジ損益が実現した場合の会計処理

[前提条件]

設例9−6−1に以下の前提条件を追加する。

⑥ X2年3月期になり，X1年4月10日に予定取引が実行され，為替予約が決済された。決済日の為替予約の時価は500（利益）である。

[会計処理]

＜S社個別財務諸表＞

① X1年4月1日

S社で計上されている繰延ヘッジ損益の振戻し

(借) 繰延ヘッジ損益　　　(※1) 300　(貸) 為替予約　　　　　　(※1) 300
(借) 繰延税金負債　　　　(※2) 90　 (貸) 繰延ヘッジ損益　　　(※2) 90

(※1) 300 = 税効果控除前繰延ヘッジ損益210（前提条件②参照）÷（100% − 法定実効税率30%）
(※2) 90 = 300 × 法定実効税率30%

② X1年4月10日

| （借）為替予約 | （※）500 | （貸）為替予約評価益 | （※）500 |

（※） 500…前提条件⑥参照。

＜連結修正仕訳＞

① X2年3月期の開始仕訳（資本連結）

（借）資本金	（※）1,000	（貸）S社株式	（※）1,026
利益剰余金（期首）	（※）500	非支配株主持分	（※）684
繰延ヘッジ損益（期首）	（※）210		

（※） 設例9－6－1におけるX1年3月期の投資と資本の相殺消去仕訳と同じ。

② 繰延ヘッジ損益に係る調整仕訳

（借）為替予約評価益	（※1）300	（貸）繰延ヘッジ損益（組替調整額）	（※2）210
		法人税等調整額	（※3）90
（借）非支配株主持分	（※4）84	（貸）非支配株主に帰属する当期純利益	（※4）84

（※1） 300＝繰延ヘッジ損益残高210÷70％（＝100％－法定実効税率30％）
（※2） 210…繰延ヘッジ損益残高に対応。
（※3） 90＝繰延ヘッジ損益残高210÷70％×法定実効税率30％
（※4） 84＝（為替予約評価益300－法人税等調整額90）×非支配株主持分比率40％

　個別財務諸表上，繰延ヘッジ損益は振り戻されてゼロになるが，連結財務諸表上は，開始仕訳により繰延ヘッジ損益が引き継がれるため，連結修正仕訳が必要となる。その際，税効果を再度計上し直すことが求められると考えられる。
　本設例では，連結財務諸表上投資と資本の相殺消去仕訳において消去された繰延ヘッジ損益210およびヘッジ対象の損益を調整するデリバティブ損益（為替予約評価益）300と法人税等調整額90を再度計上し直し，必要な調整を行うこととなるとともに，当該純損益に係る非支配株主持分の調整も行うものと考えられる。

Q9-7 子会社株式追加取得時における繰延ヘッジ損益実現の会計処理

子会社株式の追加取得時に子会社で計上されていた繰延ヘッジ損益が実現するときの会計処理はどうなるか。

A

子会社株式の追加取得をした場合，支配獲得後に計上された繰延ヘッジ損益は取得時利益剰余金に準じて投資と相殺消去される。その後，繰延ヘッジ損益が実現した場合には，連結財務諸表上，既に相殺消去された繰延ヘッジ損益について税効果を再度計上し直した上で純損益に振り替える必要がある。

解説

支配獲得後に子会社株式を追加取得した場合，子会社に係るその他の包括利益累計額（その他有価証券評価差額金，繰延ヘッジ損益等）は，取得時利益剰余金に準じて取り扱われる（資本連結実務指針37項，金融商品Q&A Q74）。追加取得株式に係る資本連結手続上，子会社で計上されていた繰延ヘッジ損益は，その他の包括利益累計額に振り替えられるのではなく，純資産のうち非支配株主持分額を用いて投資と資本の相殺消去が行われることとなる。

その後，子会社において当該繰延ヘッジ損益に係るヘッジ手段に係る損益が実現したとき，連結財務諸表において既に相殺消去された繰延ヘッジ損益の会計処理が論点となる（設例9-7-1, 9-7-2参照）。

設例9-7-1 繰延ヘッジ損益を計上した子会社株式を追加取得した場合の会計処理

[前提条件]

① P社（親会社）はS社の発行済株式総数の60%を保有し，連結子会社としている。S社の設立以来60%を継続して保有し，当初取得原価は600であった。

② S社はヘッジ目的で為替予約を締結しており，X2年3月31日における繰延ヘッジ損益（税効果調整後）は140である。

③ P社はX2年3月31日にS社の発行済株式総数の20%を400で追加取得

した。
④　S社の法定実効税率は30％である。
⑤　S社貸借対照表（抜粋）は以下のとおりである。
　　i　X1年3月31日

科目	金額	科目	金額
為替予約	300	繰延税金負債	90
		資本金	1,000
		利益剰余金	500
		繰延ヘッジ損益	210
		（うち親会社持分（60％））	(126)
		純資産額	1,710

　　ii　X2年3月31日

科目	金額	科目	金額
為替予約	200	繰延税金負債	60
		資本金	1,000
		利益剰余金	700
		（うち当期純利益）	(200)
		繰延ヘッジ損益	140
		（うち親会社持分（60％））	(84)
		純資産額	1,840

⑥　S社からの配当は行われていないものとする。

［会計処理］

＜P社個別財務諸表＞
　　S社株式の追加取得の会計処理

（借）　S社株式	（※）400	（貸）　現金預金	（※）400

（※）　400…前提条件③参照。

<P社連結財務諸表>

① X2年3月期の開始仕訳

(借) 資本金	(※1) 1,000	(貸) S社株式	(※2) 600
利益剰余金(期首)	(※3) 200	非支配株主持分	(※4) 684
繰延ヘッジ損益	(※5) 84		

(※1) 1,000…前提条件⑤参照。
(※2) 600…前提条件①参照。
(※3) 200 = 500 × 非支配株主持分比率40%
(※4) 684 = (1,000 + 500 + 210) × 非支配株主持分比率40%
(※5) 84 = 210 × 非支配株主持分比率40%

② 当期純利益の非支配株主持分への振替え

(借) 非支配株主に帰属する当期純利益	(※) 80	(貸) 非支配株主持分	(※) 80

(※) 80 = X2年3月期当期純利益(前提条件⑤より) 200 × 非支配株主持分比率40%

③ その他の包括利益の非支配株主持分への振替え

(借) 非支配株主持分	(※) 28	(貸) 繰延ヘッジ損益	(※) 28

(※) 28 = (210 - 140) × 非支配株主持分比率40%

④ 追加取得に係る資本連結仕訳

(借) 非支配株主持分	(※1) 368	(貸) S社株式	(※2) 400
資本剰余金	(※3) 32		

(※1) 368 = (684(開始仕訳より) + 80(当期純利益振替) - 28(その他の包括利益振替)) × 20% ÷ 40%
(※2) 400…前提条件③参照。
(※3) 差額で算出。

前記「Q9-6 子会社株式の当初取得時における繰延ヘッジ損益実現の会計処理」に記載したとおり,当初取得時の投資と資本の相殺消去仕訳において,繰延ヘッジ損益が相殺消去される。しかし,追加取得に係る資本連結仕訳においては,すでに繰延ヘッジ損益は非支配株主持分に含まれており,仕訳として明示的に計上されることはない。

設例9−7−2　子会社において繰延ヘッジ損益が実現した場合の会計処理

[前提条件]

設例9−7−1に以下の前提条件を追加する。

⑦　X3年3月期になり、X2年4月10日に予定取引が実行され、為替予約が決済された。決済日の為替予約の時価は500（利益）である。

[会計処理]

＜S社個別財務諸表＞

① X2年4月1日

　S社で計上されている繰延ヘッジ損益の振戻し

（借）繰延ヘッジ損益	（※1）200	（貸）為替予約	（※1）200
（借）繰延税金負債	（※2）60	（貸）繰延ヘッジ損益	（※2）60

（※1）　200＝税効果控除前繰延ヘッジ損益140（前提条件⑤ⅱ参照）÷（1−法定実効税率30％）

（※2）　60＝200×法定実効税率30％

② X2年4月10日

（借）為替予約	（※）500	（貸）為替差損益	（※）500

（※）　500…前提条件⑦参照。

＜連結修正仕訳＞

① X3年3月期の開始仕訳（資本連結）

（借）資本金	（※1）1,000	（貸）S社株式	（※2）1,000
資本剰余金	（※3）32	非支配株主持分	（※4）368
利益剰余金（期首）	（※5）280		
繰延ヘッジ損益	（※6）56		

（※1）　1,000…前提条件⑤参照。
（※2）　1,000＝当初取得原価600（前提条件①参照）＋追加取得400（前提条件③参照）
（※3）　32…設例9−7−1［会計処理］＜P社連結財務諸表＞④追加取得に係る資本連結仕訳（※3）参照。
（※4）　368＝（1,000＋700＋140）×追加取得後非支配株主持分比率20％
（※5）　280＝取得後利益剰余金（S社X2/3/31利益剰余金）700×追加取得前非支配株主

持分比率40%
（※6）　56＝S社 X2/3/31 繰延ヘッジ損益 140 × 追加取得前非支配株主持分比率 40%

② 繰延ヘッジ損益に係る調整仕訳

（借）為替差損益	(※1) 40	（貸）繰延ヘッジ損益（組替調整額）	(※2) 56
非支配株主持分	(※3) 28	法人税等調整額	(※4) 12

（※1）　40＝28（追加取得時の繰延ヘッジ損益残高（140）のうち追加取得持分比率（20%）に対応）÷70%（＝100%－法定実効税率30%）
（※2）　56…追加取得時繰延ヘッジ損益残高（140）のうち追加取得前非支配株主持分比率（40%）に対応。
（※3）　28…追加取得時繰延ヘッジ損益残高（140）のうち追加取得後非支配株主持分比率（20%）に対応。
（※4）　12＝28（追加取得時繰延ヘッジ損益残高のうち追加取得持分比率（20%）に対応）÷70%（＝100%－法定実効税率30%）×法定実効税率30%

　連結財務諸表上は，追加取得分に対応する評価・換算差額等（繰延ヘッジ損益）は利益剰余金に準ずるものとして，これまで計上されていた非支配株主持分に対応する繰延ヘッジ損益が相殺消去されるため，調整が必要となる。前期末の為替予約の含み益のうち，追加取得分相当額は，追加取得対価に含まれるものと考えられて追加取得の資本連結仕訳にて消去される。このため，予定取引の実行時点で個別財務諸表上のヘッジ会計の一部を取り消す処理を行う。
　個別財務諸表上，繰延ヘッジ損益は振り戻されてゼロになり，連結財務諸表上，開始仕訳により繰延ヘッジ損益が引き継がれるため，連結修正仕訳が必要となるが，その際に税効果を再度計上し直すことが求められる。
　本設例においては追加取得時に消去された繰延ヘッジ損益28（個別財務諸表上の繰延ヘッジ損益140×追加取得持分比率20%）について，ヘッジ対象の損益を調整するデリバティブ損益40と法人税等調整額12を再度計上し直し，必要な調整を行うこととなる[2]。

2　「設例でわかる　包括利益計算書のつくり方（第2版）」新日本有限責任監査法人編　中央経済社　PP.207～211。

Q9-8　IFRS第9号を適用する在外子会社と連結手続

在外子会社がその個別決算においてIFRS第9号の定めを適用することとなった。この場合，我が国に所在する親会社の連結手続上はどのような点に留意すべきか。

A

親会社の連結手続において，実務対応報告第18号の「当面の取扱い」の定めに基づき，在外子会社の国際財務報告基準（IFRS）による決算を取り込んでいる場合，リサイクリングに関連する一部の項目を除き，IFRS第9号の会計処理をそのまま取り込むことになると考えられる。

解説

1　在外子会社の決算と親会社の連結財務諸表

連結財務諸表の作成に際して，同一環境下で行われた同一の性質の取引等については，親会社と子会社が採用する会計方針は統一することが原則である（連結会計基準17項）。この定めに従い，海外に所在する連結子会社（在外子会社）についても，親会社と同様の会計方針，すなわちいわゆる「日本基準」を適用した決算を連結財務諸表に取り込むことが原則となる（実務対応報告第18号　原則的な取扱い）。

ただし，在外子会社の財務諸表が国際財務報告基準（IFRS）または米国会計基準に準拠して作成されている場合，連結決算に際して，原則である日本基準に代えて，当該在外子会社のIFRSまたは米国会計基準に準拠した決算を利用することができるとされている（実務対応報告第18号　当面の取扱い　第1段落）。これは，実務対応報告第18号の作成当時において，国際的な会計基準と日本基準との間の相違点が縮小傾向にあり，在外子会社についてIFRSまたは米国会計基準に準拠した決算を基礎としても，連結財務諸表の適切な表示を損なうものではないことなどを理由としている（実務対応報告第18号　本実務対応報告の考え方参照）。なお，この場合であっても，国際的な会計基準における会計処理が我が国の会計基準に共通する考え方と乖離する一部の項目

については，当該在外子会社の決算を適切に修正するものとされている（実務対応報告第 18 号　当面の取扱い　第 2 段落。後記「2　実務対応報告第 18 号に基づく修正項目」参照）。

2　実務対応報告第 18 号に基づく修正項目

IFRS または米国会計基準に準拠した在外子会社の決算において，我が国の会計基準に共通する考え方と乖離することを理由に，修正すべき項目として具体的に掲げられている会計処理は以下のとおりである。

- のれんの償却
- 退職給付会計における数理計算上の差異
- 研究開発費の支出時費用処理
- 投資不動産の時価評価および固定資産の再評価

明示的に掲げられているこれらの項目の他にも，日本基準において明らかに合理的ではないと認められるような場合には，連結決算手続上で当該在外子会社の決算を修正すべきものとされている（実務対応報告第 18 号　当面の取扱い　第 2 段落なお書き）。

これまでの IAS 第 39 号の定めに基づくヘッジ会計の考え方については，日本基準との間で細かい点で相違はあるものの，我が国の会計基準に共通する考え方と乖離するようなものではなく，当該在外子会社における会計処理をそのまま取り込んでいたものと思われる。

3　IFRS 第 9 号におけるヘッジ会計と実務対応報告第 18 号との関係

IFRS 第 9 号「金融商品」[3] では，複雑で規則主義的であった IAS 第 39 号の定めを改めることで，企業のリスク管理活動の影響を会計処理により適切に反映することができるものと考えられている[4]。これを踏まえて，企業のヘッジ活動を写実し，特例としての会計処理を設けるヘッジ会計の考え方に関して，

---

[3] 平成 25 年（2013 年）に改訂された IFRS 第 9 号におけるヘッジ会計の詳細な取扱いについては，後記「第 14 章　IFRS の取扱い」を参照されたい。

IFRS 第 9 号と日本基準の間には大きな隔たりはなく,「日本基準において明らかに合理的ではない」ものとして修正を要する項目には該当しないと考えられる。

なお,実務対応報告第 18 号の修正項目の見直しに係る ASBJ での審議においても,修正国際基準の改正に係る検討を踏まえて,ヘッジ会計に関しては以下の個別項目が修正対象として追加されるかどうか検討されているのみであり,IFRS 第 9 号のヘッジ会計それ自体が修正の対象とされることはないとされている。

- その他の包括利益を通じて公正価値で測定する資本性金融商品への投資をヘッジ対象とした公正価値ヘッジのノンリサイクリング処理[5]
- キャッシュ・フロー・ヘッジにおけるベーシス・アジャストメント[6]

---

4 「IFRS 第 9 号(金融商品):ヘッジ会計に関する『削除又は修正』の検討」(第 325 回企業会計基準委員会(平成 27 年 12 月 4 日)審議事項(2)- 3)第 5 項参照。

5 「実務対応報告第 18 号の見直し-修正国際基準との関係」(第 345 回企業会計基準委員会(平成 28 年 9 月 23 日)審議事項(4)- 3)第 10 項参照。

6 当該項目については,修正国際基準(平成 28 年 7 月 25 日改正)において「削除又は修正」されている項目であるが,主に国際的な意見発信を目的とするものであって重要性がないため,実務対応報告第 18 号の見直しの対象とはされていない(「実務対応報告第 18 号の見直し-修正国際基準との関係」(第 345 回企業会計基準委員会(平成 28 年 9 月 23 日)審議事項(4)- 3)脚注 1 参照)。

複合金融商品とヘッジ会計

Q10-1 複合金融商品の概要

一般事業会社においても，複合金融商品に注意すべきか。複合金融商品の概要を教えてほしい。

A

複合金融商品には，複数の異なるリスクが内在しているため，保有する金融商品が複合金融商品か判断した上で，当該リスクを識別して適切に管理する必要がある。複合金融商品に該当する場合には，その種類によって区分処理等の会計処理が求められる場合がある。

解説

1 複合金融商品とは何か

一般事業会社が金融機関等と契約する預金や債券または借入金などの金融商品の中には，複合金融商品が含まれている場合がある。複合金融商品は，複数種類の金融資産または金融負債が組み合わされているものであるが（金融商品会計基準52項），契約名称等だけではどのような金融資産または金融負債が組み合わされているか判別できないことも多い。

通常，金融資産または金融負債はその種類ごとにキャッシュ・フローに係る異なるリスクを有している。複数種類の金融資産または金融負債により構成さ

れる複合金融商品は、いわば、異なるリスクにより構成された金融商品であると考えられる。契約名称等からは判別できない複合金融商品に内在する複数のリスクを契約締結時に把握していないと、場合によっては、満期までの期間において当初想定したものとは異なるキャッシュ・フローが生じる可能性がある。

例えば、満期において契約元本100でキャッシュ・フローが得られると想定して債券を取得したにもかかわらず、満期になって当該債券の契約上の特約の適用により元本割れが生じて80のキャッシュ・フローしか得られない可能性がある。このように、元本割れを想定せずに複合金融商品を保有し、満期において初めて元本割れを認識することは、一般事業会社においてもリスク管理上の問題になると考えられる。

逆にいえば、複合金融商品を理解することで、企業が契約する金融商品が複合金融商品であるかを把握して、複合金融商品に係るリスクを識別して適切に管理する必要がある。また、複合金融商品に係るリスクを識別することで、当該リスクをヘッジ等によりコントロールすることが可能となる。

2 ┃ 複合金融商品の例示

ここで、一般事業会社においても契約する可能性があるような複合金融商品を図表10－1－1にて例示する。列挙した金融商品を複合金融商品として会計処理すべきかどうかは、個別具体的に契約書や商品内容説明書等の内容を吟味して判断する必要がある。

図表10－1－1　複合金融商品に該当する金融商品の例示

例示	概要
デュアル・カレンシー債	払込を行った通貨とは別の通貨で元本の償還が行われる債券（なお、別の通貨で金利の支払いが行われる債券は、逆デュアル・カレンシーと呼ばれる。）
他社株転換社債	一定の条件を満たした場合に、償還が現金ではなく、社債発行者とは別の会社の株式で償還される債券
通貨オプション付預金	一定の条件を満たした場合に、償還額が為替相場の変動の影響を受ける預金
金利条件が変則的な借入金	例えば、契約期間の前半は変動金利、その後は固定金利の借入契約

3 会計上の区分と会計処理の概要

　金融商品会計基準は，複合金融商品が新株予約権付社債のように契約の一方の当事者の払込資本を増加させる可能性のある部分を含むかどうかにより，複合金融商品を2つに区分して取得者側の会計処理を定めている（図表10－1－2参照）。その他の複合金融商品については，後記「Q10－2　その他の複合金融商品の区分処理の要件」にて詳細を解説する。

図表10－1－2　複合金融商品の取得者の会計処理に関する定め

区分	会計基準および適用指針	会計処理
払込資本を増加させる可能性のある部分を含む複合金融商品	金融商品会計基準第37項，第39項，企業会計基準適用指針第17号「払込資本を増加させる可能性のある部分を含む複合金融商品に関する会計処理」	転換社債型新株予約権付社債：社債と新株予約権に区分しない その他の新株予約権付社債：社債と新株予約権に区分する
その他の複合金融商品（上記以外）	金融商品会計基準第40項，複合金融商品処理	原則は一体として処理するが，一定の要件を満たす場合には組込デリバティブを区分処理する

　金融商品会計基準では，払込資本を増加させる可能性のある部分を含む複合金融商品のうち，社債と新株予約権がそれぞれ単独で存在し得ないことが募集要項において定められている転換社債型新株予約権付社債については，社債と新株予約権に区分せず一括で処理することを定めている。

　これに対して，その他の新株予約権付社債については，払込資本を増加させる可能性のある部分（新株予約権）とそれ以外の部分（社債）が同時に各々存在し得ることから，その取引の実態を適切に表示するため，区分して処理することを定めている（金融商品会計基準112項，企業会計基準適用指針第17号「払込資本を増加させる可能性のある部分を含む複合金融商品に関する会計処理」43項）。社債と新株予約権が単独で存在するのと経済実態は何ら変わらず，また，社債と新株予約権では将来のキャッシュ・フローに係るリスクは異なることから，その経済的実態を適切に表示するために区分処理することが求められているものである。

いずれにおいても，一括処理した転換社債型新株予約権付社債または区分処理した社債について，通常の社債と同様に，金利スワップの特例処理の要件を満たさない満期保有目的の債券に該当する場合（金融商品実務指針161項）を除き，ヘッジ会計におけるヘッジ対象となり得るものと考えられる。

Q10-2 その他の複合金融商品の区分処理の要件

> 区分処理が求められる複合金融商品の要件を教えてほしい。

A

複合金融商品にデリバティブ取引が組み込まれていて，当該組込デリバティブのリスクが現物の金融資産または金融負債に及ぶ可能性がある場合，または損益が調整されている場合には区分処理が求められる。

解説

1 複合金融商品の原則的処理

複合金融商品が払込資本を増加させる可能性のある部分を含む複合金融商品に該当しない場合であっても，その他の複合金融商品はデリバティブ取引を含む複数の金融資産または金融負債により構成されている。その他の複合金融商品を構成するそれらの個々の金融資産または金融負債について，金融商品会計基準は原則として区分せずに一体として会計処理することを定めている（金融商品会計基準40項）。これは，その他の複合金融商品が複数の金融資産または金融負債により構成されているとしても，そこから生じるキャッシュ・フローは一体で発生するため，資金の運用・調達の実態を財務諸表に適切に反映させるという観点から，一体として処理することを求めたものである（金融商品会計基準117項）。

2 複合金融商品の区分処理とその要件

　一体として会計処理することがその他の複合金融商品の原則的処理であるが，その他の複合金融商品に組み込まれているデリバティブ取引の性質によっては，そのリスクが複合金融商品を構成する現物の金融資産または金融負債に及ぶ場合がある。このため，一定の要件を満たす複合金融商品については，取引の実態を適切に会計処理に反映させるよう，当該リスクを生じさせるデリバティブ取引に係る評価差額を当期の純損益とする必要があると考えられることから，デリバティブ取引を区分して会計処理することと定められている（金融商品会計基準117項）。

　その他の複合金融商品について組込デリバティブを区分して処理することが求められるのは，図表10－2－1に示した3つの要件をすべて満たした場合である（複合金融商品処理3項）。

図表10－2－1　その他の複合金融商品の区分処理の要件

	要件
要件①	組込デリバティブのリスクが現物の金融資産または金融負債に及ぶ可能性があること
要件②	組込デリバティブと同一条件の独立したデリバティブが，デリバティブの特徴を満たすこと
要件③	当該複合金融商品について，時価の変動による評価差額が当期の（純）損益に反映されないこと

　このうち，要件②については，組込デリバティブがデリバティブの特徴を満たさなければ，仮に何らかの方法により区分したとしても金融商品会計基準に従ってデリバティブ取引として会計処理ができないため，組込デリバティブを区分処理するための十分条件であるといえる。また，組込デリバティブのリスクを判定する要件①について，および当該リスクが当期の純損益に反映されているかを判定する要件③については，区分処理が求められる必要条件であるといえる。このため，要件①または要件③を満たさない場合であっても，要件②を満たす組込デリバティブを区分して管理しており，投資情報としても区分して処理することが経営の実態を表す上で有用な場合には，区分処理することが認められている（金融商品会計基準118項，複合金融商品処理4項）。

また，要件①または要件③を満たさず，要件②を満たす組込デリバティブを区分して管理していない場合であっても，当該組込デリバティブで得た収益を毎期の利払いに含めずに，後で一括して授受するスキームまたは複数年に1回しか利払いがないスキーム等，損益を調整する複合金融商品については，区分処理することが求められている（複合金融商品処理7項）。

以下にて区分処理の3要件について詳細を説明する。

（1） 要件①：組込デリバティブのリスクが現物の金融資産または金融負債に及ぶ可能性があること

契約した金融商品について，区分処理すべき複合金融商品かどうかを3要件にあてはめて判断する際，リスク管理の観点からは，まず要件①を検討することになると考えられる。

この要件①は，契約上の当初元本の回収または返済に影響を与えるか否かをもって区分処理を判断するという考え方に基づくものであり（複合金融商品処理20項），複合金融商品にデリバティブ取引が組み込まれていることにより，現物の金融資産または金融負債の当初元本を毀損する可能性が高いものを指している（複合金融商品処理6項（1）ただし書き，（2）参照）。例えば，契約上の米ドル建元本1,000が満期に償還されることになっているところ，デリバティブ取引に相当する契約上の一定の条件に抵触することで，米ドル建で800償還されて元本が毀損する可能性があるものである。

複合金融商品処理では，利付金融資産または金融負債について，原則として，図表10－2－2に掲げるものが要件①に該当するとされている（複合金融商品処理5項，6項（1）（3）参照）。

図表10−2−2	要件①に該当する利付金融資産または金融負債
組込デリバティブのリスクにより，以下の可能性がある利付金融資産または金融負債	
利付金融資産	・現物の金融資産の当初元本が減少する可能性がある 　または ・受取利息がマイナスとなる可能性がある
利付金融負債	・現物の金融負債の当初元本が増加する可能性がある 　または ・現物の金融負債の金利が債務者にとって契約当初の市場金利の2倍以上になる可能性がある^(※)

(※) 固定金利の場合，その当初金利（例えば，5％）に対して実際の支払金利が2倍以上（10％）となる場合をいう。変動金利の場合，その当初計算式（例えば，LIBOR＋0.5％）に対して実際の支払金利が当初計算式に2を乗じたもの（(LIBOR＋0.5％)×2）を適用して計算される金額以上となる場合をいう。

　当初元本が増減しない場合であっても，利付金融資産に係る金利がマイナスとなる，または利付金融負債に係る金利が2倍以上になる場合には，元本と実際の利息の合計を契約上の利率で割り引いた金額を当初元本と比べると，利付金融資産について当初元本を下回ることになり，利付金融負債については当初元本を上回ることになるため，実質的に当初元本が毀損しているものと考えられる。

　また，複合金融商品処理では，組込デリバティブのリスクが現物の金融資産または金融負債に及ぶ可能性がある例を示している（図表10−2−3参照）。

図表10－2－3		要件①に該当する金融資産または金融負債の例示	
	例示	例示詳細	留意点
①	組込デリバティブの経済的性格およびリスクが，組み込まれた現物の金融資産または金融負債の経済的性格およびリスクと緊密な関係にないため，当初元本を毀損する可能性がある契約	預金，債券，貸付金，借入金およびこれらに類する契約の中に，以下のようなデリバティブ取引が組み込まれたもの • 元本または金利が株式相場または株価指数に係るデリバティブ取引 • 元本または金利が現物商品相場または現物商品指数に係るデリバティブ取引 • 元本または金利が外国為替相場に係るデリバティブ取引 • 元本または金利が気象条件に関する指標に係るデリバティブ取引 • 元本または金利が第三者の信用リスクに係るデリバティブ取引	組込デリバティブのリスクが，契約上，当初元本に及ぶ可能性があるのであれば，その可能性が低くても該当する
②	組込デリバティブの経済的性格およびリスクが，組み込まれた現物の金融資産または金融負債の経済的性格およびリスクと緊密な関係にあり，受取利息がマイナスとなるか，当初元本を毀損する可能性が高い契約（※）	預金，債券，貸付金，借入金およびこれらに類する契約で，当該契約と同一通貨である金利，物価指数，または債務者自身の信用リスクに係るデリバティブ取引が組み込まれた契約	組込デリバティブのリスクが，契約上，当初元本に及ぶ可能性があっても，その可能性が低いといえるものについては該当しない

| ③ | その他 | ・他社株転換社債
・重要な損失をもたらす行使価格の付いた期前償還権付債券，貸付金，借入金およびこれらに類する契約 | |

（※）　例として，契約上，フロアーが付いていないため受取利息がマイナスとなる可能性があるもの，またはオプションを売却しているもの等が組み込まれているもの

　例示①（緊密な関係にない場合）については，組込デリバティブのリスクが現物の金融資産または金融負債の当初元本に及ぶ可能性の有無を問題としており，その可能性の程度を評価するものではないとされている（複合金融商品処理20項）。契約上，当初元本を毀損しないため，組込デリバティブのリスクが現物の金融資産または金融負債に及ぶ可能性がないものとしては，金融資産の受取利息の範囲で上記各デリバティブに係るオプションを購入する場合または受取利息がマイナスとならないフロアーが付いている場合の複合金融商品（当初元本が円建てで確定し，金利のみが為替相場に連動し，かつ，マイナスとならない逆デュアル・カレンシー債など）が挙げられている。

　これに対して，例示②（緊密な関係にある場合）については，組込デリバティブのリスクが現物の金融資産または金融負債に及ぶ可能性の程度を評価して判断することになる。このため，過去の実績や合理的な見通しなどから，契約上，当初元本を毀損する可能性があっても，組込デリバティブのリスクが現物の金融資産または金融負債の当初元本に及ぶ可能性が低いといえるものについては，組込デリバティブのリスクが現物の金融資産または金融負債に及ぶ可能性はないものとして取り扱うことになる（複合金融商品処理25項）。

　例えば，第三者の信用リスクに係るデリバティブ取引を組み込むことによって組成された複合金融商品（例えば，クレジット・リンク債やシンセティック債務担保証券）については，当該複合金融商品全体の信用リスクが高くないと評価される場合がある。この場合，組込デリバティブのリスクが現物の金融資産の当初元本に及ぶ可能性は低いと判断した場合には，組込デリバティブのリスクが現物の金融資産または金融負債に及ぶ可能性はないものとして，当該複合金融商品から組込デリバティブを区分して処理する必要はないこととなる（複合金融商品処理6項（3）また書き）。なお，この場合でも，もはや信用リスクが高くないとはいえなくなったときには，その時点で区分処理を行うこと

になる。また、その時点の評価差額を当期の純損益として処理することになる（複合金融商品処理27項）。

（2） 要件②：組込デリバティブと同一条件の独立したデリバティブが、デリバティブの特徴を満たすこと

要件②を言い換えれば、複合金融商品にデリバティブ取引が組み込まれていることを要件としたものである。このため、要件②については、金融商品実務指針第6項の3つの特徴（図表10－2－4参照）のすべてを有するデリバティブ取引と同一の条件が複合金融商品に含まれているか検討することになる。

図表10－2－4　デリバティブの特徴

特徴①	次の2つを<u>ともに</u>満たす契約 ⅰ　その権利義務の価値が、特定の金利や外国為替相場などの基礎数値の変化に反応して変化する ⅱ　想定元本か固定の（もしくは決定可能な）決済金額のいずれかまたは両方を有する ⇒例えば、先物取引はⅱ想定元本を決めて行う取引であり（例：1,000米ドル）、ⅰ基礎数値（例：米ドル円の直物為替相場）の変化に反応して時価が変動する
特徴②	次の2つの<u>いずれか</u>を満たす契約 ⅰ　当初純投資が不要である（例：先物取引） ⅱ　市況の変動に類似の反応を示すその他の契約と比べ当初純投資をほとんど必要としない（例：オプション取引）
特徴③	次の2つのいずれかを満たす契約 ⅰ　その契約条項により純額（差金）決済を要求または容認し、契約外の手段で純額決済が容易にできる ⅱ　資産の引渡しを定めていてもその受取人を純額決済と実質的に異ならない状態に置いている

この要件②の3つの特徴については、要件①において基礎数値を把握する際に、同時に検討することになると考えられる。

（3） 要件③：当該複合金融商品について、時価の変動による評価差額が当期の（純）損益に反映されないこと

要件③について、主契約上の金融資産または金融負債が時価評価を行って評

価差額を計上し，それが当期の純損益に反映されるものであるかは，金融商品会計基準における評価に関する定めに従い判断することになる。

　ここで，現物の金融資産または金融負債が外貨建であるため年度末（または四半期末）に為替換算されることで為替差損益が生じるが，当該為替差損益が要件③でいうところの「当期の（純）損益」に該当するかが問題となる。この点，複合金融商品の区分処理は，組込デリバティブのリスクが現物の金融資産または金融負債に及ぶ可能性がある場合に，当該リスクを財務諸表に適切に反映するために組込デリバティブを区分して時価評価し，当該評価差額を当期の純損益として処理することを目的としたものである。この目的に鑑みれば，「当期の（純）損益」が意味するのは組込デリバティブの時価評価差額から生じる損益と考えられる。このため，現物の金融資産または金融負債から為替差損益が生じるとしても，それは要件③における「当期の（純）損益」ではない。為替換算以外による時価評価差額が当期の純損益に反映されない場合には，要件③を満たすものと考えられる。

　また，外貨建その他有価証券のうち，外貨建債券については外国通貨による時価を決算時の為替相場で換算した金額のうち，外国通貨による時価の変動に係る換算差額以外の差額については為替差損益として処理することができるとされている（外貨建取引実務指針16項）。ここでいう為替差損益は現物の債券の換算差から生じるものであり，組込デリバティブの損益とは関連しないものであることから，要件③でいう「当期の（純）損益」には該当しないものと考えられる。

　なお，金融商品会計基準上，評価差額を計上してそれが純損益に反映されるのは，売買目的有価証券およびデリバティブ取引（公正な評価価額を算定することが極めて困難と認められるデリバティブ取引を除く。）のみが示されており，複合金融商品がこれらに該当しなければ，通常は要件③を満たすものと考えられる。

3 デリバティブの特徴を有しないため区分処理が求められないケース

　金融商品の中には，一定の為替相場の条件を満たした場合に中途解約されるノックアウト条項が付されたものがある。当該ノックアウト条項については為

替相場に紐付いているため，デリバティブの特徴（前記「図表10－2－4 デリバティブの特徴」の特徴①参照）を満たす売建オプションに該当する場合があると考えられる。この場合には，他の要件を満たす場合には，区分処理が求められる複合金融商品として処理することになる。

これに対して，金融商品に付された中途解約条項が特定の金利や外国為替相場などの基礎数値に紐付かない単なる中途解約権であって，解約時点において当該金融商品が時価で精算されるものである場合には，当該中途解約権についてはデリバティブの特徴を満たす売建オプションには該当しない，すなわち区分処理は求められないものと考えられる。同じように，解除条件が付された金融商品についても，その条件が特定の金利や外国為替相場などの基礎数値に紐付かないものであれば，当該解除条件はデリバティブの特徴を満たさないため，区分処理が求められる複合金融商品には該当しないものと考えられる。

なお，このような中途解約権等については売建オプションには該当しないため，例えば通貨スワップに当該中途解約権等が付されている場合，そのヘッジ手段としての適格性（金融商品実務指針166項）は否定されず，ヘッジ会計の適用および為替予約等の振当処理の適用が可能である。

Q10-3　複合金融商品の区分処理に関する留意点

> 複合金融商品について区分処理が求められる場合の留意点を教えてほしい。

A
区分処理した組込デリバティブについては，認識時点，評価，開示について，現物の金融資産または金融負債とは異なる場合があることに留意する必要がある。

解説
区分処理の要件を満たす組込デリバティブは，組込対象である現物の金融資産または金融負債とは区別して時価評価し，評価差額を当期の純損益として処理することが求められている（複合金融商品処理3項）。区分処理については，

認識時点，評価，表示および開示について留意が必要である。

1 組込デリバティブの認識時期

デリバティブ取引については，その契約上の権利または義務を生じさせる契約を締結した時点から，デリバティブ取引の時価の変動リスクや契約の相手方の財政状態等に基づく信用リスクが契約当事者に生じる。このため，原則としてデリバティブ取引は契約の締結時にその発生を認識しなければならないとされている（金融商品会計基準7項，55項）。

また，デリバティブ取引だけでなく，その他の金融資産または金融負債についても，原則として契約締結時にその発生を認識することとされている。複合金融商品の区分処理された組込デリバティブについても，通常のデリバティブ取引と同様に，複合金融商品の契約締結時点においてその発生を認識することになる。

ただし，図表10－3－1に掲げる金融商品については，その契約の性格に応じて，その発生は契約締結時とは異なる時点で認識することになる。

図表10－3－1　契約締結時とは異なる時点で発生を認識する金融商品

金融商品	発生時期	関係法令等
商品等の売買または役務の提供の対価に係る金銭債権債務	当該商品等の受渡しまたは役務提供の完了時点	金融商品会計基準（注3）
貸付金および借入金	資金の貸借日（※）	金融商品実務指針26項
約定日から受渡日までの期間が通常の期間よりも長い有価証券	受渡日（ただし，売買契約自体は先渡契約であるため，先渡契約は約定日に発生を認識する。）	金融商品実務指針22項

（※）通常は，金銭消費貸借の約定日と現金の受渡日は同一と考えられる（金融商品実務指針241項）。

このように，発生の認識時期がデリバティブ取引とは異なる金融商品があり，デリバティブ取引が図表10－3－1に掲げる金融商品に組み込まれている場合，複合金融商品の契約を締結した時点で，現物の金融資産または金融負債の

発生に先行して，区分処理を行う組込デリバティブの発生を認識することになる。現物の金融資産または金融負債と組込デリバティブの発生が同時であれば問題とならないが，デリバティブ取引の発生が年度末（または四半期末）をまたいで先行する場合には，デリバティブ取引の認識の漏れがないよう留意する必要がある。

2 組込デリバティブの評価

（1） 組込デリバティブの評価差額に係る会計処理

　組込デリバティブについて区分処理する場合には，通常のデリバティブ取引と同様に測定することになる。すなわち，現物の金融資産または金融負債を時価評価しないとしても，複合金融商品の契約締結時点で組込デリバティブを時価により測定して認識する（金融商品実務指針29項）。また，その後の時価の変動による評価差額は，原則として，当期の純損益として処理することになる（金融商品会計基準25項）。

　組込デリバティブを時価評価する際には，通常の非上場デリバティブ取引と同様に合理的に算定された価額をもって時価とし（金融商品実務指針102項），複合金融商品を金融機関と契約した場合には，当該金融機関から組込デリバティブの時価を入手することが考えられる。ただし，複合金融商品全体として時価を測定することができても，組込デリバティブを合理的に区分して測定することができない場合には，当該複合金融商品を全体があたかもデリバティブ取引であるかのように時価評価し，評価差額を当期の純損益に計上することになる（複合金融商品処理9項）。

（2） 組込デリバティブがオプション取引である場合の評価と会計処理

　契約締結時点の時価について，先物取引やスワップ取引については当初の時価はゼロであるが，オプション取引については当初からオプション料相当の時価が測定される。契約締結時点でオプション料の授受がないとしても，複合金融商品にオプション取引が組み込まれることで，現物の利付金融資産または金融負債の金利がオプション料相当だけプレミアムとして調整を受けているものと考えられる。例えば，円建て借入金に通貨オプション取引が組み込まれており，当該通貨オプション取引が組み込まれていない場合に比べて契約期間の金

利が低いとすれば，それは金利がオプション料相当だけ調整されていることになる。

このように組込デリバティブがオプション取引の場合，契約締結時点でオプション取引の時価評価額は，将来の金利を調整する経過勘定としての性格を有している。このことから，契約締結時点で組込デリバティブの発生を認識して時価で測定した相手勘定について，オプション料相当を前払費用や未収収益等の経過勘定として計上することが適当と考えられる（図表10－3－2参照）。

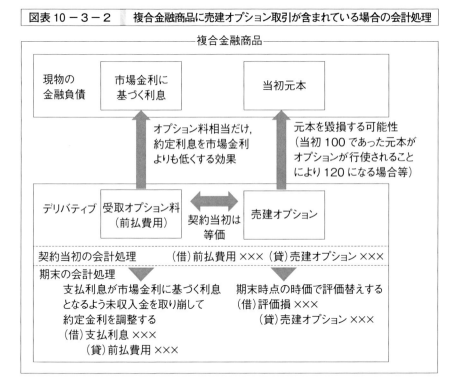

図表10－3－2　複合金融商品に売建オプション取引が含まれている場合の会計処理

(3) 複合金融商品の区分と評価

複合金融商品が債券の場合で，それが償還時の平均株価等によって償還元本が増減することが約定された株価リンク債，償還時の為替相場によって償還元本が増減する為替リンク債等，そのスキーム上リスクが元本に及ぶ仕組債については，複合金融商品全体としては額面金額による償還が予定されているとは

認められない。このため，組込デリバティブ部分を区分処理するとしても満期保有目的の条件を満たさないものとされている（金融商品実務指針68項）。よって，このような複合金融商品については満期保有目的の債券として分類して評価することはできないことに留意が必要である。

3 組込デリバティブの開示

　区分処理した組込デリバティブは，通常のデリバティブ取引と同様に処理するため，金融商品の時価等に関する注記およびデリバティブ取引に関する注記の記載が求められることになる（金融商品時価開示適用指針4項(1)，(3)）。

　一方，組込デリバティブのリスクが現物の金融資産または金融負債に及ぶ可能性がないなど区分処理の要件を満たさない場合は，当該組込デリバティブについて区分して開示する必要がないため，金融商品の時価等に関する注記およびデリバティブ取引に関する注記は要求されないものと考えられる。ただし，そのような複合金融商品のうちで組込デリバティブのリスクが高いものや，デリバティブ取引の対象物（基礎数値等）の価格変動に対する当該取引の時価の変動率が大きい特殊なものについては，その概要（貸借対照表の科目および計上額，ならびに商品性（金利，償還期限等）に係る説明など）に関する説明を注記することが求められていることに留意する必要がある（金融商品時価開示適用指針3項(2)②）。

4 設例（区分処理するデリバティブの認識時期が現物の金融資産または金融負債と異なる場合）

　ここで，約定日と現金の受渡日が異なる金銭消費貸借契約にデリバティブが組み込まれた場合の区分処理を，以下の設例10－3－1で考える。

設例10－3－1　組込デリバティブの発生時期

[前提条件]
① 会社（3月決算）は，X1年3月1日に，円建元本5,000の借入について金銭消費貸借契約を締結した。
② 当該金銭消費貸借契約上，資金の貸借日はX1年4月1日と定められてい

③　返済はX2年3月31日を期限とした一括返済である。
④　返済期日の3営業日前の為替相場が，契約で定めた判定レートよりも円高の場合には円建元本5,000を返済し，判定レートよりも円安の場合には円建元本5,000を当該判定レートで除した外貨建で返済することとされている。
⑤　当該金銭消費貸借について，組込デリバティブである売建の通貨オプション取引を区分する要件を満たすものとする。
⑥　通貨オプション取引の評価額は，X1年3月1日時点で△100，X1年3月31日時点で△300（△は貸方）とする。

[会計処理]
＜X1年3月1日時点＞
　契約締結時点において資金の貸借は行われていないため借入金は認識しないが，区分処理するデリバティブ取引（売建の通貨オプション取引）の発生は認識する。当初認識の通貨オプション取引の相手勘定は，借入金利に係るプレミアムとして前払費用を計上する。

| （借）前払費用 | (※)100 | （貸）通貨オプション | (※)100 |

(※)　100…X1年3月1日時点の時価（前提条件⑥参照）。

＜X1年3月31日時点＞
　X1年3月期の決算において，通貨オプション取引の時価評価を行い，評価差額を損益計上する。なお，当該通貨オプション取引は金融商品関係注記およびデリバティブ取引関係注記に含めて記載する。

| （借）為替差損 | (※)200 | （貸）通貨オプション | (※)200 |

(※)　200＝X1年3月31日時点の時価300－X1年3月1日時点の時価100（前提条件⑥参照）

＜X1年4月1日時点＞
　資金の受渡しに伴い，借入金の発生を認識する。

| （借）現金預金 | (※)5,000 | （貸）借入金 | (※)5,000 |

(※)　5,000…前提条件①参照。

Q10-4 複合金融商品会計とヘッジ会計の概要

複合金融商品をヘッジ対象またはヘッジ手段として，ヘッジ会計を適用できるか教えてほしい。

A

複合金融商品を構成する現物の金融資産または金融負債，組込デリバティブ，および複合金融商品自体は，ヘッジ対象またはヘッジ手段の要件を満たす場合にはヘッジ会計の対象となる。

解説

1 複合金融商品にヘッジ会計を適用する目的

金融資産または金融負債の中には，信用リスクや市場リスク等により相場が変動することで損失が生じるものや将来のキャッシュ・フローが大きく変動するものがある。複合金融商品においても同様に，それらのリスクが含まれていることがある。そこで，会社のリスク管理方針として，複合金融商品全体に係るリスク，およびそれを構成する現物の金融資産または金融負債に係るリスクを理解した上で，当該リスクをヘッジすることを意図してヘッジ取引を行うことが考えられる。

また，複合金融商品に組み込まれたデリバティブ取引を利用して，複合金融商品を構成する現物の金融資産または金融負債に係るリスクを，または他の金融商品および金融負債に係るリスクをヘッジすることを意図して，会社がヘッジ取引を行うことも考えられる。

会社がそれらの意図をもってヘッジ取引を行う際に，相場変動を相殺するまたはキャッシュ・フローを固定するというヘッジの効果を会計に反映させる場合には，ヘッジ会計の適用を検討することになる。

2 複合金融商品はヘッジ対象になり得るか

ヘッジ会計が適用されるヘッジ対象は，図表10－4－1の要件を満たし，

意図した期間にわたってヘッジ指定により識別可能であることが求められる（金融商品会計基準30項，金融商品実務指針148項から150項）。複合金融商品または複合金融商品を構成する現物の金融資産または金融負債について，当該要件を満たす場合には，相場変動を相殺するヘッジ対象，またはキャッシュ・フローを固定するヘッジ対象に該当することになる。

図表10－4－1　ヘッジ対象の要件と例示

要件	例示
相場変動等による損失の可能性がある資産または負債で，当該資産または負債に係る相場変動等が評価に反映されていないもの	複合金融商品である固定利付の借入金，または複合金融商品に組み込まれていて区分処理をしない買建オプション取引
相場変動等による損失の可能性がある資産または負債で，相場変動等が評価に反映されているが評価差額が純損益として処理されないもの	複合金融商品であるその他有価証券
ヘッジ手段によって当該資産または負債に係るキャッシュ・フローが固定されその変動が回避されるもの	複合金融商品である変動利付の貸付金

なお，組合せポジションについてはヘッジ対象として適格ではないとされている（金融商品Q＆A　Q48）。この点，現物の金融資産または金融負債とデリバティブ取引により構成されている複合金融商品は，キャッシュ・フローが正味で発生するため原則として一体として処理するものと定められており（金融商品会計基準117項），区分処理の要件を満たさず一体として処理したとしても，当該複合金融商品を金融商品Q＆A　Q48でいうところの組合せポジションとみなすものではないと考えられる。すなわち，一体として処理する複合金融商品についてヘッジ対象とすることは認められるものと考えられる。

3　組込デリバティブはヘッジ手段になり得るか

ヘッジ取引についてヘッジ会計が適用されるのは，ヘッジ手段がヘッジ対象の相場変動リスクを減少させる効果をもつ場合，またはヘッジ手段がヘッジ対象のキャッシュ・フローの変動リスクを減少させる効果をもつ場合である（金

融商品会計基準（注11），金融商品実務指針141項）。複合金融商品に組み込まれたデリバティブ取引も，当該ヘッジ手段に係る要件を満たす場合にはヘッジ会計が適用できる。ヘッジ会計が適用される場合には，区分処理された組込デリバティブについて，評価差額に係る損益を繰り延べることになる。

ただし，組込デリバティブが売建オプション取引の場合には，損失削減の効果がオプション料の範囲に限定されているため，原則としてヘッジ手段としては認められない（金融商品実務指針166項）。組込デリバティブが売建オプション取引の場合にヘッジ手段として認められるのは，組み込まれているのが買建オプション取引と売建オプション取引とを組み合わせた金利カラー取引であり，それがヘッジ対象のリスクを限定する効果を有し，かつ，現物の利付金融資産または金融負債に係る金利に正味の受取オプション料相当のプレミアムが反映されていない場合である。また，組込デリバティブが売建オプション取引の場合でも，他の複合金融商品に内包されて区分処理されていない買建オプション取引を相殺する効果があれば，それは買建オプション取引が組み込まれていない状態に戻すのと同じことであるため，この場合の売建オプション取引はヘッジ手段として認められることになる（金融商品実務指針335項参照）。

4 ｜ 複合金融商品を構成する現物の金融資産または金融負債はヘッジ手段になり得るか

組込デリバティブでなくても，複合金融商品を構成する現物の外貨建金銭債権債務または外貨建有価証券については，一定の外貨建取引等（予定取引，その他有価証券，在外子会社等に対する持分への投資）の為替変動リスクをヘッジする場合，ヘッジ手段としてヘッジ会計の適用が認められている（金融商品実務指針165項）。例えば，複合金融商品が外貨建預金と売建オプション取引で構成されている場合で，売建オプション取引を区分処理したあとの外貨建預金について，外貨建で予定取引に該当する子会社株式の取得となる取引に係る為替変動によるキャッシュ・フロー変動リスクをヘッジするヘッジ手段としてヘッジ会計を適用することが考えられる。ただし，この例で,仮に売建オプション取引が区分処理されない場合には，前記のとおり損失削減の効果がオプション料相当のプレミアムの範囲に限定されるため，原則として当該複合金融商品はヘッジ手段とは認められないことに留意が必要である。

5 複数のデリバティブ取引を組み合わせた複合金融商品はヘッジ手段となり得るか

　複合金融商品には，複数のデリバティブ取引が組み合わされているものがある。例えば，変動金利3か月 TIBOR＋0.4％を受け取り，固定金利0.5％を支払う金利スワップについて，3か月 TIBOR＋0.4％がゼロを下回った場合にマイナス相当の金利を受け取ることができるフロアーオプションが付されている場合，当該金利スワップ取引は複合金融商品である。

　前記「2　複合金融商品はヘッジ対象になり得るか」のとおり，組合せポジションについてはヘッジ対象として適格ではないとされている（金融商品Q＆A　Q48）。一方，金利カラー取引をヘッジ手段としてヘッジ会計の対象となり得るとされているように（金融商品実務指針166項ただし書き参照），組合せポジションをヘッジ手段とすることには，特段の制限はない。このため，ヘッジ会計の要件を満たす場合には，複数のデリバティブが組み合わされている複合金融商品をヘッジ手段としてヘッジ会計を適用することが認められるものと考えられる。

　前記のフロアーオプションが付されている金利スワップ取引を例にすると，ヘッジ会計の要件を満たすことを前提に，当該金利スワップ取引をヘッジ手段として，3か月 TIBOR＋0.4％がゼロを下回った場合には利息の支払いはないものとして扱われる変動金利借入金をヘッジ対象として，ヘッジ会計を適用することは認められる。また，この例において，金利スワップの特例処理についても要件を満たす場合には適用が認められる。

6 複合金融商品にヘッジ会計を適用する場合の留意点

　ヘッジ会計を適用するための要件として，ヘッジ取引開始時に正式な文書によって，ヘッジ対象のリスクとそれに対するヘッジ手段を明確にすることが求められている（金融商品実務指針143項（1））。このため，複合金融商品全体または構成する金融資産または金融負債をヘッジ対象としてヘッジ会計を適用するのであれば，それらに係るリスク（例えば，複合金融商品を構成する現物の変動金利借入金に係る金利変動リスク）とそれに対するヘッジ手段（例えば，金利スワップ取引）をヘッジ取引開始時（複合金融商品を構成する現物の変動

金利借入金が資金貸借により発生する時点）に正式な文書によって明確にしておく必要がある。

　また，ヘッジ取引開始時の要件として他に，相場変動またはキャッシュ・フロー変動の相殺の有効性の評価方法も正式な文書により明確にすることが求められている（金融商品実務指針143項（2））。複合金融商品にヘッジ会計を適用する場合の有効性の評価方法も同様にヘッジ取引開始時に明確にすることが求められるが，前記「Q10-2　その他の複合金融商品の区分処理の要件」に記載したように区分処理が求められない場合でも，管理上，組込デリバティブを区分するかどうかにより有効性の評価方法は異なる場合があると考えられる。このため，当該評価方法を明確にする際には，組込デリバティブを区分するかどうかの管理方針もまた明確にしておくことが望ましいと考えられる。

Q10-5 複合金融商品会計とヘッジ会計のケーススタディ①組込デリバティブのリスクが現物の金融資産に及ぶ可能性がある複合金融商品のケース

> 判定レートよりも円安となると固定円建てで償還される外貨建預金の区分処理の判定とヘッジ会計の適用について教えてほしい。

A

　複合金融商品について区分処理の要否を判断する際には，検討対象となる金融商品に係る契約内容から（1）デリバティブの特徴の有無を把握し，（2）当該デリバティブのリスクを理解する。その上で，（3）当該デリバティブのリスクが現物の金融資産または金融負債に及ぶかを検討することになる。

　また，デリバティブ取引を区分した後の現物の金融資産である外貨建預金について，事前テストなどのヘッジ会計の要件を満たす場合には，ヘッジ会計を適用することが認められる。

解説

　以下，設例の前提条件をもとに，組込デリバティブのリスクが現物の金融資産に及ぶ可能性がある複合金融商品の区分処理の要否とヘッジ会計の適用を解

第10章　複合金融商品とヘッジ会計　*301*

説する。なお，設例は外貨建預金のケースであるが，外貨建借入金や外貨建債券について同じような特約が付されている場合にも，同様に検討することになると考えられる。また，区分処理の要件③については，前記「Q 10－2　その他の複合金融商品の区分処理の要件」のとおり，複合金融商品自体が売買目的有価証券またはデリバティブ取引でなければ該当することになるため，当該要件③について検討は省略する。

設例10－5－1　判定レートよりも円安となると固定円建てで償還される外貨建預金の区分処理とヘッジ会計

[前提条件]
① 会社（3月決算）は，6か月後の将来の外貨による子会社株式の増資引受に係る為替相場変動リスクに備えて，X1年3月1日に，6か月間を預入期間とする外貨建預金について契約を締結し，同日預入れした。
② 当初元本は米ドル建200，取得時の為替相場は100円／米ドルである。
③ 契約条件として，満期日の3営業日前（判定日）の為替相場の終値が判定レート（105円／米ドル）以上の円高のケースでは外貨で償還され，判定レートよりも円安のケースでは，円貨で21,000が償還される特約が付されている。
④ 契約条件として前記③の特約が付されていることによるプレミアムとして，通常よりも高い預金金利が設定されており，X1年3月31日の約定金利に基づく利息は3，市場金利に基づく利息は2とする。
⑤ X1年3月31日の直物為替相場は106円／米ドルとする。

[デリバティブの特徴の検討]
　この外貨建預金について，前提条件の③の特約はいわば，本来は米ドルで償還されるところ，契約締結時点で米ドル建元本について判定レートで円を買う権利（オプション）を金融機関に金利プレミアムを対価として売り，判定日に判定レートよりも円安となった場合に金融機関が当該オプションを行使して，結果として円建で償還されるのと経済的効果は同じである。このことから，本ケースの預金は，通貨オプション組込預金と呼ばれる売建通貨オプション取引が組み込まれた外貨建預金であるといえる。
　この組み込まれた通貨オプション取引は，以下の［デリバティブの特徴のあてはめ］により金融商品実務指針第6項が示すデリバティブの3つの特徴を満

たすものと考えられる。このため，次に組込デリバティブのリスクを理解することになる。

[デリバティブの特徴のあてはめ]

特徴①	その権利義務の価値が，基礎数値の変化に反応して変化し，かつ，想定元本か決済金額のいずれかを有する	為替相場が判定レート（105円／米ドル）よりも円安となった場合には，想定元本（米ドル建200）に対して直物為替相場と判定レートの差に相当する機会損失が生じるため，当該オプションの価値は低下する。このように，当該オプションは想定元本を有し，その価値は基礎数値（為替相場）の変化に反応して変化する。
特徴②	当初純投資が不要，またはほとんど必要としない	預金の預入にあたって金融機関にオプションを売却したことによる利益は，等価でプレミアム金利として預金金利に上乗せされることにより受け取る。その価値は特徴①のあてはめのとおり，為替相場の変化によって減少する可能性があるが，預金の預入時点ではその価値はプレミアム相当であり，価値はマイナスとなっていない。このように，当該オプションに係る当初純投資は生じない。
特徴③	純額決済が要求される	オプションに相当する部分は判定レートよりも円安の場合に，判定レートと満期日の直物為替相場との差により決済される。例えば，判定日の直物為替相場が109円／米ドルであるため特約の効力が生じ，満期日の直物為替相場が110円である場合，110円と判定レート105円との差を，元本（米ドル建200）に乗じた1,000が満期日に償還額に反映されて決済される。このように，当該オプションに係る決済は純額である。

[組込デリバティブのリスクの理解]

　本ケースの外貨建預金について，為替相場が判定レートよりも円高であれば外貨建元本で償還されるため，組み込まれた売建オプション取引は，預金金利のプレミアムとして経済的利益になる。しかし，為替相場が判定レートよりも円安になると，為替相場にかかわらず一定の円貨で償還されることになるため，

売建オプション取引の一般的な特徴と同じように円安になるほど損失が無限に拡大するというリスクを有していると考えられる。

そこで，次に当該組込デリバティブのリスクが現物の金融資産である預金に及ぶ可能性があるか検討する。

[組込デリバティブのリスクが現物の金融資産または金融負債に及ぶ可能性の検討]

このケースの複合金融商品を構成する現物の金融資産である外貨建預金の経済的性格は，満期に米ドル建元本で償還されるものであるため，為替相場の変動リスクがある。当該リスクにより，円高であれば円建の償還額が減少し，円安であれば円建の償還額が増加する。これに対して，組込デリバティブである売建オプションは，前記のとおり，判定レートよりも円高だとその経済的利益は金利のプレミアム相当に限定される一方で，判定レートよりも円安だと損失が無限となるリスクを有している。

このように，現物の金融資産である外貨建預金と組込デリバティブである売建通貨オプション取引とでは，その経済的性格とリスクは異なり，緊密な関係にないことから，前記「Q10－2　その他の複合金融商品の区分処理の要件」の図表10－2－3　例示①に該当する。例示①に該当する場合には組込デリバティブのリスクが当初元本に及ぶ可能性の有無をもって判断することになるが，現物の金融資産である外貨建預金は，判定日において判定レートよりも円安になることで，満期日の為替相場で外貨建預金が償還される場合よりも低い金額で償還される。このため，当該組込デリバティブ（通貨オプション取引）のリスクが，現物の金融資産である外貨預金に及ぶ可能性があると考えられる。

よって，このケースは複合金融商品処理第3項のすべての要件を満たすことから，デリバティブ取引を区分して損益処理する必要がある。

[ヘッジ会計の適用の検討]

前記［前提条件］①のとおり，会社は予定取引に係る為替変動リスクをヘッジするためのヘッジ手段として，外貨建預金を契約している。外貨建預金から売建オプションを区分処理することにより，外貨建預金はヘッジ手段になり得るため，事前テストなどのヘッジ会計の要件を満たす場合には，ヘッジ会計を適用することが認められる。

［追加の前提条件］

前記のとおり，組込デリバティブについて区分処理が求められるため，前記
［前提条件］に次の前提条件を追加する。

⑥ 将来の外貨による子会社株式の増資引受（予定取引の要件は満たすものとする。）をヘッジ対象とし，売建オプション取引を区分処理した後の外貨建預金をヘッジ手段として，ヘッジ会計を適用する（繰延ヘッジ）。なお，税効果は考慮しないものとする。

⑦ 区分処理した通貨オプション取引の時価は，契約時点は△60，X1年3月31日の時価は△80とする（△は貸方（マイナス）の時価）。

［会計処理］

＜X1年3月1日時点＞

契約時点で通貨オプション取引の時価を負債として認識し，相手勘定はプレミアム金利の受取額に相当する未収収益とする。

① 通貨オプション取引の認識

| （借）未収収益 | (※) 60 | （貸）通貨オプション | (※) 60 |

（※） 60…契約時点の時価（前提条件⑦参照）。

② 元本の交換

| （借）現金預金（外貨建預金） | (※) 20,000 | （貸）現金預金（円預金） | (※) 20,000 |

（※） 20,000＝米ドル建当初元本200×取得時の為替相場100円／米ドル（前提条件②参照）

＜X1年3月31日時点＞

受取利息は，プレミアム金利を控除した市場金利に基づき計上する。また，プレミアム金利相当について，契約時点で計上した未収収益を取り崩す。

通貨オプション取引は期末時点の時価により評価し，評価差額はデリバティブ評価損益として処理する。また，外貨建預金については期末時点の為替相場により換算するが，その換算差額についてはヘッジ会計を適用しているため繰り延べることになる。

① 金利の受取り

| （借）現金預金 | (※) 3 | （貸）受取利息 | (※) 3 |

(※) 3…X1年3月31日の約定金利に基づく利息(前提条件④参照)。

② オプションプレミアムの償却(受取利息の調整)

| (借) 受取利息 | (※)1 | (貸) 未収収益 | (※)1 |

(※) 1 = X1年3月31日の約定金利に基づく利息 3 − 市場金利に基づく利息 2(前提条件④参照)

③ 通貨オプション取引の時価評価

| (借) 為替差損 | (※)20 | (貸) 通貨オプション | (※)20 |

(※) 20 = X1年3月31日の時価△80 − 契約時点の時価△60(前提条件⑦参照)

④ 外貨建預金の換算替え

| (借) 現金預金(外貨建預金) | (※)1,200 | (貸) 繰延ヘッジ損益 | (※)1,200 |

(※) 1,200 = 米ドル建元本200 ×(X1年3月31日の為替相場106円/米ドル − 契約時点の為替相場100円/米ドル)(前提条件②および⑤参照)

Q10-6 複合金融商品会計とヘッジ会計のケーススタディ②損益を調整する複合金融商品のケース

契約期間の前半は変動金利,後半は固定金利となる借入金の区分処理の判定とヘッジ会計の適用について教えてほしい。

A

組込デリバティブのリスクが現物の金融資産に及ぶ可能性がない複合金融商品であっても,損益を調整する複合金融商品と判定される場合には,組込デリバティブを区分処理してヘッジ会計の適用を検討することになる。

解説

前記「Q10−5 複合金融商品会計とヘッジ会計のケーススタディ①組込デリバティブのリスクが現物の金融資産に及ぶ可能性がある複合金融商品のケース」と同様,設例の前提条件をもとに,契約期間の前半は変動金利,後半

は固定金利となる借入金の区分処理の要否とヘッジ会計の適用を解説する。

設例10－6－1　契約期間の前半は変動金利，後半は固定金利となる借入金の区分処理とヘッジ会計

［前提条件］
① 会社（3月決算）は，X1年4月1日に，円建元本10,000の借入金について金銭消費貸借契約を締結し，同日入金した。
② 契約期間は10年間で，X10年3月31日に一括返済となる。
③ 契約上の金利条件は，毎年3月31日の年1回の利払い，契約期間最初の5年間は変動金利（3か月TIBOR＋0.2％），残りの5年間は固定金利（0.7％）となっている。
④ 会社が金融機関に確認したところ，仮に，全期間について変動金利とした場合の金利は3か月TIBOR＋0.4％，逆に全期間について固定金利とした場合の金利は0.5％とのことであった。
⑤ X2年3月31日時点の変動金利の基準となる3か月TIBORは0.1％であるとする。

［デリバティブの特徴の検討］
　本質問の借入金については，契約期間の後半5年間が固定金利となっているが，この経済的性格は，前半5年間だけでなく後半5年間も変動金利の借入に係る契約と合わせて，後半5年間の期間を固定金利支払，変動金利受取の金利スワップ取引を契約したのと同様であると考えられる。すなわち，当該借入金は金利スワップ取引が組み込まれた複合金融商品であると考えられる。

　この組み込まれた金利スワップ取引は，以下の［デリバティブの特徴のあてはめ］により金融商品実務指針第6項が示すデリバティブの3つの特徴を満たすものと考えられる。このため，次に組込デリバティブのリスクを理解することになる。

[デリバティブの特徴のあてはめ]

特徴①	その権利義務の価値が，基礎数値の変化に反応して変化し，かつ，想定元本か決済金額のいずれかを有する	後半5年間の変動金利が固定金利よりも低い場合には，固定金利に変換することにより追加の利息を支払うが，変動金利が固定金利よりも高い場合には，利息の支払いを抑えることができる。これにより，想定元本に対して変動金利の上昇に伴い当該金利スワップ取引の価値が増大し，変動金利の下落に伴い当該金利スワップ取引の価値は減少することになる。 このように，当該金利スワップ取引は想定元本を有し，その価値は基礎数値（市場金利）の変化に反応して変化する。
特徴②	当初純投資が不要，またはほとんど必要としない	契約時点において，将来の固定金利払いと変動金利受けの割引後将来キャッシュ・フローは等価であると考えられるため，金利スワップの価値はゼロとなる。 このように，当該金利スワップ取引に係る当初純投資は生じない。
特徴③	純額決済が要求される	後半5年間について，固定金利支払，変動金利受取により純額決済が行われる。 このように，当該金利スワップ取引に係る決済は純額である。

[組込デリバティブのリスクの理解]

　当該借入金に組み込まれた固定金利払い，変動金利受けの金利スワップ取引は，スポット・レートが上昇した場合には金利の受取額が増加し，また，固定利払いについて上昇したスポット・レートをベースに割り引くことになるため，当該金利スワップ取引の時価が増加する。これに対して，スポット・レートが低下した場合には，金利の受取額が減少し，また，固定利払いについて低下したスポット・レートをベースに割り引くことになるため，当該金利スワップ取引の時価が減少する。このように，当該組込デリバティブである金利スワップ取引は金利の変動により価値が変動するリスクを有していると考えられる。

　そこで，次に当該組込デリバティブのリスクが，現物の金融負債である借入金に及ぶ可能性があるか検討する。

［組込デリバティブのリスクが現物の金融資産または金融負債に及ぶ可能性の検討］

　利付金融負債について，組込デリバティブのリスクが現物の金融負債に及ぶ場合とは，原則として，組込デリバティブのリスクにより現物の金融負債の当初元本が増加もしくは当該金融負債の金利が債務者にとって契約当初の市場金利の2倍以上になる可能性があることをいうとされている（前記「Q 10 − 2 その他の複合金融商品の区分処理の要件」参照）。本質問の利付金融負債は，金利スワップ取引が組み込まれているものと考えられるが，これにより当初元本が増加するわけではない。また，全期間について変動金利とした場合の金利3か月TIBOR＋0.4％が契約当初の市場金利だとすれば，金利スワップ取引により変動金利を固定金利に変えても0.7％であり，3か月TIBOR＋0.4％の2倍以上にはならない。このため，本ケースの借入金については，組込デリバティブのリスクが現物の金融資産または金融負債に及ぶという要件は満たさないことになる。

　ただし，このように複合金融商品処理第3項のすべての要件を満たさないとしても，管理上，組込デリバティブである金利スワップ取引を区分している場合には，区分処理することができる。また，損益を調整する複合金融商品と判断される場合には，区分処理することが求められている。このため，次に，本質問の借入金が損益を調整する複合金融商品に該当するか検討する。

［損益を調整する複合金融商品に該当するか］

　本質問の借入金は，前半5年間の変動金利は市場金利に比して低い金利での支払いとなっている一方，後半5年間の固定金利は市場金利よりも高い金利での支払いとなっている。このことから，本質問の借入金は，固定金利期間における損益（支払利息）の一部を変動金利期間で調整している複合金融商品であると考えられる。このように，損益を調整する複合金融商品と判断される場合には，前記で検討した組込デリバティブである金利スワップ取引だけでなく，損益の計上時期を調整している部分を区分処理し，現物の借入金は全契約期間を変動金利により処理することになる。

［ヘッジ会計の適用の検討］

　前記にて金利スワップ取引を区分処理するとしても，会社は契約期間の後半

の金利を固定化する効果を期待して借入を行っている。このため，現物の金融負債である変動金利借入金の後半5年間の変動金利をヘッジ対象として，また，区分処理した金利スワップ取引をヘッジ手段として，事前テストなどのヘッジ会計の要件を満たす場合には，ヘッジ会計を適用することが認められる。この場合，金利スワップ取引を時価評価した評価差額は繰り延べられることになる。

なお，金利スワップ取引の特例処理の適用については，金利スワップ取引がヘッジ対象たる資産または負債とほとんど一体とみなせる場合に限られており（金融商品実務指針346項），具体的な要件のひとつとして，金利スワップ取引の契約期間とヘッジ対象資産または負債の満期がほぼ一致していることが求められている（金融商品実務指針178項）。本質問において，後半5年間の固定金利期間から金利スワップ取引を区分して，変動金利期間とみなしてヘッジ対象とし，区分した金利スワップ取引をヘッジ手段としたとしても，借入期間の10年間のうちの一部（後半5年間）の変動金利期間のみをヘッジすることになるため，金利スワップの特例処理の要件を満たさない。このため，本質問のケースにおいては，金利スワップの特例処理は適用することができない。

[追加の前提条件]

前記のとおり複合金融商品について区分処理が求められるため，前記［前提条件］に次の前提条件を追加する。

⑥ 現物の金融負債である変動金利借入金の後半5年間の変動金利をヘッジ対象，区分処理した金利スワップ取引をヘッジ手段として，ヘッジ会計を適用する（繰延ヘッジ）。なお，税効果は考慮しないものとする。

⑦ X2年3月31日の区分処理した金利スワップ取引の時価は37，損益の計上時期を調整している部分の時価は△15とする（△は貸方（マイナス）の時価）。

[会計処理]

＜X1年4月1日時点＞

契約時点では，金利スワップ取引および損益の計上時期を調整している部分の時価はゼロであるため，借入に係る処理のみとなる。

| （借）現金預金 | （※）10,000 | （貸）借入金 | （※）10,000 |

(※) 10,000…前提条件①参照。

＜X2年3月31日時点＞
　金利スワップ取引の時価の変動による評価差額は，ヘッジ会計を適用しているため繰り延べることになる。また，損益の計上時期を調整している部分の時価の変動は，市場金利に対する支払利息の調整として処理する。

① 金利スワップ取引の時価評価

| （借）金利スワップ | (※)37 | （貸）繰延ヘッジ損益 | (※)37 |

(※) 37…金利スワップ取引の時価の変動（前提条件⑦参照）。

② 損益の調整

| （借）支払利息 | (※)15 | （貸）未払費用 | (※)15 |

(※) 15…損益の計上時期を調整している部分の時価の変動（前提条件⑦参照）。

③ 借入金利息の計上（支払）

| （借）支払利息 | (※)30 | （貸）現金預金 | (※)30 |

(※) 30 ＝ 元本10,000 ×（3か月TIBOR 0.1% ＋ 0.2%）（前提条件③および⑤参照）

繰延ヘッジ損益と税効果会計

Q11-1 繰延ヘッジ損益および税効果会計の会計処理の概要

繰延ヘッジ損益および税効果会計の基本的な会計処理を教えてほしい。

A

繰延ヘッジ損益は，純資産の部に計上する。なお，繰延ヘッジ損益を純資産の部に計上するにあたっては，これらに係る繰延税金資産または繰延税金負債の額を控除した金額で計上する。

解説

1 繰延ヘッジ損益と個別財務諸表上の取扱い

繰延ヘッジ損益とは，ヘッジ会計を適用したことにより繰り延べられたヘッジ手段に係る損益または評価差額である。会計基準上では，繰延ヘッジ損益について，これらに係る繰延税金資産または繰延税金負債の額を控除した金額で計上することが求められている（税効果会計基準　第二　二　3　ただし書き，金融商品実務指針174項）。

2 連結財務諸表上の取扱い

連結財務諸表においては，純資産の部に計上される税効果を控除した後の繰

延ヘッジ損益の当期変動額をその他の包括利益として，連結包括利益計算書等に表示する必要がある（金融商品実務指針174項）。

3 繰延ヘッジ損益に係る税効果会計の取扱い

　繰延ヘッジ損益に係る税効果会計の取扱いを理解するために，一時差異の定義を確認したい。一時差異とは，貸借対照表および連結貸借対照表に計上されている資産および負債の金額と課税所得計算上の資産および負債の金額との差額である。繰延ヘッジ損益のように，資産の評価替えにより生じた評価差額が直接純資産の部に計上され，かつ，課税所得の計算に含まれていない場合は，会計上と課税所得計算上の資産および負債に差額が生じることになるため，一時差異に該当する（税効果会計基準　第二　一　2（1）②）。このため，税効果会計の適用が必要となる。

　繰延ヘッジ損益に係る一時差異は，繰延ヘッジ損失と繰延ヘッジ利益とに区分し，繰延ヘッジ損失に係る将来減算一時差異については，その回収可能性を判断した上で繰延税金資産を計上する。一方，繰延ヘッジ利益に係る将来加算一時差異については繰延税金負債を計上する。繰延税金資産または繰延税金負債の金額は，回収または支払が行われると見込まれる期の税率に基づいて計算することに留意が必要である（税効果会計基準　第二　二　2）。なお，繰延税金資産の回収可能性の判断については，後記「Q11－2　繰延ヘッジ損失に係る繰延税金資産の回収可能性」を参照のこと。

　また，繰延ヘッジ処理に係る会計と税務の相違についての詳しい内容は，後記「第13章　Q13－4　繰延ヘッジ処理における会計と税務の相違」を参照のこと。

　以上の解説を踏まえ，税効果を織り込んだ繰延ヘッジの会計処理を設例11－1－1に示している。

設例11－1－1　繰延ヘッジ損益と税効果の仕訳（個別財務諸表）

[前提条件]
① 会社（3月決算）は輸入取引の為替リスクを為替予約によりヘッジするため，X1年1月31日に10千米ドルのドル買い予約を締結した。
② 為替予約実行日の先物為替相場は，締結日であるX1年1月31日時点で

は110円／米ドル，決算日であるX1年3月31日時点では103円／米ドルであった。
③ 予定取引に関してはヘッジ会計の適用要件を満たしているものとする。
④ 法定実効税率は30％とする。
⑤ 繰延税金資産の回収可能性に問題はないものとする。

[会計処理（単位：千円）]

＜X1年3月31日（決算日）における為替予約の時価評価の仕訳＞

（借）繰延ヘッジ損益	（※1）49	（貸）為替予約	（※2）70
繰延税金資産	（※3）21		

（※1）　差額で算出。
（※2）　70千円＝為替予約10千米ドル×（110－103）円／米ドル
（※3）　21千円＝70千円×法定実効税率30％

Q11-2　繰延ヘッジ損失に係る繰延税金資産の回収可能性

繰延ヘッジ損失に係る繰延税金資産の回収可能性をどのように判断すべきか，教えてほしい。

A

回収可能性適用指針に基づく企業の分類に従って判断すべきであるが，ヘッジの有効性を考慮すれば，（分類1）に該当する企業および（分類2）に該当する企業に加え，（分類3）に該当する企業においても回収可能性があるものとされている。

解説

1　回収可能性適用指針に基づく繰延税金資産の回収可能性の判断基準

回収可能性適用指針第6項では，将来減算一時差異および税務上の繰越欠損

金に係る繰延税金資産の回収可能性は，収益力に基づく一時差異等加減算前課税所得などに基づいて，将来の税金負担額を軽減する効果を有するかどうかを判断することが示されている。当該収益力に基づく一時差異等加減算前課税所得などに基づいて繰延税金資産の回収可能性を判断する際には，企業をいくつかの要件に基づき分類し，当該分類に応じて，回収が見込まれる繰延税金資産の計上額を決定する必要がある。それぞれの分類と要件は図表11－2－1のとおりである（回収可能性適用指針15項から31項）。

図表11－2－1　収益力に基づく企業の分類とその要件

分類	要件
（分類1）	次の要件をいずれも満たす企業 （1）過去（3年）および当期のすべての事業年度において，期末における将来減算一時差異を十分に上回る課税所得が生じている。 （2）当期末において，近い将来に経営環境に著しい変化が見込まれない。
（分類2）	次の要件をいずれも満たす企業 （1）過去（3年）および当期のすべての事業年度において，臨時的な原因により生じたものを除いた課税所得が，期末における将来減算一時差異を下回るものの，安定的に生じている。 （2）当期末において，近い将来に経営環境に著しい変化が見込まれない。 （3）過去（3年）および当期のいずれの事業年度においても重要な税務上の欠損金が生じていない。
（分類3）	次の要件をいずれも満たす企業。ただし，（分類4）の（2）または（3）の要件を満たす場合を除く。 （1）過去（3年）および当期において，臨時的な原因により生じたものを除いた課税所得が大きく増減している。 （2）過去（3年）および当期のいずれの事業年度においても重要な税務上の欠損金が生じていない。 なお，（1）における課税所得から臨時的な原因により生じたものを除いた数値は，負の値となる場合を含む。
（分類4）	次のいずれかの要件を満たし，かつ，翌期において一時差異等加減算前課税所得が生じることが見込まれる企業 （1）過去（3年）または当期において，重要な税務上の欠損金が生じている。

	（2） 過去（3年）において，重要な税務上の欠損金の繰越期限切れとなった事実がある。 （3） 当期末において，重要な税務上の欠損金の繰越期限切れが見込まれる。
（分類5）	次の要件をいずれも満たす企業 （1） 過去（3年）および当期のすべての事業年度において，重要な税務上の欠損金が生じている。 （2） 翌期においても重要な税務上の欠損金が生じることが見込まれる。

2 繰延ヘッジ損失に係る繰延税金資産の回収可能性の判断基準

　繰延ヘッジ損失に係る繰延税金資産の回収可能性の判断基準については，ヘッジの有効性を考慮すれば，通常，ヘッジ対象に係る評価差益に関する将来加算一時差異とほぼ同時期に同額で解消されるものとみることもできると考えられるため，前記図表11−2−1の企業の分類に基づき，（分類1）に該当する企業および（分類2）に該当する企業に加え，（分類3）に該当する企業においても回収可能性があるものとされている（回収可能性適用指針46項）。この根拠については，後記「3　繰延ヘッジ損失に係る一時差異とスケジューリング」にてより詳しく解説する。

　一方，（分類4）に該当する企業については，回収可能性適用指針第46項において特別な定めはなく，翌期の一時差異等加減算前課税所得の見積額に基づいて，翌期における繰延ヘッジ損失を含むすべての一時差異のスケジューリングを考慮して回収可能性があるものと判断される額を限度として，繰延税金資産を計上するものと考えられる。なお，（分類5）の企業においては，原則として繰延税金資産の回収可能性はないとされる。この内容をまとめると図表11−2−2のとおりである。

| 図表11－2－2 | 企業の分類と繰延ヘッジ損失に係る繰延税金資産の回収可能性 |

分類	回収可能性の判断
（分類1） （分類2）(※1) （分類3）(※2)	回収可能性があるものと判断されるため，繰延税金資産が計上される。
（分類4）	翌期における繰延ヘッジ損失を含むすべての一時差異のスケジューリングを考慮して，回収可能性があるものと判断される額を限度に，繰延税金資産を計上する。
（分類5）	回収可能性がないものと判断されるため，繰延税金資産は計上されない。

（※1） 回収可能性適用指針第28項において（分類2）に該当するものとして取り扱われる企業を含む。
（※2） 回収可能性適用指針第29項において（分類3）に該当するものとして取り扱われる企業を含む。

3 繰延ヘッジ損失に係る一時差異とスケジューリング

　ヘッジ会計とは，ヘッジ対象に係る損益とヘッジ手段に係る損益を同一の会計期間の純損益に認識し，ヘッジの効果を会計に反映させるために行う会計処理である。このため，ヘッジが有効であれば，将来減算一時差異の解消，すなわちヘッジ手段に係る損失が認識される会計期間と同一の会計期間に，ヘッジ対象に係る利益が認識されるため，それが課税所得を構成することとなる。そうすれば将来減算一時差異の解消と同一の会計期間に，当該将来減算一時差異と相殺できるほぼ同額の課税所得の発生が合理的に見込まれることとなり，繰延税金資産の回収可能性が認められることになる。なお，ここでいう「ほぼ同額」というのは，金融商品実務指針第156項におけるヘッジの有効性判定におけるヘッジ対象とヘッジ手段との間に高い相関関係があると認められる範囲内という意味であると考えられる。

　つまり，ヘッジの有効性は，ヘッジ手段およびヘッジ対象に係る純損益の損益計算書への認識時点，および金額が高い相関関係が有していることを意味しており，これにより将来減算一時差異の解消時期と解消時点における課税所得の発生が合理的に見積もられていると判断されるものと考えられる。

　ただし，ここで留意すべき点は，繰延税金資産の回収可能性を判断する際に

見積る一時差異等加減算前課税所得に含まれる将来実現するヘッジ対象に係る利益の取扱いである。前記のとおり将来発生するヘッジ対象に係る利益は，ヘッジ手段に係る将来減算一時差異の解消額と相殺されるようにスケジューリングする必要がある。よって，スケジューリングの際は，将来実現するヘッジ対象に係る利益から生じる当該課税所得は，他の将来減算一時差異と相殺することができないと考えられることに留意が必要である。

Q11-3 繰延ヘッジ利益に課税される場合の表示

在外子会社の持分の為替変動リスクをヘッジするために，為替予約を行っているが，税務上ヘッジが認められないため繰延ヘッジ利益に課税された場合に，当期税金をどのように表示すべきか教えてほしい。

A

我が国の会計基準においては明らかにされていないが，実務上は，法人税等（当期税金）は損益計算書の「法人税，住民税及び事業税」に表示することが考えられる。

解説

1 その他の包括利益と当期税金・税効果

繰延ヘッジ損益のようなその他の包括利益は，税効果を控除した後の金額で表示することとされている（包括利益会計基準8項）。すなわち，その他の包括利益は「税引後」の数値ということになる。会計基準上は「税効果」を考慮した後の金額でその他の包括利益を表示することとされているが，実際には，繰延ヘッジ損益に対して，繰延税金だけでなく当期税金（法人税等）が発生することもある。繰延ヘッジ損益が，会計上損益として実現する以前に税務上で益金（または損金）に算入されるような場合，繰延ヘッジ損益に当期税金が課されるケースがそれにあたる。

2 繰延ヘッジ損益に当期税金が課されるケース

繰延ヘッジ損益に当期税金が課されるケースとしては、例えば以下のような在外子会社の投資に係る持分のヘッジのケースがある。

在外子会社に投資をしている場合、当該在外子会社の資産および負債の為替変動による含み損益の親会社持分相当は、連結財務諸表上は為替換算調整勘定に計上されている。この在外子会社の持分における為替変動リスクをヘッジするために、連結財務諸表上だけではなく個別財務諸表上も、為替予約等のデリバティブ取引や借入金等の金銭債務をヘッジ手段としてヘッジ会計を適用することが認められている（外貨建取引会計基準注解注13、金融商品実務指針168項また書き）。しかし、税務上はヘッジが認められないようなケースでは、連結財務諸表および個別財務諸表において、繰延ヘッジ損益（や為替換算調整勘定）に当期税金が生じることとなる。

3 IFRSにおける取扱い

IFRS（国際財務報告基準）においては、IAS第12号で当期税金の会計処理が定められており、その他の包括利益に対して発生した当期税金は、その他の包括利益として表示することとされている（IAS第12号61A項）。したがって、この考え方に基づくと、為替予約を行っているが、税務上ヘッジが認められないため繰延ヘッジ利益に課税された場合には、損益計算書の当期税金（法人税等）ではなく、その他の包括利益に表示されることになる。

4 我が国における取扱い

我が国では、繰延ヘッジ損益に当期税金が課される場合の取扱いは明確にされていない。実務上は、設例11－3－1のとおり、損益計算書上、「法人税、住民税及び事業税」として表示されることとなると考えられる。

設例11－3－1　持分ヘッジ取引におけるヘッジ手段への課税

［前提条件］
① P社は国内に所在するS1社の株式の100%を所有している。S1社は、米

国に100％子会社であるS2社を傘下に有している。
② P社はS2社の持分投資（為替変動リスク）をヘッジするため，保有している借入金をヘッジ手段としてX1年度期首にヘッジ指定した。
③ 会計上，ヘッジの有効性には問題がなく，X1年度末における借入金に係る為替差益1,000は全額繰り延べられるものとする。
④ 税務上，当該借入金の為替差益は繰延ヘッジ処理が認められず税務上加算処理を行っているものとする。
⑤ 法定実効税率は30％とする。

[会計処理]
＜S1社個別：繰延ヘッジ（X1年度末）＞

(借) 借入金	(※) 1,000	(貸) 繰延ヘッジ損益	(※) 1,000

(※) 1,000…借入金に係る為替差益（前提条件③参照）。

＜S1社個別：為替差益に対する課税に係る仕訳（X1年度末）＞

(借) 法人税等	(※) 300	(貸) 未払法人税等	(※) 300

(※) 300＝課税所得（為替差益相当）1,000×法定実効税率30％

　この設例の後段の仕訳における「法人税等」は，通常であれば，損益計算書の税引前当期純利益（税金等調整前当期純利益）の下の「法人税，住民税及び事業税」に含めて表示されるものと考える。ただし，前記のようにIAS第12号の考え方，すなわちその他の包括利益に関して生じた当期税金はその他の包括利益で表示する，とした場合，当該「法人税等」は繰延ヘッジ損益から控除され，繰延ヘッジ損益は700（＝1,000－300）となる。なお，この設例の前段の仕訳において繰延税金負債が計上されていない理由については，別途後記「Q11－4　繰延ヘッジ損益に税効果会計が適用されない場合」で解説する。
　以上のように，我が国の現行実務では，前記のとおり法人税等（当期税金）は損益計算書の「法人税，住民税及び事業税」に表示することが一般的であるが，このようにその他の包括利益に法人税等（当期税金）が生じたような場合には取扱いが明らかになっていない。なお，平成26年3月27日に開催された第284回企業会計基準委員会の審議事項（5）－2のNo.55では，その他の包括利益に対して課税された場合の税金費用の表示が現行の実務指針の課題とし

て挙げられている。

Q11-4 繰延ヘッジ損益に税効果会計が適用されない場合

繰延ヘッジ損益に税効果会計が適用されない場合の会計処理について教えてほしい。

A

繰延ヘッジ損益に係る一時差異は、貸借対照表に計上されている資産および負債の金額と課税所得計算上の資産および負債の金額との差額であり、繰延ヘッジ損益が、会計上損益として実現する以前に税務上で益金（または損金）に算入されるような場合には、結果として一時差異は生じないため、税効果会計は適用されない。

解説

1 繰延ヘッジ損益の一時差異

繰延ヘッジ損益の一時差異は、貸借対照表に計上されている資産および負債の金額と課税所得計算上の資産および負債の金額との差額である。繰延ヘッジ損益のように、資産の評価替えにより生じた評価差額が直接純資産の部に計上され、かつ、課税所得の計算に含まれていない場合は、会計上と課税所得計算上の資産および負債に差額が生じることになるため、一時差異に該当する。

2 一時差異が生じない場合

前記「Q11-3 繰延ヘッジ利益に課税される場合の表示」に示した「設例11-3-1 持分ヘッジ取引におけるヘッジ手段への課税」では、繰延ヘッジ処理の仕訳で繰延税金が計上されていない。これは、会計上の資産および負債と税務上の資産および負債が設例11-4-1のとおり一致しているためである。

設例11−4−1　一時差異が生じない場合の例

[前提条件]

設例11−3−1とすべて同様（繰延ヘッジの仕訳のみ抜粋）

[会計処理（会計上と税務上の仕訳）]

＜会計上の仕訳＞

| （借）借入金 | 1,000 | （貸）繰延ヘッジ損益 | 1,000 |

会計上，借方は負債，貸方は純資産となっている。

＜税務上の仕訳＞

| （借）借入金 | 1,000 | （貸）為替差益 | 1,000 |

税務上は，為替差益の繰延処理が認められず税務上加算処理されている。したがって税務上，借方は負債，貸方は益金となり，利益積立金（純資産）となっている。

以上より，会計上の資産および負債と税務上の資産および負債は一致し，繰延税金が計上されないこととなる。

第12章

ヘッジ会計と表示・開示

Q12-1　繰延ヘッジ損益の損益計上時における処理科目

> 繰延ヘッジ損益の損益計上時における処理科目を教えてほしい。

A

ヘッジ対象の損益認識時に繰延ヘッジ損益を純損益に計上するにあたり，繰延ヘッジにおいては，原則としてヘッジ対象の損益区分と同一区分で表示する。

解説

1 | 金融商品実務指針の原則的な取扱い

金融商品実務指針では，繰延ヘッジにおいては，純損益計上時に原則としてヘッジ対象の損益区分と同一区分で表示するとしている。すなわち，繰延ヘッジ損益は，ヘッジ対象が商品であれば売上原価，株式であれば有価証券売却損益，利付資産・負債であれば利息の調整として純損益に戻入処理すると示されている（金融商品実務指針176項本文）。

2 | 為替リスクのヘッジによる繰延ヘッジ損益の取扱い

前記の例外として，為替リスクをヘッジするための予定取引についてヘッジ会計を適用している場合，繰り延べられたヘッジ手段に係る損益（繰延ヘッジ

損益）は，予定取引実行時に損益計算書に計上されるが，当該予定取引により純損益が直ちに発生する場合には，繰延ヘッジ損益は，為替差損益として処理することができるとされている（金融商品実務指針176項ただし書き）。

Q12-2　ヘッジ手段の貸借対照表の表示

> ヘッジ手段として用いられるデリバティブの貸借対照表の表示方法について教えてほしい。

A

ヘッジ手段として用いられるデリバティブ取引により生じる正味の債権および債務は内容を示す名称を付した科目をもって貸借対照表に表示する。1年基準により長短分類を行い，財規等に従って重要性が認められる場合には個別掲記が必要となる。また，貸借対照表上，総額で表示することが原則であるが，一定の要件を満たす場合には相殺して表示できる。

解説

1　貸借対照表上の表示方法

（1）　長短分類について

デリバティブ取引に係る長短分類については，その他の資産および負債と同様に1年基準が適用される。すなわち，1年内に期限の到来しないものは固定資産または固定負債に，そうでないものは流動資産または流動負債に分類する。

（2）　個別掲記の要否について

個別掲記について財規および計算書類規則で規定されている内容は図表12－2－1のとおりである。財規では重要性に応じて個別掲記することが求められる。個別に掲記する場合には，為替予約や金利スワップなど，当該デリバティブの内容を示す名称を付した科目で表示することが適切と考えられる。

図表12－2－1　個別掲記の取扱い

金融商品取引法 （個別財務諸表および連結財務諸表）	原則として各区分の「その他」に含まれるが，金額が資産の総額または負債および純資産の総額の100分の5を超えるものについては，その内容を示す名称を付した科目をもって掲記する。 資産（個別）（財規19条，33条，財規ガイドライン19の5） 負債（個別）（財規50条，53条，財規ガイドライン50の4） 資産（連結）（連結財規23条3項，30条5項，連結財規ガイドライン23－3の1） 負債（連結）（連結財規37条5項，38条4項，連結財規ガイドライン37－5）
会社法 （計算書類および連結計算書類）	デリバティブの表示に関して区分掲記の規定はない。

（3）　連結財務諸表を作成している会社の特例

　連結財務諸表を作成している会社のうち，会計監査人設置会社は，「特例財務諸表提出会社」とされ，会社法の要求水準に合わせた財務諸表の様式により財務諸表を作成することができる（財規127条）。この規定を適用した場合には，特例財務諸表提出会社に該当する旨，および財規第127条の規定により財務諸表を作成している旨を注記する必要がある。

2　相殺表示

　金融商品実務指針第140項の定めによると，金融資産と金融負債は貸借対照表において総額で表示することを原則とするが，以下のすべての要件を満たす場合には相殺して表示できることとされている。

> （1）　同一の相手先に対する金銭債権と金銭債務であること。
> （2）　相殺が法的に有効で，企業が相殺する能力を有すること。
> （3）　企業が相殺して決済する意思を有すること。

　ただし，同一相手先とのデリバティブ取引の時価評価による金融資産と金融負債については，法的に有効なマスターネッティング契約（一つの契約について債務不履行等の一括清算事由が生じた場合に，契約の対象となるすべての取

引について，単一通貨の純額で決済することとする契約）を有する場合には，その適用範囲で相殺可能とする。相殺表示に関する方針は，毎期継続して適用することに留意が必要である。

Q12-3 ヘッジ会計適用後の支払利息がマイナスとなった場合の表示方法

> 当社は変動金利の借入金に対して，金利変動リスクを回避するために金利スワップを締結し，ヘッジ会計を適用している。ヘッジ会計適用後の支払利息がマイナスとなった場合，支払利息のマイナスとして損益計算書に表示すべきか教えてほしい。

A

　マイナス金利などの状況により，ヘッジ会計適用後の支払利息がマイナスとなった場合には，借方の支払利息のマイナスとして処理する方法，または支払利息とは別に発生する収益（受取利息など）として処理する方法のいずれかの会計処理および表示方法が考えられる。

解説

1 | 我が国の会計基準上の取扱い

　我が国の会計基準上は金融負債に係る支払利息がマイナスとなった場合の当該利息の会計処理および表示方法について明示的な定めはないが，一般に認められる会計処理としては利息の発生源泉である資産または負債の貸借対照表の区分に応じて計上する方法と，総額主義の原則に従って計上する方法が考えられる（企業会計原則　第二　一　B）。

2 | 実務上の取扱い

　マイナス金利などの状況により，ヘッジ会計適用後の支払利息がマイナスとなった場合には以下のいずれかの会計処理および表示方法が考えられる。

- 借方の支払利息のマイナスとして処理する方法
- 支払利息とは別に発生する収益（受取利息など）として処理する方法

（1） 借方の支払利息のマイナスとして処理する方法

　借方の支払利息のマイナスとして処理する方法によれば，支払利息（損益）とその発生源泉である貸借対照表上の負債との関係が明確となる。このため，この方法は，前記の我が国の取扱いが示す方法，すなわち利息の発生源泉である資産または負債の貸借対照表の区分に応じて計上する方法とも相反するものではない。また，通常負債から生じる利息を営業外費用に支払利息として計上していることから，当該負債から生じたヘッジ会計適用後の貸方の利息を支払利息から控除して表示する方法は不合理ではなく，認められる方法であると考えられる。

（2） 支払利息とは別に発生する収益（受取利息など）として処理する方法

　こちらの支払利息とは別に発生する収益（受取利息など）として処理する方法については，我が国において費用および収益に関して総額主義が原則とされている点と一貫しており，マイナス金利等によって貸方の支払利息が発生した場合に借方の支払利息とは別に収益として計上することは不合理ではない。特に，マイナス金利の発生が業務取引上想定している費用発生に関連して生じた例外的な会計事象ではなく，マイナスの利息が独自の発生項目として重要性があり，プラス側（借方側）の費用との関連性が乏しい場合には，より実態に整合した処理になると考えられる。

Q12-4　ヘッジ会計に関して求められる開示の概要

　ヘッジ会計に関して求められる開示の概要を教えてほしい。

A
　ヘッジ会計に関連して，計算書類規則では，「重要な会計方針の注記」，「金

融商品に関する注記」が求められており，財規ではこれらに加え，「デリバティブに関する注記」，「その他の包括利益に関する注記」が求められている。

解説

1 金融商品取引法による開示

　ヘッジ会計（デリバティブ取引を含む。）に関連する開示が必要な箇所をまとめると図表12－4－1のとおりである。なお，その他の包括利益に関する注記を除き，いずれの場合も重要性の乏しいものについては，注記を省略できる。

図表12－4－1　ヘッジ会計に関連する開示

	年度（連結）	年度（個別）	四半期（連結）	中間（連結）
重要な会計方針の注記	○	(※1)	○	○
金融商品に関する注記	○	○	(※3)	○
デリバティブに関する注記	○	(※2)	(※3)(※4)	(※5)
その他の包括利益に関する注記	○	－	－	－

(※1)　連結財務諸表を作成している会社のうち，会計監査人設置会社は特例財務諸表提出会社に該当し，このような会社は財規で求められるいくつかの注記を会社計算規則に基づき作成した注記に代えることができる。個別財務諸表の注記として記載が求められる重要な会計方針の注記は，会社計算規則第101条で求められる重要な会計方針に関する注記に代えることが可能である（財規127条2項1号）。

(※2)　財務諸表提出会社が連結財務諸表を作成している場合には，記載することを要しない（財規8条の8第4項）。

(※3)　金融機関等（総資産の大部分を金融資産が占め，かつ，総負債の大部分を金融負債および保険契約から生じる負債が占める企業または企業集団）以外は，第1四半期連結会計期間および第3四半期連結会計期間において注記を省略することができる（四半期連結財規17条の2）。

(※4)　デリバティブ取引が企業集団の事業の運営において重要であり，かつ，当該取引の契約額その他の金額に前連結会計年度の末日に比して著しい変動が認められる場合には，注記しなければならない。ただし，ヘッジ会計が適用されているものは注記から除くことができる（四半期連結財規17条1項）。

(※5)　ヘッジ会計が適用されているものは注記から除くことができる（中間連結財規17条）。

2 会社法に基づく開示

　金融商品に関する注記は，会社計算規則においても，重要性の乏しいものを除き「金融商品の状況に関する事項」，「金融商品の時価等に関する事項」を記載することが求められている。なお，連結注記表を作成する株式会社は，個別注記表における当該注記は不要である（会社計算規則109条）。

　なお，会社計算規則上では直接的な記述はないが，計算書類等における重要な会計方針に係る事項に関する注記では，資産の評価基準および評価方法を開示する必要がある（会社計算規則101条1号）。デリバティブ取引を行っている場合には，この箇所においてデリバティブの評価基準を注記することも考えられる。

3 各開示の開示内容

　金融商品取引法に基づく財務諸表等に必要な開示の解説はQ12－5以降にて行う。開示項目と参照設問番号は図表12－4－2のとおりである。なお，以下の設問では，連結財務諸表における開示に焦点を絞り解説する。

図表12－4－2　開示項目と参照番号

開示項目（規定，規則）	参照Q＆A番号
・重要な会計方針の注記 （連結財規13条5項7号，財規8条の2第8号，中間連結財規10条5項7号，中間財規4条6号）	Q12－5
・金融商品に関する注記 （連結財規15条の5の2，財規8条の6の2，中間連結財規15条の2，中間財規5条の3の2）	Q12－6
・デリバティブに関する注記 （連結財規15条の7，財規8条の8，中間連結財規17条，中間財規5条の5）	Q12－6
・その他の包括利益に関する注記 （連結財規69条の6）	Q12－7 Q12－8

Q12-5 ヘッジ会計に関する重要な会計方針の開示

> ヘッジ会計を適用している場合，連結財規等に基づき連結財務諸表作成のための基本となる重要な事項（会計方針に関する事項）として開示すべき情報について教えてほしい。

A

連結財務諸表作成のための基本となる重要な事項（会計方針に関する事項）として，重要なヘッジ会計の方法等を記載する必要がある。また，デリバティブ取引に重要性があれば，「重要な資産の評価基準及び評価方法」の中で，デリバティブの評価基準を注記する。

解説

1 重要な会計方針（ヘッジ会計の方法）

連結財務諸表作成のための基本となる重要な事項の中で，ヘッジ会計の方法には，繰延ヘッジ等の「ヘッジ会計の方法」に併せて，「ヘッジ手段とヘッジ対象」,「ヘッジ方針」,「ヘッジ有効性評価の方法」といったリスク管理方針のうちヘッジ会計に係るものについても概括的に記載する必要がある（連結財規13条5項7号）。図表12－5－1に重要なヘッジ会計の方法の開示を紹介している。このケースは，繰延ヘッジの他，為替予約等の振当処理および金利スワップの特例処理の要件を満たしたヘッジ取引があるケースである。

> **図表12－5－1　重要なヘッジ会計の方法の注記（例）**

重要なヘッジ会計の方法
（1）ヘッジ会計の方法
　　原則として，繰延ヘッジ処理によっております。なお，振当処理の要件を満たしている為替予約，通貨スワップ及び通貨オプションについては振当処理に，特例処理の要件を満たしている金利スワップについては，特例処理によっております。
（2）ヘッジ手段とヘッジ対象
　　ヘッジ会計を適用したヘッジ手段とヘッジ対象は以下のとおりであります。
　　　a. ヘッジ手段…為替予約
　　　　ヘッジ対象…製品輸出による外貨建売上債権
　　　b. ヘッジ手段…金利スワップ
　　　　ヘッジ対象…社債・借入金
　　　c. ヘッジ手段…通貨スワップ
　　　　ヘッジ対象…外貨建金銭債務
（3）ヘッジ方針
　　デリバティブ取引に関する権限規定及び取引限度額等を定めた内部規定に基づき，ヘッジ対象に係る為替相場変動リスクを一定の範囲内でヘッジしております。
（4）ヘッジの有効性評価の方法
　　ヘッジ開始時から有効性判断時点までの期間において，ヘッジ手段のキャッシュ・フロー変動の累計とヘッジ対象のキャッシュ・フロー変動の累計を比較して有効性を判定しております。ただし，特例処理によっている金利スワップについては，有効性の評価を省略しております。

2 ｜ 重要な会計方針の開示事例（デリバティブ取引の評価基準）

　デリバティブ取引に重要性があれば，図表12－5－2のように，重要な会計方針の中の「重要な資産の評価基準及び評価方法」の中で，デリバティブの評価基準を注記する。

> **図表12－5－2　重要なデリバティブ取引の評価基準の注記（例）**

重要な資産の評価基準及び評価方法
　デリバティブ…時価法

Q12-6 金融商品に関する注記およびデリバティブ取引に関する注記の開示方法

デリバティブをヘッジ手段として用いてヘッジ会計を適用しているが，金融商品取引法に基づき連結財務諸表を作成する場合に，金融商品に関する注記やデリバティブ取引に関する注記としてどのような開示が求められるか教えてほしい。

A

金融商品に関する注記では，金融商品の取組方針などの「金融商品の状況に関する事項」や「金融商品の時価等に関する事項」を開示する必要がある。さらに，デリバティブ取引に関する注記では，元本相当額や評価損益といった情報も開示する必要がある。

解説

1 金融商品に関する注記事項

金融商品に関して記載が必要な事項は以下のとおりである。なお，重要性の乏しいものについては，注記を省略することができる（連結財規15条の5の2第1項，財規8条の6の2第1項，中間連結財規15条の2，中間財規5条の3の2）。

> (1) 金融商品の状況に関する事項
> ① 金融商品に対する取組方針
> ② 金融商品の内容およびリスク
> ③ 金融商品に係るリスク管理体制
> (2) 金融商品の時価に関する事項

(1) 金融商品の状況に関する事項
① 金融商品に対する取組方針
ヘッジ会計に関連する部分では，例えば，デリバティブ取引はリスクヘッジ目的に限り利用しており投機的な取引は行わない旨や，そもそもデリバティブは行わない方針，などといった記載をすることが考えられる。

② 金融商品の内容およびリスク

　金融商品の内容については，デリバティブの種類（先物取引，オプション取引，先渡取引，スワップ取引など）および主な金融商品の説明を記載する。金融商品のリスクについては，金利，通貨の価格，金融商品市場における相場などの変動によるリスクについて説明する。デリバティブを行っている場合には，取引の利用目的（ヘッジ会計を行っている場合には，ヘッジ手段とヘッジ対象，ヘッジ方針およびヘッジの有効性の評価方法等についての説明を含む。）を注記する。

③ 金融商品に係るリスク管理体制

　金融商品に係るリスク管理体制には，リスク管理方針，リスク管理規程，リスクの管理部署の状況およびリスクの減殺方法または測定手続などが含まれる。なお，金融資産および金融負債の双方がそれぞれ資産の総額および負債の総額の大部分を占めており，かつ，当該金融資産および金融負債の双方が事業目的に照らして重要である連結会社は，当該金融資産および金融負債の主要な市場リスクの要因となる当該指標の数値の変動に対する当該金融資産および金融負債の価値の変動率に重要性がある場合には，以下の事項を注記しなければならないことに注意が必要である（連結財規15条の5の2第3項）。

> i　リスク管理において，市場リスクに関する定量的分析を利用している金融商品，当該分析に基づく定量情報およびこれに関連する情報
> ii　リスク管理において，市場リスクに関する定量的分析を利用していない金融商品について，その旨，市場リスクの要因となる金利，通貨の価格，金融商品市場における相場その他の指標の変動を合理的な範囲で仮定して算定した時価の増減額及びこれに関連する情報

(2)　金融商品の時価に関する事項

　金融商品に関しては，連結決算日における連結貸借対照表の科目ごとの連結貸借対照表計上額，時価，時価との差額，時価の算定方法の開示が求められる（連結財規15条の5の2第1項2号）。ただし，デリバティブに関しては，さらに連結財規第15条の7において以下のようなデリバティブ取引に関する注記が求められている。

① ヘッジ会計が適用されていないデリバティブ取引
- 貸借対照表日における契約額または契約において定められた元本相当額
- 貸借対照表日における時価および評価損益
- 時価の算定方法

② ヘッジ会計が適用されているデリバティブ取引
- 貸借対照表日における契約額または契約において定められた元本相当額
- 貸借対照表日における時価
- 時価の算定方法

ヘッジ会計が適用されていない取引については，以下の点に留意する必要がある。

- 取引の対象物（通貨，金利，株式，債券，商品等）の種類ごとに開示する。
- 市場取引または市場取引以外の取引，買付約定に係るものまたは売付約定に係るものに区分して開示する。
- 貸借対照表日から取引の決済日または契約の終了時までの期間およびその他の項目に区分して開示する。

ヘッジ会計が適用されているデリバティブについては，以下の点に留意する必要がある。

- ヘッジ会計の方法，取引の種類，ヘッジ対象およびその他の項目に区分して開示する。
- 金利スワップの特例処理および為替予約等の振当処理については，ヘッジ対象と一体として，当該ヘッジ対象の時価に含めて注記することができる。

なお，図表12－6－1では金利スワップの特例処理を採用した場合の開示例を示している。

| 図表12－6－1 | 金利スワップの特例処理を採用した場合 |

2．ヘッジ会計が適用されているデリバティブ取引
（1） 金利関連
　　　前連結会計年度（平成XX年3月31日）
　　　…省略…
　　　当連結会計年度（平成XX年3月31日）　　（単位：百万円）

ヘッジ会計の方法	デリバティブ取引の種類等	主なヘッジ対象	契約額等	契約額等のうち一年超	時価
金利スワップ特例処理	金利スワップ取引支払固定・受取変動	長期借入金	XXX	XXX	XXX

（注）　金利スワップの特例処理によるものは，ヘッジ対象とされている長期借入金と一体として処理されるため，その時価は，当該長期借入金の時価に含めて記載しております。

2　為替予約取引の時価および評価損益の注記における留意事項

　為替予約を含む先渡取引・先物取引，スワップ取引については，契約時点で権利（債権）と義務（債務）が等価で交換されるため，その時点での価値はゼロであり，事後的な時価の変動が評価損益と等しくなる（時価＝評価損益となる）ものと考えられる。ヘッジ会計を適用していない為替予約については，期末時点で時価により評価した上で，差額を当期の純損益として処理することとなるため，時価＝貸借対照表価額となる。このとき，為替予約の時価については，契約で定められた受渡価額（円貨）と，同様の限月に係る期末時点での先物為替相場を基礎とした価額との差額の割引現在価値になると考えられる。設例12－6－1において具体的な開示方法を示している。

設例12－6－1　為替予約の時価の開示

[前提条件]
① X1年1月末に，X1年7月末決済の10百万米ドルの買建為替予約を90円／米ドルで締結した。
② X1年3月末（決算日）の当該買建為替予約の時価は50百万円（利益）と

する。
③　当該為替予約はヘッジ目的で締結したものであるが，予定取引に関するものではなく，また，会計処理は独立処理を採用している。

（金融商品関係）（抜粋）　　　　　　　　　　　　　　　　（単位：百万円）

	連結貸借対照表計上額	時価	差額
（中略）			
デリバティブ取引 ①　ヘッジ会計が適用されていないもの	50	50	—

（デリバティブ取引関係）（抜粋）　　　　　　　　　　　　（単位：百万円）

区分	取引の種類	契約額等	時価	評価損益
市場取引以外の取引	為替予約取引 買建 　米ドル	900	50	50

Q12-7　その他の包括利益に関する注記（組替調整額）の概要

繰延ヘッジ損益に係るその他の包括利益に関する注記（組替調整額）の概要について教えてほしい。

A

包括利益計算書では，その他の包括利益を項目ごとに区分掲記しなければならず，繰延ヘッジ損益についても記載が求められる。また，当期純損益を構成する項目のうち，当連結会計年度以前にその他の包括利益の項目に含まれていた金額は，組替調整額として，その他の包括利益の項目ごとに注記しなければならない。

解 説

1 組替調整額について

　組替調整額とは，当期純利益を構成する項目のうち，当期または過去の期間にその他の包括利益に含まれていた部分をいう（包括利益会計基準31項）。繰延ヘッジ損益に関していえば，ヘッジ対象に係る損益が認識されたことなどに伴って当期純利益に含められた金額のことである（包括利益会計基準31項(2)本文）。当期純利益又は当期純損失金額を構成する項目のうち当連結会計年度以前にその他の包括利益の項目に含まれていた金額は，組替調整額として，その他の包括利益の項目ごとに注記しなければならない（連結財規69条の6）。

　ヘッジ会計が適用される場合，デリバティブ等のヘッジ手段に係る損益は，ヘッジ対象に係る損益が認識されるまで繰り延べ，繰延ヘッジ損益として純資産の部に計上される処理が原則である。その後，ヘッジ対象に係る損益が認識された場合，繰り延べられたヘッジ手段に係る損益がデリバティブ等の損益として当期純利益を構成することになるため，当期純利益には，当期または過去にその他の包括利益に含まれていた金額が含まれていることになる。包括利益会計基準はこの金額を開示することを求めている。

　なお，会社法では包括利益計算書がなく，当該注記は不要である。ただし，会社が，連結計算書類に加えて任意に包括利益計算書を参考情報として作成し開示することは禁止されていない。

2 繰延ヘッジ損益に係る組替調整額の内容

　繰延ヘッジ損益に係る組替調整額は，ヘッジ対象に係る損益が認識されたことなどに伴って当期純利益に含められた金額であるが，以下のケースについても組替調整額の注記が必要である点に留意が必要である。

- 期中に発生し，実現した繰延ヘッジ損益
- ヘッジ対象とされた予定取引で購入された資産の取得原価に加減された損益（包括利益会計基準31項(2)また書き）
- ヘッジ手段を保有する連結子会社または持分法適用会社の株式の売却によって当期純利益に計上される金額

3 組替調整額の注記に含まれない特殊なケース

(1) 為替予約等の振当処理を採用しているケース

　為替予約等によるヘッジ取引に係る会計処理として為替予約等の振当処理を採用している場合でも，為替予約等の締結後，予定取引の実行前に期末を迎えた場合には繰延ヘッジ損益が計上されることから（外貨建取引実務指針8項），予定取引の実行日までの為替予約の評価額を組替調整額として認識することも考えられる。しかし，為替予約等の振当処理を適用した場合，外貨建金銭債権債務等を直接為替予約等の為替レートを用いて換算し，当該換算結果を貸借対照表に計上するため，為替予約等の評価額は，予定取引が認識されるまでの時価評価を除いて，個別的には計上されない（外貨建取引実務指針4項参照）。このような理由に加え，為替予約等の振当処理は，実務に対する配慮から認められてきた特例的な処理であることを勘案し，組替調整額およびこれに準じた開示は必要ないと考えられる（包括利益会計基準31項(2)）。

(2) 金利スワップの特例処理を採用しているケース

　金利スワップの会計処理として金利スワップの特例処理を採用している場合には，金利スワップを時価評価せず，両者を一体として実質的に変換された条件による債権または債務を考え，金利スワップの評価差額を繰り延べる処理に代えて，当該金利スワップに係る金銭の受払の純額等を当該資産または負債に係る利息に加減して処理することになる（金融商品会計基準（注14））。このため，繰延ヘッジ損益は認識されず，その他の包括利益の金額や，組替調整額の金額には影響させないものと考えられる。この点については，企業会計基準委員会（ASBJ）による「『包括利益の表示に関する会計基準（案）』等の公開草案に対するコメント」（平成24年4月24日公開草案公表）の「5　本公開草案についての主なコメントの概要とそれらに対する対応」の8で明確に示されている。

Q12-8 組替調整額の算定方法

繰延ヘッジ損益に係る組替調整額の具体的な算定方法について教えてほしい。

A

繰延ヘッジ損益は，ヘッジ対象に係る損益が認識されたことなどに伴って当期純利益に含められた金額のことである。また，ヘッジ対象とされた予定取引で購入した資産の取得原価に加減された金額は，組替調整額に準じて開示することが適当とされる。

解説

1 繰延ヘッジ損益に係る組替調整額の算定

ヘッジ会計はヘッジ対象が消滅したときに終了し，繰り延べられているヘッジ手段に係る損益または評価差額は当期の純損益として処理される。組替調整額には，当期の純損益として処理された繰延ヘッジ損益を含める。また，ヘッジ対象とされた予定取引で購入した資産の取得原価に加減された金額については，資産の購入時点において，その他の包括利益累計額から振り替えられた金額を含める。具体的な数値を利用して設例12－8－1にて解説する。

設例12－8－1 繰延ヘッジ損益に係る組替調整額の集計と開示

[前提条件]
① 会社は相場変動リスクをヘッジするため，および予定取引の将来キャッシュ・フロー変動リスクをヘッジするため，デリバティブ取引を行っている。
② X2年3月期の相場変動リスクのヘッジでは，ヘッジ対象の純損益認識時に繰延ヘッジ損益の合計70（税効果調整前100）を純損益へ計上している。
③ 予定取引のヘッジでは，繰延ヘッジ損益の合計額35（税効果調整前50）をX2年3月期に購入した資産の取得原価から減算している。
④ 相場変動リスクのヘッジと予定取引のヘッジの繰延ヘッジ損益の当期の変動額は70（税効果調整前100），当期発生額は175（税効果調整前250）である。

[繰延ヘッジ損益の増減内訳]

	X1/3/31	ヘッジ会計による組替調整額	資産の取得原価調整額	当期発生額（差額）	X2/3/31
繰延ヘッジ損益	－	△100	△50	250	100
税効果額	－	△30	△15	75	30
税効果調整後繰延ヘッジ損益	－	△70	△35	175	70

- ヘッジ会計による組替調整額

　前提条件②に記載のとおり，ヘッジ対象の純損益認識時に繰延ヘッジ損益の合計70（税効果調整前100）を純損益へ計上しているため，この金額がヘッジ会計による組替調整額となる。期中に発生し，期中に損益計算書に計上された繰延ヘッジ損益もこの額に含まれることから，金額の集計プロセスが複雑になることも考えられるため，留意が必要である。

- 資産の取得原価調整額

　前提条件③に記載のとおり，予定取引に関しては，繰延ヘッジ損益の合計額35（税効果調整前50）をX2年3月期に購入した資産の取得原価から減算しているため，この金額がヘッジ対象とされた予定取引で購入した資産の取得原価に加減された金額（資産の取得原価調整額）となる。

[開示例]

＜包括利益計算書の表示＞

　ここでは，その他の包括利益の内訳項目は税効果調整後の金額で表示する場合の例を示している。なお，その他の包括利益の内訳項目は税効果調整後の金額で表示する場合の例である。

連結包括利益計算書

当連結会計年度
（自 X1年4月1日
至 X2年3月31日）

当期純利益	
その他の包括利益	XXX
その他有価証券評価差額金	△XX
繰延ヘッジ損益	70
その他の包括利益合計	XXX
包括利益	XXX

連結包括利益計算書上，繰延ヘッジ損益は，前記の［繰延ヘッジ損益の増減内訳］における，税効果調整後のヘッジ会計による組替調整額△70，資産の取得原価調整額△35，当期発生額175の合計70となる。

＜その他の包括利益の内訳項目の金額の注記例＞

ここでは，組替調整額と税効果額を併せて開示する場合の例を示している。

（連結包括利益計算書関係）

その他の包括利益の内訳項目の金額は以下のとおりである。

当連結会計年度
（自 X1年4月1日
至 X2年3月31日）

繰延ヘッジ損益	
当期発生額	250
組替調整額	△100
資産の取得原価調整額	△50
税効果調整前	100
税効果額	△30
繰延ヘッジ損益	70

ヘッジ対象とされた予定取引で購入した資産の取得価額に加減された金額は，組替調整額に準じて開示することが適当とされており，ここでは，資産の取得原価調整額の項目に記載している。

Q12-9 為替予約取引のキャッシュ・フロー計算書上の表示

予定取引をヘッジ対象とした為替予約を行い,これにヘッジ会計を適用し,為替予約の評価差額を繰り延べる場合のキャッシュ・フロー計算書における表示について教えてほしい。なお,当社は間接法によりキャッシュ・フロー計算書を作成している。

A

予定取引をヘッジ対象とする繰延ヘッジの場合には損益計算に影響はないためキャッシュ・フロー計算書上での調整は不要である。

解説

為替予約に関して,予定取引をヘッジ対象としてヘッジ会計を適用し,評価差額を繰り延べる場合(繰延ヘッジ),損益計算書に影響がなく,為替予約の増減額と繰延ヘッジ損益の増減額が相殺されるため,キャッシュ・フロー計算書上で調整される項目はない。また,為替予約等の振当処理を適用し,かつ,為替予約等の契約が外貨建取引の前に締結されている場合,決算時の処理としては繰延ヘッジにより評価差額を繰り延べるため,損益計算書に影響がなく,為替予約の増減額と繰延ヘッジ損益の増減額が相殺されることにより,キャッシュ・フロー計算書上で調整される項目はない。

この内容を図解すると図表12-9-1のとおりである。

図表12-9-1 ヘッジ会計を適用する場合

＜ヘッジ会計を適用し決算時に30の評価差額を繰延処理する場合のキャッシュ・フローの調整(法定実効税率は30%とする。)＞

損益計算書	貸借対照表(増減)			
影響なし	科目	金額	科目	金額
	為替予約	30	繰延ヘッジ損益 繰延税金負債	21 9

キャッシュ・フローの調整は不要

なお，為替予約についてヘッジ会計を適用しない場合で，外貨建取引の前に為替予約の契約が締結されており，為替予約の決済日の前に決算日を迎えているケースでは，決算日時点ではヘッジ手段である為替予約に係る純損益のみが認識されることになる。このような場合，損益計算書には，決算時の時価評価により評価差額が計上されることになるが（金融商品会計基準25項），当該項目は資金の変動を伴わない項目であるため，間接法によりキャッシュ・フロー計算書を作成している場合には，営業活動によるキャッシュ・フローの区分において調整が必要となる。

この内容を図解すると図表12－9－2のとおりである。

図表12－9－2　ヘッジ会計が適用されない場合

＜繰延ヘッジ会計が適用できず決算時に30の評価差額（益）を損益計算書に認識する場合のキャッシュ・フローの調整＞

損益計算書		
為替差益	30	

貸借対照表			
科目	金額	科目	金額
為替予約	30		

▼

キャッシュ・フロー計算書

営業活動によるキャッシュ・フロー

　　為替差益　　△30

Q12-10　外貨建取引の後で為替予約の契約が締結された場合のキャッシュ・フロー計算書上の表示

　為替予約等の振当処理を採用している場合に，外貨建取引の後で為替予約の契約が締結されたときのキャッシュ・フロー計算書上の表示について教えてほしい。なお，当社は間接法によりキャッシュ・フロー計算書を作成している。

A

為替予約等の振当処理について，外貨建取引の後で為替予約の契約が締結された場合には，キャッシュ・フロー計算書上調整が必要となる。

解説

為替予約等の振当処理について，外貨建取引の後で為替予約の契約が締結された場合には，為替予約等により固定化されたキャッシュ・フローの円貨額により外貨建金銭債権債務を換算し，直物為替レートによる換算額との差額を，為替予約等の契約締結日から外貨建金銭債権債務の決済日までの期間にわたり配分することになる（外貨建取引実務指針3項）。この期間配分額については，資金の変動を伴わない項目であるため，営業活動によるキャッシュ・フローの区分において，調整が必要となる。

この内容を図解すると図表12－10－1のとおりである。

| 図表12－10－1 | 振当処理について外貨建取引の後で為替予約が締結された場合 |

［前提条件］
① X0年において振当処理の原則的な方法により取引実行日の直物為替レートと為替予約等により固定化されたキャッシュ・フローの円換算額との差額100を前受収益として繰延処理した。
② X1年において，前受収益100のうち30を期間配分して当期の損益計算書に認識した。

第12章　ヘッジ会計と表示・開示　345

＜X1年において配分される直先差額30を損益計算書に認識した場合のX1年のキャッシュ・フロー計算書の調整＞

損益計算書

為替差益　30

貸借対照表（増減）

科目	金額	科目	金額
前受収益	30		

▼

キャッシュ・フロー計算書
営業活動によるキャッシュ・フロー

為替差益　△30

Q12-11　ヘッジ会計の中止および終了に関するキャッシュ・フロー計算書上の表示

ヘッジ会計の中止および終了に関するキャッシュ・フロー計算書上の表示について教えてほしい。なお，当社は間接法によりキャッシュ・フロー計算書を作成している。

A

ヘッジ対象が消滅したときなど，繰延ヘッジ損益を当期の純損益として処理する場合には，営業活動によるキャッシュ・フローの区分において調整が必要となる。

解説

ヘッジ会計の要件を満たさなくなった場合やヘッジ手段が消滅した場合には，その時点までのヘッジ手段に係る損益または評価差額は，ヘッジ対象に係る損益が認識されるまで繰り延べられることになる（金融商品実務指針180項）。この場合，その時点までに発生したヘッジ手段に係る損益または評価差額につ

いては損益計算書に認識されないため，キャッシュ・フロー計算書上で調整は不要である。

　一方で，ヘッジ対象が消滅したとき，またはヘッジ対象である予定取引が実行されないことが明らかになったときは，繰り延べられていたヘッジ手段に係る損益または評価差額（繰延ヘッジ損益）を当期の純損益として処理することとなる（金融商品実務指針181項）。この場合，当該純損益は資金の移動を伴わない項目であるため，営業活動によるキャッシュ・フローの区分において，調整が必要となる。

ヘッジ会計と税務

Q13-1 デリバティブ取引の範囲に関する会計と税務の相違

> ヘッジ手段として用いられることの多いデリバティブ取引について，会計上の範囲と税務上の範囲の相違について教えてほしい。

A

デリバティブ取引に関する税務上の範囲および考え方は，会計上の範囲および考え方と大きく異なることはなく，原則として時価評価の上，評価差額は益金または損金に算入される。

ただし，組込デリバティブについては，一部考え方が異なる点があるため，留意が必要である。

解説

1 デリバティブ取引の範囲

税務上，デリバティブ取引とは，「金利，通貨の価格，商品の価格その他の指標の数値としてあらかじめ当事者間で約定された数値と将来の一定の時期における現実の当該指標の数値との差に基づいて算出される金銭の授受を約する取引又はこれに類似する取引であって，財務省令で定めるものをいう。」とされている（法法61条の5第1項）。

具体的に，財務省令（法人税法施行規則（法規））では，市場デリバティブ

取引,店頭デリバティブ取引,外国市場デリバティブ取引（以上,金商法第2条第20項に規定されるもの），商品デリバティブ取引,排出量関連デリバティブ取引,商品オプション取引など（以上,銀行法施行規則第13条の2の3第1項に規定されるもの）などが掲げられている。この他,金融商品実務指針第6項と同様の図表13－1－1の要件が示され（法基通2－3－35,法規27条の7第1項7号参照），実質的に会計上のデリバティブ取引の範囲と同様になっているものと考えられる。

図表13－1－1　その他のデリバティブ取引の税務上の要件

要件	具体的な規定
基礎数値等の要件	その価値が,特定の金利,有価証券の価格,現物商品の価格,外国為替相場,各種の価格または率の指数,信用格付け,信用指数その他これらに類する変数の変化に反応して変化し,かつ,想定元本または決済金額のいずれかまたはその両方を有する取引であること
当初純投資の要件	当初純投資が不要であるか,または同一の効果もしくは成果をもたらす類似の一般的な取引と比べ当初純投資をほとんど必要としない取引であること
純額決済の要件	当該取引に係る契約の条項により純額決済を要求または容認する取引であること

2　税務上のデリバティブ取引の処理

　デリバティブ取引の原則的な処理についても,会計と税務で特に差異はない。すなわち,デリバティブ取引は期末において時価評価され,評価差額はその期の益金または損金として処理される（法法61条の5第1項）。

3　組込デリバティブにおける例外的な取扱い

　前記「1　デリバティブ取引の範囲」に記載したとおり,基本的にデリバティブ取引として識別される範囲について,会計と税務で相違はない。
　ただし,組込デリバティブについては,以下の2つの取扱いが設けられている。

- 税務上，組込デリバティブを区分処理している場合にはこれを認める（法基通2－3－42）。
- ある金融商品に複数のデリバティブ取引が組み込まれている複合金融商品を区分処理する場合，以下のケースを除いて，すべての組込デリバティブを区分処理しなければならない（法基通2－3－43）。
  - ヘッジ目的組込デリバティブ取引
  - 元本保証型組込デリバティブ取引
  - リスク限定型組込デリバティブ取引

会計上は，複合金融商品（デリバティブを組み込んだ金融商品）について，原則として一体処理とされるものの，一定のケースでは区分処理を要するものとされており（金融商品会計基準40項，117項ただし書き，複合金融商品処理3項。図表13－1－2参照），前記の税務上の要件と相違するような取引がないかどうか，慎重に検討する必要があると考えられる。なお，会計上の区分処理の要件の詳細については，前記「第10章 Q10－2 その他の複合金融商品の区分処理の要件」を参照のこと。

図表13－1－2　会計上の複合金融商品の区分処理の要件

	要件
要件①	組込デリバティブのリスクが現物の金融資産または金融負債に及ぶ可能性があること
要件②	組込デリバティブと同一条件の独立したデリバティブが，デリバティブ取引の特徴を満たすこと
要件③	当該複合金融商品について，時価の変動による評価差額が当期の損益に反映されないこと

Q13-2　いわゆる事前テストにおける会計と税務の相違

会計上は，ヘッジ会計の適用に際していわゆる「事前テスト」と呼ばれる要件が設けられているが，税務上も同様に事前テストが必要とされているのか。

A

ヘッジ会計を適用する場合，税務上は，一定のケースを除き，会計上求められるようないわゆる「事前テスト」は要求されない。ただし，これに代えて，「帳簿記載要件」と呼ばれる規定（要件）が設けられている。

解説

1 ┃ 帳簿記載要件

会計上は，ヘッジ会計の要件として，いわゆる「事前テスト」と呼ばれる手続を実施する必要がある。これに対し，税務上においては，事前テストは要求されていないものの，「帳簿記載要件」と呼ばれる要件が設けられている（法法61条の6第1項，61条の7第1項，法規27条の8第1項，27条の9第1項。図表13－2－1参照）。

図表13－2－1　帳簿記載要件と事前テストの相違点

帳簿記載要件（税務上）	事前テスト（会計上）^(※)
帳簿書類に以下の事項が記載されること ・当該取引がヘッジ取引を目的として行われたものである旨　および ・ヘッジ対象等の明細（ヘッジ対象，およびヘッジ手段（デリバティブ取引）の種類，名称，金額，ヘッジ期間その他参考となるべき事項）	ヘッジ取引が企業のリスク管理方針に従っていることが，次のいずれかによって客観的に認められること ・企業のリスク管理方針に従ったものであることが，文書により確認できること　または ・企業のリスク管理方針に関して明確な内部規定および内部統制組織が存在し，当該取引がこれに従って処理されることが期待されること

（※）　事前テストの詳細については，前記「第2章　Q2－1　事前テストとは」を参照のこと。

図表13－2－1の「帳簿記載要件」に示した「その他参考となるべき事項」としては，法基通などで以下の事項が示されている（法基通2－3－59）。

- ヘッジ手段の指定の単位(法基通2－3－46)
- 有効性判定において,時間的価値などを除くこととしている場合にはその旨(法基通2－3－48)
- 1年未満の周期で有効性判定を行う場合にはその旨(法基通2－3－49)
- 包括ヘッジを適用する場合のポートフォリオ(法基通2－3－57)および各資産・負債に繰延ヘッジ損益を配分する基準(法基通2－3－58)
- 価額の特定事由ヘッジの場合(法令121条2項)

2 例外的に事前テストが必要となる場合

　事後的に有効性判定を行い,その変動幅が80～125%の範囲内になかったとしても,時価またはキャッシュ・フローの幅が小さいことによる一時的な状態を基因とするものであると認められるときは,繰延ヘッジ処理を行うことができるとされている。ただし,この取扱いが認められるためには,ヘッジ会計の適用開始前に行った有効性の確認の結果が概ね80～125%の間にあることを条件としており,こういった状況が想定されるときには,事前の有効性評価を行っておく必要があると考えられる(法基通2－3－50,2－3－61(3))。

Q13-3　有効性評価における会計と税務の相違

　会計上の事後テストにおいては,原則として80-125%テストと呼ばれる有効性の評価を行うが,税務上も同様の評価が求められるという理解でよいか。

A
　税務上も,会計上の取扱いと同様に,事後的に有効性を判定する必要がある。ただし,会計上の取扱いのように,有効性の評価を省略できるケースが規定されてはいない。
　また,会計上の取扱いと平仄を合わせるような有効性判定の例外規定がいく

つか設けられている。

解説

1 税務上の有効性評価（原則的な取扱い）

（1） 有効性評価を行う頻度

　税務上も，会計上の取扱いと同様に，いわゆる「事後テスト」として，ヘッジ有効性の評価を行う必要がある。この税務上の有効性評価は，原則として事業年度の期末に（すなわち，1年に1回）実施することとされており，繰延ヘッジ処理，時価ヘッジ処理のいずれを適用した場合でも同様である（法法61条の6第1項，61条の7第1項，法令121条1項，121条の7第1項）。

（2） 具体的な有効性評価の方法

　ヘッジ取引の区分ごとに，具体的な有効性評価の算式は以下のとおりである。これら算式によって算出された「有効性割合」が，概ね80〜125%の範囲に収まっている場合に，ヘッジが有効とされる（法令121条の2柱書き）。

① 繰延ヘッジ処理（相場変動を相殺するヘッジ取引）（法令121条の2第1号）

$$\text{有効性割合} = \frac{\text{ヘッジ手段の損益（時価変動の累計額）}}{\text{ヘッジ対象の時価変動の累計額}}$$

② 繰延ヘッジ処理（キャッシュ・フローを相殺するヘッジ取引）（法令121条の2第2号）

$$\text{有効性割合} = \frac{\text{ヘッジ手段の損益（時価変動の累計額）}}{\text{ヘッジ対象のキャッシュ・フローの変動額}}$$

③ 時価ヘッジ処理（法令121条の8）

$$\text{有効性割合} = \frac{\text{ヘッジ手段の損益（時価変動の累計額）}}{\text{ヘッジ対象の時価変動の累計額}}$$

　なお，会計上は，ヘッジ手段とヘッジ対象の重要な条件が同一であり，ヘッジに高い有効性があるとみなされる場合に有効性の評価を省略することができる定めがあるが（金融商品実務指針158項参照），税務上はこのような規定は

特に設けられていない。

2 有効性評価に係る例外規定

前記「1　税務上の有効性評価（原則的な取扱い）」に記載した原則規定の他に，図表13－3－1に記載したような例外規定が設けられている。このうち，特定事由ヘッジと時間的価値の除外は会計上も同様の定めがあるが（金融商品実務指針156項なお書き，171項），特別な方法に直接的に対応する会計上の定めはない。

図表13－3－1　有効性評価に係る例外規定

項目	具体的な内容
特定事由ヘッジ	金利や為替の変動リスクのみをヘッジ指定した場合，分母（ヘッジ対象）には当該特定事由の変動のみを含める
時間的価値の除外	以下のいずれの場合でも，有効性の判定から時間的価値等の部分を除外することができる ・時間的価値等をヘッジ指定から除外した場合 ・時間的価値等をヘッジ指定から除外しない場合[※1]
特別な方法	常時多数のデリバティブ取引を行うようなケースでは，所轄税務署長の承認を受けて，特別な有効性の判定方法を採用することができる[※2]

(※1)　ヘッジ指定の単位から時間的価値等を除外しない場合でも，有効性判定のときのみ時間的価値等を除外することも，帳簿記載要件を満たすことを条件に認められている（法基通2－3－48（注），2－3－61（3））。
(※2)　承認を受けた翌年度から特別な方法を採用できる。

Q13-4　繰延ヘッジ処理における会計と税務の相違

ヘッジ会計の原則的方法である繰延ヘッジ処理を行った場合，会計上の処理と税務上の処理は同じになるのか。

A

　税務上の「繰延ヘッジ損益」は，会計上の取扱いが改正された後（会計上は，純資産の部に計上されることとなった後）においても，引き続き資産（繰延ヘッジ損失）または負債（繰延ヘッジ利益）として計上されている点に留意が必要である。

解 説

1 税務上の繰延ヘッジ処理

　ヘッジ取引を行った場合に，ヘッジが有効と認められたときには，ヘッジ手段（デリバティブ取引等）に係る損益は，益金または損金の額には算入されず，繰り延べられることになる（法法61条の6第1項）。そして，当該繰り延べられた益金または損金の額は，負債または資産として取り扱われることとされている（法令121条の5第4項）。

　会計上は，会社法施行日（平成18年5月1日）以後終了する年度（または中間会計期間）より，それまで資産または負債として計上されていた繰延ヘッジ損益を，純資産の部の評価・換算差額等として計上することと改められており，現在では，会計と税務の処理に差が生じていることになる（図表13－4－1参照）。

図表13－4－1　繰延ヘッジ損益に係る税務・会計の相違点

	繰延ヘッジ利益の場合	繰延ヘッジ損失の場合
税務	（借）デリバティブ資産（資産） （貸）繰延ヘッジ利益（<u>負債</u>）	（借）繰延ヘッジ損失（<u>資産</u>） （貸）デリバティブ負債（負債）
会計	（借）デリバティブ資産（資産） （貸）繰延ヘッジ利益（<u>純資産</u>）	（借）繰延ヘッジ損失（<u>純資産</u>） （貸）デリバティブ負債（負債）

（※）　税効果会計は無視している。

　なお，繰延ヘッジ利益の場合を例に，別表五（一）の記載例を図表13－4－2に示している。

図表13－4－2　繰延ヘッジ損益に係る申告調整の例[1]

区分	期首現在利益積立金額	当期の増減 減	当期の増減 増	差引翌期首現在利益積立金額 ①－②＋③
	①	②	③	④
繰延ヘッジ利益（負債）		×××		△×××
繰延ヘッジ利益（純資産）		△×××		×××

（※1）　区分における科目名は例示である。
（※2）　税効果会計は無視している。

2　税効果会計上の取扱い

　前記「1　税務上の繰延ヘッジ処理」に記載したとおり、繰延ヘッジ損益については、会計上と税務上の資産および負債の計上額に差があることから、一時差異が生じ、税効果会計の対象となる。これらの関係について図表13－4－3にまとめているため、参考とされたい。なお、税効果会計上の取扱いの詳細については、前記「第11章　Q11－1　繰延ヘッジ損益および税効果会計の会計処理の概要」を参照のこと。

図表13－4－3　繰延ヘッジ損益に係る一時差異

種別	税務	会計	一時差異
繰延ヘッジ利益	負債	純資産	将来加算一時差異
繰延ヘッジ損失	資産	純資産	将来減算一時差異

Q13-5　非有効部分の税務処理における特例

　有効性評価を行った結果、非有効部分がある場合に、税務上は当該非有効部分に係る特例があると聞いたが、具体的にどのような規定か。

1　「別冊税務弘報　改正税法・新会計基準の税効果会計」中央経済社　P.117。

A

　ヘッジが有効とされた場合でも、ヘッジ対象の時価ないしキャッシュ・フローの変動を超えるヘッジ手段（デリバティブ取引等）の時価の変動部分については、帳簿記載要件を満たすことによって、繰延べの対象から除外し、当期の益金または損金として処理することができるものとされている。

解説

1 ┃ 繰延ヘッジ処理に係る原則

　ヘッジ有効性の評価においては、前記「Q 13 - 3　有効性評価における会計と税務の相違」に記載のとおり、ヘッジ対象の時価ないしキャッシュ・フローの変動と、ヘッジ手段（デリバティブ取引等）の時価の変動を比較し、その割合が概ね 80 〜 125% の範囲にあるときには、当該ヘッジ取引は有効と判断される。この場合、ヘッジ手段に係る時価の変動の全額が、繰延ヘッジ損益として繰延べの対象となる。

2 ┃ 非有効部分の特例

　前記「Q 13 - 3　有効性評価における会計と税務の相違」の算式における有効性割合が 100% を超える場合とは、ヘッジ対象の時価等の変動に比して、ヘッジ手段の時価の変動幅が大きいケースであり、厳密にいうと「ヘッジが効き過ぎている」状態にあることになる。このようなケースでも、前記「1　繰延ヘッジ処理に係る原則」に記載のとおり、ヘッジが有効である限り、ヘッジ手段に係る時価の変動の全額を繰り延べることができる。ただし、特例として、「超過差額」（有効性割合が概ね 100 〜 125% となっている場合に、100% から有効性割合までに相当する部分）を繰延べの対象から除外することが認められている（法令 121 条の 3 第 1 項）。

　この超過差額の特例を用いる場合には、帳簿記載要件を満たす必要があるとされており、具体的には、デリバティブ取引等を行った日において、超過差額を当該超過差額が生じた日の属する事業年度の益金の額または損金の額に算入する旨を記載する必要がある（法規 27 条の 8 第 5 項）。

3 | 益金（損金）に算入した翌期の処理

前記の超過差額の特例を用いた場合に、翌期において当該超過差額（益金または損金に算入された額）を戻し入れるべきかどうかが論点となる。明確な規定はないものの、通常のデリバティブ取引の原則処理に従う形となっていることから、洗替処理（法令120条1項）を行うことになると考えられる。

Q13-6 予定取引をヘッジ対象とするヘッジ取引における会計と税務の異同点

いわゆる「予定取引」をヘッジ対象とする場合、会計上の要件と税務上の要件には差があるのか。

A

いわゆる「予定取引」をヘッジ対象とする場合、税務上の要件は基本的に会計上の要件と同様であり、ヘッジ会計の適用において、税務と会計に差は生じないものと考えられる。

解　説

1 | いわゆる「予定取引」をヘッジ対象とする場合の取扱い

資産の取得もしくは譲渡、負債の発生もしくは消滅、金利の受取もしくは支払、その他これらに準ずるものに係る決済により受け取ることとなり、または支払うこととなる金銭の額の変動に伴って生ずるおそれのある損失をヘッジ対象とするヘッジ取引は、いわゆる「予定取引」のヘッジと呼ばれる。

税務上は、ヘッジ対象を「履行確定取引」と「履行予定取引」に分け、それぞれ図表13－6－1のとおり定義している（法基通2－3－53）。

図表13－6－1　予定取引のヘッジ対象となる取引(ヘッジ対象)

種別	定義
履行確定取引	契約が成立し，当該契約により取引時期，取引物件，取引数量，取引価格等の主要な取引条件が確定しており，かつ，それが実行されることが確定している取引
履行予定取引	契約は成立していないが，取引予定時期，取引予定物件，取引予定数量，取引予定価格等の主要な取引条件が合理的に予測可能であり，かつ，その取引の実行の可能性が極めて高い取引

　ここでいう履行確定取引とは，会計上の予定取引に含められる「未履行の確定契約に係る取引」（金融商品会計基準（注12））に対応するものと考えられる。また，履行予定取引とは，同じく金融商品会計基準（注12）に定められる予定取引のもう1つの取引である「取引予定時期，取引予定物件，取引予定量，取引予定価格等の主要な取引条件が合理的に予測可能であり，かつ，それが実行される可能性が極めて高い取引」と対応しているものと考えられる。このため，税務上の「予定取引」の要件と会計上の「予定取引」の要件には，大きな相違はないものと考えられる（この点については，後記「図表13－6－2　税務上の予定取引に係る留意点」も参照のこと）。

　なお，会計上の予定取引に係るヘッジの取扱いについては，前記「第2章　Q2－3　予定取引に係る包括ヘッジ適用の可否」を参照のこと。

2 ｜ 税務上の「予定取引」の留意点

　前記「1　いわゆる「予定取引」をヘッジ対象とする場合の取扱い」に記載した「履行確定取引」と「履行予定取引」については，法基通2－3－54において留意点が記載されているため，確認されたい（図表13－6－2参照）。

| 図表13－6－2 | 税務上の予定取引に係る留意点 |

種別	留意点
履行確定取引	・当該取引に係る契約を解除する場合の対価が全く不要かまたは極めて軽微であるものは履行確定取引として取り扱わない ・例えば，貸付金，預金，貯金または有価証券から生ずる予定の受取利子および借入金から生ずる予定の支払利子に係る取引も，履行確定取引に該当する
履行予定取引	・基本的には，以下の要件のすべてを満たすことが必要となる 　・当該取引が次のいずれかの取引に該当する 　　◇ 過去に同様の取引を行った実績がある 　　◇ そうでない場合でも，準備が相当程度進捗しており，事業遂行上必要な取引である 　　◇ 他の確定契約の履行に伴って必要とされる 　・当該法人にその予定される取引の履行を行うことのできる財政的能力，法律的能力その他当該取引を行うために通常必要とする能力が備わっている 　・当該取引が記載されている事業計画またはこれに準ずるものが存在する

Q13-7 包括ヘッジに関する税務上の取扱い

会計上，複数の資産，負債を対象としてヘッジ会計を適用できる「包括ヘッジ」と呼ばれる定めが設けられているが，税務上も同様の規定があるのか。

A

税務上も，複数の資産または負債の集合体（ポートフォリオ）を1つの資産または負債として繰延ヘッジ処理を適用する，いわゆる「包括ヘッジ」に係る取扱いが設けられている。また，その基本的な要件は，会計上の要件と大きく異ならないものと考えられる。

解説

1 ┃ 税務上の包括ヘッジの要件

複数の資産または負債の集合体（以下「ポートフォリオ」という。）を1つの資産または負債としてヘッジ会計（繰延ヘッジ処理）を適用する，いわゆる「包括ヘッジ」について，税務上は以下の要件が定められている（法基通2－3－57）。

- 帳簿記載要件を満たすこと
- ポートフォリオを構成する資産または負債の個々の資産または負債が共通のリスク要因による共通の損失の発生の可能性にさらされていることが明らかなこと
  （例えば，個々の資産または負債の相場変動等の割合が，ポートフォリオ全体の相場変動等の割合に対して，概ね上下10%の範囲内にあること）

なお，この「上下10%の範囲内にある」という要件は，会計上の包括ヘッジの要件と同様である（金融商品実務指針152項参照）。

また，この要件は時価ヘッジ処理にも準用されている（法基通2－3－61(3)）。

2 ┃ 包括ヘッジにおける決済損益額の配分

ポートフォリオを構成する資産または負債の一部が売却・決済された場合，法基通2－3－58に規定されるいずれかの方法で繰延ヘッジ損益を配分計算して，各資産または負債に配分する（益金または損金に算入する）こととされている。

Q13-8 時価ヘッジを採用した場合の税務上の取扱い

有価証券をヘッジ対象とするヘッジ会計の会計方針として時価ヘッジを採用した場合の税務上の取扱いについて教えてほしい。

A

売買目的外有価証券について，時価ヘッジ処理を採用した場合，ヘッジ手段が未決済で，かつ，ヘッジが有効なときには，ヘッジ対象の損益を益金または損金に算入する。ヘッジが非有効なとき，およびヘッジ手段が決済されたときには，前回の決算において益金または損金に算入された額と同額を，益金または損金に算入する。

解 説

1 税務上の時価ヘッジ処理の概要

その他有価証券について会計上で時価ヘッジが認められていることと同様，税務上も，売買目的外有価証券（売買目的有価証券以外の有価証券）について，時価ヘッジ処理を採用することが認められている（法法61条の7第1項）。また，税務上の時価ヘッジ処理は，会計上の時価ヘッジと同様，ヘッジ会計の要件を満たす場合に，ヘッジ対象の時価を益金または損金に算入する点で，会計上の時価ヘッジと変わりはない（図表13－8－1参照）。

図表13－8－1　税務上の繰延ヘッジ処理と時価ヘッジ処理の相違

種別	税務処理
繰延ヘッジ処理	ヘッジ手段（デリバティブ取引等）の評価損益を益金または損金に算入せずに，資産または負債として繰り延べる
時価ヘッジ処理	ヘッジ手段（デリバティブ取引等）の評価損益を益金または損金に算入するとともに，ヘッジ対象（売買目的外有価証券）の時価の変動を益金または損金に算入する

2 具体的な時価ヘッジ処理の取扱い

（1）ヘッジ手段が決済されていない場合
① ヘッジ有効性が満たされているとき

有効性割合が概ね80～125%の範囲にあるときは，当該期末時点のヘッジ対象（売買目的外有価証券）の時価評価に係る差額が益金または損金に算入される（法法61条の7第1項，法令121条の9第1号）。

② ヘッジ有効性が満たされていないとき

有効性割合が概ね 80 〜 125% の範囲にないときには，ヘッジが有効であった際の直近のヘッジ対象の時価評価に係る差額を益金または損金に算入する（法法 61 条の 7 第 1 項，法令 121 条の 9 第 2 号）。

なお,これら（「① ヘッジ有効性が満たされているとき」および「② ヘッジ有効性が満たされていないとき」）の益金または損金は，翌期に戻入処理される（法令 121 条の 11 第 1 項）。

（2） ヘッジ手段が決済されている場合

ヘッジ手段（デリバティブ取引等）が決済された年度では，前記の「（1）② ヘッジ有効性が満たされていないとき」と同様，ヘッジが有効であった際の直近のヘッジ対象の時価評価に係る差額を益金または損金に算入する（法法 61 条の 7 第 1 項，法令 121 条の 9 第 2 号）。なお，この益金または損金は，翌期に戻入処理されない（法令 121 条の 11 第 1 項）。

Q13-9 会計上で金利スワップの特例処理・為替予約等の振当処理を適用した場合の税務処理

会計上，金利スワップの特例処理，ないし為替予約等の振当処理を適用した場合，税務上の取扱いがどのようになるのか教えてほしい。

A

会計上の金利スワップの特例処理，為替予約等の振当処理に合わせて，税務上も同様の処理となるような取扱いが設けられている。

なお，それぞれ帳簿記載要件が規定されているため，当該特例を用いようとする場合には，要件を満たすようにしておく必要がある。

解説

1 金利スワップの特例処理の要件

会計上の金利スワップの特例処理とは，金利の受払条件の変換を目的とする

金利スワップがヘッジ会計の要件を満たしており，かつ，その想定元本，利息の受払条件（利率，利息の受払日等）および契約期間がヘッジ対象である資産または負債とほぼ同一である場合には，金利スワップ取引を時価評価せず，その金銭の受払の純額等を当該資産または負債に係る利息に加減して処理することができるとされている定めである（金融商品会計基準（注14）参照）。

　税務上も，この金利スワップの特例処理と同様の規定が設けられており，一定の要件を満たすデリバティブ取引（金利スワップ取引等）は，時価評価の対象となるデリバティブ取引の範囲から除外する取扱いとされている（法法61条の5第1項，法規27条の7第2項）。

　具体的には，金利変動に伴って生ずるおそれのある損失を減少させるために行うもので，かつ，ヘッジ手段の種類，名称，金額，ヘッジ期間，ヘッジ目的で行われている旨，事業年度終了時に当該取引を決済したものとみなさない旨などを帳簿に記載した上で，さらに，以下の要件を満たすことが必要とされる。

- ヘッジ手段の金額とヘッジ対象である資産または負債の金額が概ね同額（その差が概ね5％以内であること（法基通2－3－38））
- ヘッジ手段の終了日とヘッジ対象である資産または負債の償還（返済）日が概ね同一
- ヘッジ手段とヘッジ対象の金利計算の基礎指標が概ね一致
- ヘッジ手段とヘッジ対象の金利の受払の期日が概ね一致
- ヘッジ手段の金利が，取引期間を通じて一定の金額または特定の指標を基準として計算

　また，金利スワップ取引だけでなく，要件を満たす金利キャップ取引や金利フロアー取引も対象となること，ベーシス・スワップが資産に係る変動金利のインデックスと負債に係る変動金利のインデックスを一致させる目的で行われるケースを含む点（法基通2－3－38）も，会計上の取扱いと同様である（金融商品実務指針179項，347項参照）。

2　為替予約等の振当処理の取扱い

(1)　為替予約等の振当処理の要件

　外貨建金銭債権債務等に対して，為替予約等をヘッジ目的（為替変動リスク

を回避する目的）で取得した場合，外貨建金銭債権債務等を期末日レートで換算した換算差損益を益金または損金に算入し，同様に為替予約等の時価評価差額を損金または益金に算入することで，そのヘッジ効果を課税所得計算に反映させることができる。

ただし，会計上「為替予約等の振当処理」と呼ばれる方法（為替予約等により確定する決済時における円貨額により外貨建取引および金銭債権債務等を換算し直物為替相場との差額を期間配分する方法）（外貨建取引等会計基準注解注6）が認められており，税務上も，一定の要件を満たすことで，同様の処理を行うことができる。

すなわち，為替予約等により，外貨建金銭債権債務等の円換算額を確定させた場合において，一定の帳簿記載要件（図表13－9－1参照）を満たした場合には，税務上も当該資産または負債について，確定した円換算額で計上する（法法61条の8第2項，法規27条の11第2項）。

図表13－9－1　為替予約等の振当処理における帳簿記載要件

以下のいずれかの（帳簿記載）要件を満たす	
①　外貨建資産・負債の発生時に右記を記載	・為替予約等により円換算額を確定させた旨 ・為替予約等の契約金額 ・締結日・履行日 ・その他参考事項
②　為替予約の締結時に右記を記載	・為替予約等により円換算額を確定させた旨 ・外貨建取引の種類・金額 ・その他参考事項

（2）　為替予約等の振当処理における為替予約差額の配分方法

為替予約等の振当処理を行い，外貨建資産または負債をその予約レートで換算した場合，予約レートと外貨建資産または負債の直近換算額との差額を配分する必要がある。具体的には，図表13－9－2のとおり処理される（法法61条の10第1項，法令122条の9）。

図表13－9－2　為替予約差額の配分方法

為替予約等の締結時期	配分の対象	配分される期間
外貨建取引の前	為替予約差額全額	外貨建取引実行時から外貨建資産・負債の決済時までの期間(※1)
外貨建取引後	直々差額(※2)	為替予約等締結時に益金・損金算入
	直先差額(※3)	為替予約等締結時から外貨建資産・負債の決済時までの期間

(※1)　為替予約等の振当処理の帳簿記載要件を満たした場合，為替予約等の時価評価は不要となる（法法61条の5第1項）。
(※2)　為替予約締結時の直物レートと外貨建資産・負債の直近の換算時のレート（切放し処理の場合）または当初換算時のレート（洗替え処理の場合）の差額
(※3)　為替予約締結時の直物レートと予約レートの差額

具体的な配分方法は，原則として日割りとなるが，月割りも認められる。後者の場合，1か月未満の端数は切上げとなる（法令122条の9第3項）。

Q13-10　ヘッジ会計の中止と終了と税務上の処理との関係

会計上，ヘッジ会計の中止，ないしヘッジ会計の終了という概念があるが，税務上も同様の規定が設けられているのか。

A

税務上，ヘッジ会計の「中止」という概念はなく，ヘッジ会計の要件が満たされなくなったとしても，引き続き有効性評価を実施していくことが原則となる。ただし，会計上のヘッジ会計の中止の処理と同様の取扱いとなるような特例が設けられている。

また，ヘッジ対象が消滅した場合，または予定取引が実行されないことが明らかになった場合には，税務上，繰り延べてきた評価損益を益金または損金に算入することとされ，こちらは会計上のヘッジ会計の終了の処理と同様である。

解 説

1 ヘッジ会計の「中止」と税務上の取扱い

(1) ヘッジ会計の要件が満たされなくなった場合の取扱い

ヘッジ会計の要件が満たされなくなった場合，会計上，ヘッジ会計の要件が満たされていた間のヘッジ手段に係る損益または評価差額は，ヘッジ対象に係る損益が認識されるまで引き続き繰り延べることとされており，これを「ヘッジ会計の中止」という（金融商品会計基準33項，金融商品実務指針180項）。

税務上は，このようなヘッジ会計の「中止」という概念はなく，仮にヘッジ会計の要件が満たされなくなったとしても，引き続き有効性評価を行うことが原則となる。ただし，会計上の取扱いと平仄を合わせるように，ヘッジが有効であった際の直近のヘッジ対象の時価評価に係る差額をそれ以降同額で繰延ヘッジ処理し，有効性判定を中止する場合，継続適用を要件に当該処理を認めることとされている（法基通2－3－51）。

(2) ヘッジ手段が消滅した場合の税務上の取扱い

前記「(1) ヘッジ会計の要件が満たされなくなった場合の取扱い」に加えて，ヘッジ手段が満期，売却，終了または行使により消滅した場合も，会計上はヘッジ会計の中止として取り扱われる。

一方，税務上はヘッジ手段が消滅した場合，ヘッジ手段の決済等に係る損益は引き続き繰り延べられ，ヘッジ対象に係る損益が益金または損金に算入されるタイミングで，併せて税務上の損益として認識される（法令121条の5第1項）。

(3) ヘッジ会計の終了時点での損失の見積り

会計上，ヘッジ会計の適用を中止した場合に，ヘッジ会計の終了時点で重要な損失が生じるおそれがある場合，当該損失を見積って損失処理する必要がある（金融商品会計基準33項ただし書き）（詳細は，前記「第7章　Q7－9　ヘッジ会計終了時点における損失の見積り」参照）。ただし，税務上はこの会計上の取扱いに対応する規定がないため，会計上で損失を見込計上した場合，当該損失は申告調整によって加算処理されることになる。

2 ヘッジ会計の「終了」と税務上の取扱い

会計上，以下のケースではヘッジ会計の「終了」に該当し，繰り延べてきたヘッジ手段に係る損益（繰延ヘッジ損益）を損益に計上する（金融商品会計基準34項参照）。

- ヘッジ対象が消滅した場合
- ヘッジ対象である予定取引が実行されないことが明らかになった場合

このようなケースでは，税務上も同様に，これまで繰り延べてきたヘッジ手段（デリバティブ取引等）の評価損益を益金または損金に計上することになる（法令121条の5，法基通2－3－56）。

第14章

IFRS の取扱い

Q14-1　IFRS 第9号におけるヘッジ会計

> IFRS 第9号におけるヘッジ会計の概要を教えてほしい。

A

　IFRS 第9号におけるヘッジ会計の会計処理は，ヘッジの効果を財務諸表に反映させるというヘッジ会計の究極的な目的は共通しているといえるが，会計処理の違いは少なからず存在する。また，ヘッジの適格性，有効性の判断および評価，文書化の取扱い等に実務差というべき差異が存在する可能性がある。

解説

1　IFRS 第9号の公表（IAS 第39号から IFRS 第9号への置換え）

　IFRS 第9号の前身である IAS 第39号では，為替予約等の振当処理や金利スワップの特例処理が認められない等のいくつか差異はありつつも，日本基準と総じて類似したヘッジ会計モデルが適用されていた。しかし，ヘッジ会計は通常の認識および測定原則に対する例外との位置付けであるため，IAS 第39号のヘッジ会計には，詳細なルールや多種の制限，数値基準が課され，複雑なものとされていた。

　また，ヘッジ会計の定めが細則主義であることにより，企業がリスクを経済

的にヘッジ（すなわちリスクを管理）しているにもかかわらず，ヘッジ会計を適用することができず，リスク管理実務と財務会計が乖離するという状況も生じていた。

そこで，国際会計基準審議会（IASB）は，ヘッジ会計をより単純化（または廃止）することができないか検討を続けてきた。こうした活動の結果，新たなヘッジ会計モデルとして開発された「ヘッジ会計」を含む IFRS 第 9 号「金融商品」が 2014 年に公表された。当該基準書は，2018 年 1 月 1 日以後開始する事業年度（3 月決算の場合は 2019 年 3 月期）から適用され，早期適用も認められる。

2 ┃ IFRS 第 9 号における金融商品の分類および測定

金融商品の分類および測定はヘッジ会計に密接に関連するため，まず IFRS 第 9 号における金融商品の分類および測定について，ヘッジ会計に関連する部分を中心に解説する。

金融資産の認識および測定に関して，IFRS 第 9 号では金融資産の契約上のキャッシュ・フローの特性に関する評価と金融資産の管理に関する企業のビジネスモデルの評価に基づき，金融資産は「償却原価」，「その他の包括利益を通じて公正価値測定（FVOCI）」，「純利益を通じて公正価値測定（FVPL）」に分けられる（図表 14 － 1 － 1 参照）。

図表 14－1－1　IFRS 第9号に基づく金融資産の分類・測定フロー・チャート

```
負債性金融商品(混合契約を含む。)     デリバティブ      資本性金融商品
         │                      │                │
         └──────────┬───────────┘                │
                    ▼                             │
         契約上のキャッシュ・フローの特性テスト(SPPI)
                  (金融商品ごと)
         │満たす        │満たさない  │満たさない  │満たさない
         ▼              │           │           ▼
  ビジネスモデル・テスト  │           │     トレーディング       いいえ
    (集約されたレベル)   │           │     目的で保有？────────┐
                        │           │           │はい        │
  1 契約上のキャッ  2 契約上のキャッ  3 1.にも2.にも            │
    シュ・フローを    シュ・フローを    該当しない              │
    回収するため      回収し、かつ、                          │
    に保有           金融資産を売却                          │
                    することを目的                           │
                    とするビジネスモデル                      │
                                                            │
  条件付きの公正価値オプション                    いいえ     FVOCI オプショ
    (FVO)を選択するか？              はい                    ンを選択？
                                                            │はい
   │いいえ      │いいえ
   ▼            ▼                   ▼            ▼            ▼
 償却原価      FVOCI                FVPL                       FVOCI
             (リサイクルあり)                                  (リサイクルなし)
```

　金融負債を含めた IFRS 第9号における金融商品の分類と測定をまとめると，図表14－1－2のとおりになる。下線部分はヘッジ会計の会計処理に関係するため，特に留意されたい。

| 図表14－1－2 | IFRS第9号における金融商品の分類および測定 |

負債性商品 （債券等）	・「契約上のキャッシュ・フローの特性テスト（「SPPI要件」とも称される。）」と，「ビジネスモデル・テスト」に従って分類される。 ・契約上のキャッシュ・フローの特性テストを満たさないものはすべてFVPLに分類される。 ・FVOCIで測定される場合，認識の中止に際して，OCI（その他の包括利益）に認識されている公正価値変動の累計額（純額）は純損益にリサイクル（組替調整）される。
資本性商品 （株式等）	・トレーディング目的（売買目的）ではない場合には（リサイクルなしの）FVOCIを当初認識時のみ，任意に選択することができる。 ・それ以外の投資はすべてFVPLに分類される。 ・FVOCIオプションを選択する場合，認識の中止に際して，OCIに認識されている公正価値変動の累計額（純額）は純損益にリサイクルされず，減損会計も行われない。
金融負債	・トレーディング目的（売買目的）はFVPLに分類される。 ・公正価値オプションを選択する場合，負債の信用リスク変化の変動部分はFVOCI，その他の公正価値の変動部分はFVPLに分類される。 ・上記以外は償却原価に分類される。

　IFRS第9号と日本基準を比較すると，日本基準でその他有価証券に分類された株式は純損益へのリサイクルが認められるのに対して，IFRS第9号でFVOCIオプションを選択した資本性金融商品は純損益へのリサイクルが認められない点に留意が必要となる（図表14－1－3参照）。当該差異によって，ヘッジ会計の会計処理も変わってくることになる（詳細は後記「Q14－6　公正価値ヘッジの会計処理（先物取引）」参照）。

図表14-1-3　金融資産の分類および測定に関するIFRS第9号と日本基準の比較

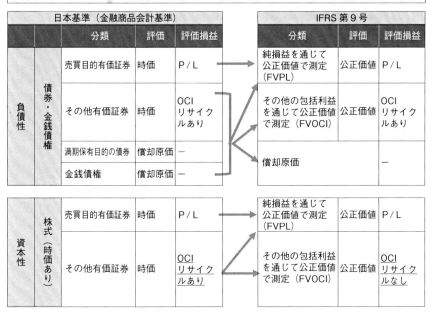

3　IFRS第9号におけるヘッジ会計

IFRS第9号では，以下の3つのタイプのヘッジ関係とその会計処理が定められている。非有効部分の会計処理の違い等はあるものの，基本的なコンセプトとしては日本基準と似通っているといえる。

- 公正価値ヘッジ[1]
  ヘッジ手段に係る利得または損失とヘッジ対象に係る利得または損失は，ともに純損益に認識される。
- キャッシュ・フロー・ヘッジ[2]
  ヘッジ手段に係る利得または損失のうち，ヘッジの有効部分をOCIに計

---

[1] 詳細は後記「Q14-6　公正価値ヘッジの会計処理（先物取引）」参照。
[2] 詳細は後記「Q14-4　キャッシュ・フロー・ヘッジの会計処理（金利スワップ取引）」，「Q14-5　キャッシュ・フロー・ヘッジの会計処理（為替予約取引）」参照。

> 上し，非有効部分は純損益に計上する。ヘッジ対象に係る利得または損失が純損益に影響を及ぼす時点で純損益に振り替える。
> - 在外営業活動体に対する純投資のヘッジ[3]
>   ヘッジ手段に係る利得また損失のうち，ヘッジの有効部分が純投資から生じる為替換算調整勘定を相殺するように OCI に認識される。ヘッジの非有効部分は純損益に認識される。

　IFRS 第9号では，ヘッジの非有効部分の取扱い，日本基準で認められている為替予約等の振当処理や金利スワップの特例処理が認められない等の会計処理面で日本基準との差異が存在する。さらに，ヘッジの適格性や有効性の判断および評価，文書化の取扱い等について，会計基準差というよりは実務差というべき差異が存在する可能性がある。事業会社への影響が想定される点を中心に IFRS 第9号と日本基準の主要な差異をまとめると，図表14－1－4 のとおりとなる。

---

[3]　詳細は「Q 14－7　在外営業活動体に対する純投資のヘッジの会計処理」参照。

図表14－1－4　ヘッジ会計に関するIFRS第9号と日本基準の比較表

	IFRS第9号	日本基準
文書化要件 (Q14－3参照)	ヘッジ文書の作成省略は認められない。 文書化する際には，ヘッジ比率の決定方法および非有効部分の発生原因の分析を含めなければならない（IFRS第9号6.4.1項）。	一定の条件を満たす場合，ヘッジ文書の作成を省略できる（金融商品実務指針145項）。 文書化する際には，ヘッジ比率の決定方法および非有効部分の発生原因の分析については記載が要求されない。
有効性評価 (Q14－3参照)	有効性評価自体の省略は認められず，ヘッジ開始以降も毎期，継続的に評価しなければならない（IFRS第9号B6.4.12項）。 数値基準は設けられていない。	一定の場合は有効性の判定を省略することができる（金融商品実務指針158項）。 80-125%の数値基準が設けられている（金融商品実務指針156項）。
ヘッジ非有効部分の取扱い (Q14－4，Q14－6参照)	ヘッジ非有効部分は純損益として認識しなければならない。 ただし，キャッシュ・フローヘッジの場合は，ヘッジ手段＞ヘッジ対象のオーバー・ヘッジ部分のみが純損益に認識される（IFRS第9号6.5.11項）。 また，OCIオプションを選択した資本性金融商品をヘッジ対象とする場合，ヘッジ手段の公正価値の変動は非有効部分も含めてOCIに認識される（IFRS第9号6.5.3項）。	ヘッジ全体が有効と判定され，ヘッジ会計の要件が満たされている場合には，ヘッジ手段に生じた損益のうち結果的に非有効となった部分についても，ヘッジ会計の対象として繰延処理することができる（金融商品実務指針172項）。
金利スワップの特例処理 (Q14－4参照)	認められていない。	一定の要件を満たす場合，金利スワップ取引を時価評価せず，その金銭の受払の純額等を当該資産または負債に係る利息に加減して処理することができる（金融商品会計基準（注14））。
為替予約等の振当処理 (Q14－5参照)	認められていない。	為替予約等により確定する決済時における円貨額により外貨建取引および金銭債権債務等を換算し，直物為替相場との差額を期間按分する方法によることができる（外貨建取引等会計基準注解　注6，注7）。
ベーシス・アジャストメント（簿価調整） (Q14－5参照)	ベーシス・アジャストメントは包括利益計算書を通さずに行う（リサイクルなし）（IFRS第9号6.5.11項）。	ベーシス・アジャストメントは包括利益計算書を通して行う（リサイクルあり）（包括利益会計基準設例4）。
公正価値ヘッジのノンリサイクリング処理 (Q14－2，Q14－6参照)	FVOCIオプションを選択した資本性金融商品をヘッジ対象とする場合，ヘッジ手段に係る利得または損失のリサイクリング処理は認められない（IFRS第9号6.5.3項）。	リサイクルなしの資本性FVOCIというカテゴリー自体がない。

Q14-2　IFRSにおけるヘッジ会計の適格要件①

IFRSにおける適格なヘッジ手段とヘッジ対象を教えてほしい。

A

IFRS第9号では，リスク管理実務とヘッジ会計をより整合させるとの目的の下，従来よりも柔軟性のある新たなヘッジ会計のモデルが導入されており，日本基準およびIAS第39号よりヘッジ手段，ヘッジ対象ともに範囲が拡大している。

解説

IFRS第9号では，ヘッジ関係は，以下の3つの要件を満たす場合にヘッジ適格になるとされている（IFRS第9号6.4.1項）。

- ヘッジ関係が，適格なヘッジ手段および適格なヘッジ対象のみで構成されていること
- ヘッジ関係の開始時に，ヘッジ関係ならびにヘッジの実行に関する企業のリスク管理目的および戦略の正式な指定と文書化があること
- ヘッジ関係が，ヘッジの有効性の要件をすべて満たすこと

ヘッジ関係の指定は，図表14－2－1のとおりに行われるが，本Q＆Aではまず適格なヘッジ手段と適格なヘッジ対象を解説する。

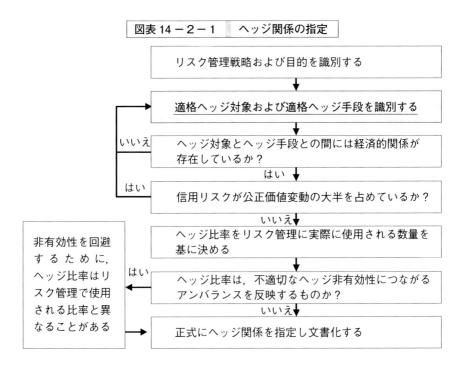

図表14－2－1　ヘッジ関係の指定

1 適格なヘッジ手段

IFRS第9号では、以下のいずれも、一部の制限を除き、ヘッジ手段として使用することができる。ここでは、IFRS第9号の適格なヘッジ手段に関する主要な留意点をまとめたい。

- デリバティブ取引

  すべてのデリバティブ取引はヘッジ手段として指定することができるが、正味の売建オプション（買建オプションとの相殺手段として指定されている場合は除く。）だけが例外となる（IFRS第9号B6.2.4項）。これは、正味の売建オプションが、ヘッジ対象のエクスポージャーを減少させるには有効ではないためである。

- 現物商品（デリバティブ取引以外の金融商品）

  IFRS第9号では、借入金や貸付金および債権といったデリバティブ取

引以外の金融商品（現物商品）も原則としてヘッジ手段に指定することができる。ただし，公正価値オプションが選択され，かつ，信用リスクに起因する公正価値の変動金額がOCIで表示される金融負債（前記「Q 14 － 1 2 　IFRS第9号における金融商品の分類および測定」参照）は，ヘッジ手段として適格ではないとされている（IFRS第9号6.2.2項）。

- 複数のデリバティブ取引，金融商品の組合せ

　複数の金融商品をまとめてヘッジ手段として指定することが可能なのは，IFRSと日本基準で共通である。例えば，プット・オプションの買いとコール・オプションの売りを組み合わせることで先物取引と同じ効果を持たせ（ゼロ・コスト・カラー取引），ヘッジ対象の公正価値の変動をヘッジする場合がある。

- ヘッジ手段の一部分

　IFRS第9号では，原則としてヘッジ手段全体についてのみ，ヘッジ指定が可能であるが，オプションの本源的価値と時間的価値を分け，本源的価値の変動のみをヘッジ指定することが認められるなど，いくつかの例外が認められている一方で，ヘッジ手段の残存期間の一部のみをヘッジ指定することは認められていない。日本基準では，ヘッジ手段の残存期間の一部のみをヘッジ指定することを明確に禁じる記載はない。

2 ┃ 適格なヘッジ対象

　適格なヘッジ対象の要件に関する定めでは，以下のものがヘッジ対象となり得る。

- 認識されている資産または負債
- 未認識の確定約定
- 可能性が非常に高い予定取引
- 在外営業活動体に対する純投資（為替換算調整勘定）

　対象の項目はいずれも信頼性をもって測定可能でなければならず（IFRS第9号6.3.2項），また，予定取引についてはその発生可能性が非常に高くなければならない（IFRS第9号6.3.3項）。

事業会社への影響が想定される点を中心に，IFRS第9号と日本基準との主な相違点をまとめると図表14－2－2のとおりとなる。

図表14－2－2　適格なヘッジ対象に関するIFRS第9号と日本基準の比較表

	IFRS第9号	日本基準
（1）リスク構成要素	金融商品または非金融商品のリスク要素は，別個に識別することができ，かつ，信頼性をもって測定できる場合には，これをヘッジ対象とすることが認められる（IFRS第9号B6.3.8項）。	ヘッジ対象を金融商品と非金融商品で区別する定めはなく，区分して把握できるリスク要素は適格なヘッジ対象になり得ると考えられる（金融商品実務指針156項）。
（2）その他の包括利益に影響を与えるエクスポージャーのヘッジ	資本性FVOCIへの投資をヘッジする場合，ヘッジ手段の公正価値の変動は非有効部分を含めてOCIで認識する。なお，OCIに累積した利得または損失は純損益にリサイクルされない（IFRS第9号6.5.3項）。	リサイクルなしの資本性FVOCIというカテゴリー自体がない。
（3）合計エクスポージャー	ヘッジ対象として適格になり得るエクスポージャーとデリバティブとの組合せである合計エクスポージャーも，ヘッジ対象として適格になり得る（IFRS第9号6.3.4項）。	一部の合計エクスポージャーをヘッジ対象とすることは認められていないと解される（金融商品Q＆AQ48）（前記「第7章　Q7－14　外貨建の商品価格を固定化し，さらに為替予約で円貨固定する場合の取扱い」参照）。
（4）項目グループ	ヘッジ対象となるグループが，個々に適格な項目または項目の構成要素で構成されており，リスク管理目的上，グループの中の項目はグループとしてまとめて管理されている場合に，項目グループに対してヘッジ会計を適用することができる（IFRS第9号6.6.1項）。	個々の資産または負債が共通の相場変動等による損失の可能性にさらされており，かつ，その相場変動等に対して同様に反応することが予想されるものである場合に，包括ヘッジが認められる（金融商品会計基準（注11））。

図表14－2－2の（1）から（4）の各項目について，それぞれの具体的な内容や例を示すと以下のとおりである。

（1）　リスク構成要素

例：航空会社が購入するジェット燃料の価格変動のヘッジ

　航空会社は，購入するジェット燃料の価格リスクをヘッジしたいと考えている。ジェット燃料は，精製商品であるため原油価格と連動する要素が含まれている。

　そこで，原油先物取引をヘッジ手段として，ジェット燃料全体ではなく，

> ジェット燃料のうち原油価格と連動する要素のみをヘッジ対象として指定した。

　ヘッジ対象の商品に活発な先物取引市場がない場合や，長い期間の先物取引がない場合などには，代替の商品（前記の例では原油）の先物取引をヘッジ手段として指定することが想定される。

（2）　その他の包括利益に影響を与えるエクスポージャーのヘッジ

　前記「Q 14 - 1　2　IFRS 第 9 号における金融商品の分類および測定」のとおり，IFRS 第 9 号では，OCI オプションを選択した資本性金融商品の公正価値変動は OCI に計上され，リサイクルはされない。このため，当該資本性金融商品をヘッジする場合，ヘッジ手段に係る公正価値の変動は非有効部分も含めて OCI で認識され，リサイクルもされない（詳細は後記「Q 14 - 6　公正価値ヘッジの会計処理（先物取引）」参照）。日本でよく見られるいわゆる持合株式を対象としてヘッジ会計を行っている場合は，当該会計処理の差異による影響を受けるものと思われるので，留意が必要になる。

（3）　合計エクスポージャー

> 例：外貨建の銅の購入
> 　ある企業が外貨建で銅を購入することを計画している。企業は銅の価格リスクと外国為替リスクを負っている。企業はまず銅の先物取引を用いて銅の価格リスクをヘッジした。それにより，外貨建の銅を一定の価格で購入することができるが，依然として外国為替リスクにさらされている。
> 　その後，企業は銅の価格変動という当初エクスポージャーと銅の先物取引を組み合わせた合計エクスポージャー（外国為替リスク）をヘッジするために，米ドルを固定金額（円貨）で購入する外貨先渡取引をヘッジ手段に指定した。

　為替の状況等に応じて事後的にヘッジを行う会社等にとっては，合計エクスポージャーを前記の例のようにヘッジすることが想定される。

(4) 項目グループ

　IFRSでは日本基準とは異なり，個々のヘッジ対象の公正価値の変動が，グループ全体の公正価値の変動に比例することは求められていないため，日本基準よりも柔軟に項目グループをヘッジ対象とするヘッジ会計を適用することが可能である。例えば，複数銘柄による株式ポートフォリオの時価変動を株価指数先物取引などでヘッジしようとする場合，日本基準では個々の銘柄の株価の変動割合が株式ポートフォリオ全体の時価の変動割合と比例しないとヘッジ会計を適用することができないが，IFRSでは変動割合が比例していなくても他の要件を満たせばヘッジ会計を適用することができる。

Q14-3　IFRSにおけるヘッジ会計の適格要件②

> IFRSにおけるヘッジ会計の適格要件（ヘッジの文書化，有効性の判断および評価等）について，日本基準との違いを中心に教えてほしい。

A

　IFRS第9号を適用する際には，日本基準では求められていないヘッジ比率の決定方法，非有効部分の発生原因の分析が求められるなど，日本基準におけるヘッジ文書より詳細な記述が求められることが想定される。
　IFRS第9号におけるヘッジの有効性の判断および評価には，数値基準（80-125％）の有無だけでなく，評価方法にも少なからず日本基準と差異がある。このため，IFRS第9号に合わせたヘッジの有効性評価の業務プロセスを構築する必要がある。

解説

1　ヘッジ指定および文書化

　前記「Q14-2　IFRSにおけるヘッジ会計の適格要件①」のとおり，ヘッジ関係の開始時に，ヘッジ関係ならびにヘッジの実行に関する企業のリスク管理目的および戦略の正式な指定と文書化が必要となる。ヘッジ指定の文書化に

ついて，IFRS 第 9 号と日本基準を比較すると，図表 14 － 3 － 1 のとおりの差異がある。

図表 14 － 3 － 1　ヘッジ指定の文書化に関する IFRS 第 9 号と日本基準の差異

IFRS 第 9 号	日本基準
・ヘッジ関係の開始時に，リスク管理戦略およびリスク管理目的に関する正式な指定と文書化が必要になる。 ・文書化する際には，ヘッジ手段，ヘッジ対象，ヘッジされるリスクの性質，およびヘッジ関係がヘッジの有効性を満たしているかどうかを判定する方法，ヘッジ比率の決定方法，非有効部分の発生原因の分析を含めなければならない。 ・ヘッジ文書の作成省略は認められていない。(IFRS 第 9 号 6.4.1 項)	・リスク管理方針の文書には少なくとも，管理の対象となるリスクの種類と内容，ヘッジ方針，ヘッジ手段の有効性の検証方法のリスク管理の基本的な枠組みを含める必要があるが（金融商品実務指針 147 項），ヘッジ比率の決定方法や非有効部分の発生原因の分析については記載が要求されていない。 ・一定の要件を満たす場合，ヘッジ文書の作成を省略できる（金融商品実務指針 145 項）。

　IFRS 第 9 号を適用する際には，日本基準では求められていないヘッジ比率の決定方法，非有効部分の発生原因の分析が求められるなど，日本基準によるヘッジ文書より詳細な記述が求められることが想定される。特に，IFRS 第 9 号はヘッジの有効性判定において，日本基準で認められている 80-125％の数値基準を採用せず，より柔軟なヘッジ会計の適用を認めているため，非有効部分を適時かつ正確に純損益に認識するプロセスは，IFRS 第 9 号の新たなヘッジ・モデルの根幹をなす。このため，ヘッジ開始当初より，ヘッジ対象とヘッジ手段のどのような要素が，どのような状況下において非有効を発生させるかを識別しておくことが重要となる。

2　ヘッジの有効性評価

(1)　IFRS 第 9 号におけるヘッジの有効性の要件

　IFRS 第 9 号における有効性評価では，図表 14 － 3 － 2 のとおり，①ヘッジ対象とヘッジ手段の経済的関係，②信用リスクの影響，③実態に合ったヘッジ比率の 3 つの要件をすべて満たす必要がある（IFRS 第 9 号 6.4.1 項）。

図表14－3－2　ヘッジの有効性評価

ヘッジの有効性評価

ヘッジ手段の公正価値またはキャッシュ・フローの変動と，ヘッジ対象の特定のリスクに起因した公正価値またはキャッシュ・フローの変動が，どの程度相殺されているか

有効性の要件

①経済的関係
- ヘッジ対象とヘッジ手段との間に経済的関係があること
- 一般的にヘッジ対象とヘッジ手段の価値が反対に動くこと
- 統計的に相関することだけが観測されているだけでは不十分

②信用リスクの影響
- 信用リスクの影響が，当該経済的関係から生じる価値変動を著しく阻害するものでないこと
- 例えば，無担保のデリバティブを使って商品価格をヘッジする場合，ヘッジ手段の信用リスクの上昇により，商品価格変動による公正価値変動よりも信用リスクによるものの方がそれを上回る場合は有効とはいえない

③実態に合ったヘッジ比率
- ヘッジ対象とヘッジ手段の関係性を示すヘッジ比率が，企業が実際にヘッジしているヘッジ対象の量とその量をヘッジするために必要なヘッジ手段の量が同じであること

　図表14－3－2の①から③の各項目について，それぞれの具体的な内容や例を示すと以下のとおりである。

①　経済的関係

　経済的関係は，単に「相関関係」があるだけではなく，「因果関係」がなければならない。この「因果関係」は，定性的評価によってのみ立証することもできる。ただし，経済的関係の存在を，定量的評価によってサポートしなければならない状況もあり得るとされている。

②　信用リスクの影響

　ヘッジの有効性評価におけるヘッジ対象とヘッジ手段の価値変動に占める信用リスクの割合の影響の評価は，定性的に行われるケースが多いことが想定される。また，取引相手を信用力の高い金融機関に絞る等により，カウンターパー

ティ・リスクを抑えている場合には，信用リスクがヘッジ手段の公正価値の変動の大部分を占める可能性は低くなるものと思われる。

③ 実態に合ったヘッジ比率

ヘッジ比率とは，ヘッジ対象の金額とヘッジ手段の間の割合をいう。通常の予定取引のキャッシュ・フロー・ヘッジや外貨建金銭債権債務の為替リスクのヘッジ，金利スワップによる金利リスクのヘッジ等，多くのヘッジ関係においてヘッジ比率は1対1であり，ヘッジ手段の原資産は，ヘッジ指定されたヘッジ対象のリスクと完全に対応している。このため，多くの事業会社ではヘッジ比率が問題になることは通常少ないものと思われる。その一方で，オプション取引や先物取引による現物のヘッジを行う場合や，市場・品質・ロケーションといったベーシスが異なるコモディティ等のヘッジについては，ヘッジ比率は1対1にならないケースも想定される。1対1ではないヘッジ比率が適用され得る状況の例としては以下が考えられる。

> 例：1対1ではないヘッジ比率の算定
>
> ある企業は，コモディティの基準価格に対して一定のディスカウントを行った価格による原材料の購入を行う。このディスカウントは，購入する原材料が基準となるコモディティと同程度まで加工されていないことや，品質の差異を反映したものである。先物市場における当該コモディティの価格と当該原材料の価格との間に高い相関関係が維持されていることを確かめるために，企業は毎月末単位で回帰分析を行い，直近数か月の回帰分析における傾き（原材料価格とコモディティ基準価格との比）は，1.237と1.267の間で変動していることを確認した。この回帰分析結果により，企業は当該原材料がコモディティ基準価格から概ね20％ディスカウントした価格で取引されていると判断し，基準コモディティに係る名目数量1トンの先物契約を使用して，当該原材料1.25トンの非常に可能性の高い予定購入取引をヘッジする（すなわち，ヘッジ比率1対1.25）。

（2） 有効性および非有効部分の評価・測定方法

IFRS第9号では，有効性の評価方法について特定の方法は定められておらず，ヘッジ非有効部分の発生原因などのヘッジ関係に関連する特徴が捕捉でき

る方法である限り，定性的評価と定量的評価のいずれも認められる。定量的評価に関しては，「ドル・オフセット法」と呼ばれる方法（ヘッジ手段の公正価値変動とヘッジ対象の公正価値変動を比較する方法）が一般的な技法といわれている。非有効部分の測定方法についても，特定の方法はIFRS第9号で示されていないが，実務上は同様の方法が適用されることが多いものと思われる。

　ヘッジ対象の公正価値変動を算定する手法として，仮想デリバティブを使用することも想定される。仮想デリバティブとは，ヘッジ対象と主要な条件が一致するデリバティブであり，ヘッジ対象の価値を計算するためだけに使用することができる算術上の便法を意味する。

　IFRS第9号では，仮想デリバティブの使用は非有効部分を測定するためにヘッジ対象の価値変動を計算する場合に考え得る方法の1つであることが明記されている（IFRS第9号B6.5.5項）。仮想デリバティブの公正価値は，ヘッジ対象の公正価値を実際のヘッジ手段の公正価値と比較して測定するために使用され，有効性の評価および非有効部分の測定が行われる（後記「Q14-4 設例14-4-1　キャッシュ・フロー・ヘッジの会計処理（金利スワップ取引）」参照）。

(3)　IFRS第9号と日本基準との差異

　ヘッジの有効性評価に関するIFRS第9号と日本基準の主要な差異をまとめると，図表14-3-3のとおりである。ヘッジの有効性評価に関する数値基準（80-125％）の有無だけでなく，評価方法にも少なからず差異がある。このため，IFRS第9号を適用する際には，IFRS第9号に合わせたヘッジの有効性評価の業務プロセスを構築する必要があると思われる。

| 図表14－3－3 | ヘッジの有効性評価に関するIFRS第9号と日本基準の主要な差異 |

	IFRS第9号	日本基準
①有効性評価の省略	有効性評価自体の省略は認められず，ヘッジ開始以降も毎期，継続的に評価しなければならない（IFRS第9号B6.4.12項）。	一定の条件を満たす場合，有効性の判定を省略できる（金融商品実務指針158項）。
②有効性評価の数値基準	数値基準は設けられていない。	80-125％の数値基準が設けられている（金融商品実務指針156項）。
③有効性の評価方法	・有効性の評価方法について特定の方法は定められておらず，ヘッジ非有効部分の発生原因などのヘッジ関係に関連する特徴が捕捉できる方法である限り，定性的評価と定量的評価のいずれも認められる。 ・キャッシュ・フローの非有効部分の測定は，ヘッジ対象の公正価値の変動を貨幣の時間的価値を考慮した現在価値ベースで行わなければならない。 ・有効性評価は将来に向かって行われ，事後テストにおいて，定量的評価が常に求められるわけではない。 ・経済的関係の存在を含むヘッジの有効性要件を満たす限り，ヘッジ会計を適用することが認められる一方で，非有効部分は常に純損益で認識することが求められる。	・原則として，ヘッジ開始時から有効性評価時点までの期間において，ヘッジ対象とヘッジ手段の相場変動またはキャッシュ・フロー変動の累計を比較して判断する（金融商品実務指針156項）。 ・有効性評価自体が省略可能な場合を除いて，定量的な事後テストを実施する。 ・有効性が80-125％の数値基準を満たしている限り，非有効部分をヘッジ会計の対象として繰延処理することができる。ただし，非有効部分を純損益に計上する方針を採用することもできる（金融商品実務指針172項）。

Q14-4 キャッシュ・フロー・ヘッジの会計処理（金利スワップ取引）

金利スワップ取引を行った場合の IFRS におけるキャッシュ・フロー・ヘッジの会計処理を教えてほしい。

A

キャッシュ・フロー・ヘッジの会計処理では，ヘッジ手段に係る利得または損失は，有効なヘッジとして認められる部分が OCI に計上され，ヘッジ対象に係る利得または損失が純損益に計上されるときに，純損益にリサイクルされる。

ヘッジが全体として有効であったとしても，非有効部分（キャッシュ・フロー・ヘッジの場合には，ヘッジ手段＞ヘッジ対象のオーバー・ヘッジ部分のみ）は純損益に計上される。

IFRS では，日本基準で認められる金利スワップの特例処理は認められない。

解説

1 キャッシュ・フロー・ヘッジの会計処理

キャッシュ・フロー・ヘッジは，認識されている資産もしくは負債または可能性の非常に高い予定取引の全部または構成要素に係る特定のリスクに起因し，かつ，純損益に影響する可能性があるキャッシュ・フローの変動性に対するエクスポージャーのヘッジと定義される。具体的な会計処理は以下のとおりである。

- ヘッジ手段に係る利得または損失のうち，有効なヘッジとして認められる部分は，OCI として認識される。
- OCI として認識された利得または損失は，ヘッジ対象の価値の変動が純損益に計上されるときに，その影響を相殺するように純損益に振り替えられる。
- ヘッジが全体として有効であったとしても，非有効部分（ヘッジ手段＞ヘッジ対象のオーバー・ヘッジ部分）は純損益に計上される。

2 日本基準との相違点

キャッシュ・フロー・ヘッジの会計処理は，日本基準の繰延ヘッジの会計処理と類似しているといえる。ただし，金利スワップ取引をヘッジ手段として使用したキャッシュ・フロー・ヘッジは，以下の点で日本基準の会計処理と異なるため，留意が必要になる。

- ヘッジが全体として有効であったとしても，非有効部分（キャッシュ・フロー・ヘッジの場合には，ヘッジ手段＞ヘッジ対象のオーバー・ヘッジ部分のみ）は純損益に計上される。
- 金利スワップの特例処理は認められない。

3 設例による解説

キャッシュ・フロー・ヘッジの具体的な会計処理について，金利スワップ取引を使って設例14－4－1で解説する。

設例14－4－1　キャッシュ・フロー・ヘッジの会計処理（金利スワップ取引）

［前提条件］
① 会社（3月決算）は，X1年4月1日に期間5年，6か月LIBORプラス0.5%で100,000の変動借入を行った。
② 変動金利を固定金利に変換するため，同日付でLIBORプラス0.5%の変動金利を受け取り，2%の固定金利を支払う，期間5年，想定元本100,000の金利スワップ契約を締結した。
③ X2年3月31日のLIBORは1.65%であり，金利スワップ取引の公正価値は1,050となっている。
④ 金利スワップ取引の公正価値1,050は，市場金利の上昇による金利スワップ取引の公正価値の増加1,000と金利スワップ取引の相手方の信用リスクの低下に伴う公正価値のプラス50から構成されている。
⑤ 借入金の公正価値に変化はないが，ヘッジ対象である借入金の変動金利キャッシュ・フローに対するエクスポージャーを相殺するために必要な将来

キャッシュ・フローの公正価値（現在価値）は1,000増加している（仮想デリバティブの詳細は前記「Q14－3　2（2）有効性および非有効部分の評価・測定方法」参照）。
⑥　税効果は考慮しないものとする。

[会計処理]
＜X2年3月31日の会計処理＞
①　ヘッジの有効性判定
　ヘッジ対象に係る変動金利キャッシュ・フローに対するエクスポージャーを相殺するために必要な将来キャッシュ・フローの現在価値が1,000であり，ヘッジ手段である金利スワップ取引の公正価値が1,050であるため，ヘッジ関係は非常に有効と判断する（1,000と1,050の相殺比率が95.23％）。
②　金利スワップ取引に係る評価損益の認識
　金利スワップ取引の公正価値の変動のうち，有効部分の1,000はOCIに計上する。そして，金利スワップ取引の相手方の信用力の向上に起因するスワップ取引の公正価値の変動については，純損益に計上する。これは，ヘッジ手段の公正価値の累計変動額1,050が，ヘッジ対象である借入金の変動金利キャッシュ・フローに対するエクスポージャーを相殺するために必要な将来キャッシュ・フローの現在価値1,000を上回っているためである。なお，金利の受払いの会計処理は日本基準（繰延ヘッジ）と同じであるため，ここでは省略する。

（借）金利スワップ　　　　　　（※1）1,050	（貸）金利スワップ評価益　　（※2）1,000
	（OCI）
	金利スワップ評価益　　　（※3）50
	（P/L）

（※1）　1,050…X1年3月31日の金利スワップ取引の公正価値（前提条件④参照）。
（※2）　1,000…市場金利の上昇による金利スワップ取引の公正価値の増加1,000（ヘッジの有効部分）（前提条件④参照）。
（※3）　50…信用リスクの低下による金利スワップ取引の公正価値の増加50（ヘッジの非有効部分）（前提条件④参照）。

[ヘッジの有効部分と非有効部分の会計処理]

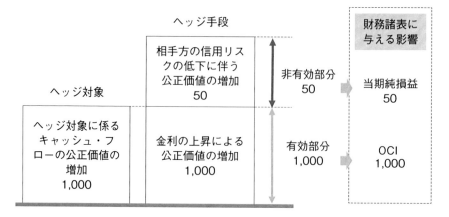

なお，本設例では，その目的上，取引相手の信用リスクに起因する非有効性を個別処理するケースを示したが，実務上は，ヘッジのボリュームが金融機関ほど多くない事業会社においては，取引相手を信用力の高い金融機関に絞ることにより，こうした処理が不要とされるケースも一般に想定される。

Q14-5 キャッシュ・フロー・ヘッジの会計処理（為替予約取引）

為替予約取引を行った場合のIFRSにおけるキャッシュ・フロー・ヘッジの会計処理を教えてほしい。

A

キャッシュ・フロー・ヘッジの会計処理では，ヘッジ手段に係る利得または損失は，有効なヘッジとして認められる部分がOCIに計上され，ヘッジ対象に係る利得または損失が純損益に計上されるときに，純損益にリサイクルされる。

ベーシス・アジャストメント（簿価調整）は包括利益計算書を通さずに行われる（リサイクルなし）。

IFRSでは，日本基準で認められる為替予約等の振当処理は認められない。

解説

1 ベーシス・アジャストメント

　キャッシュ・フロー・ヘッジでは，ヘッジ手段に係る利得または損失の累計額とヘッジ対象の公正価値の変動累計額のいずれか低い方（ヘッジの有効部分）を，OCIに継続して累積させる。ヘッジされる取引によって事後的に非金融商品項目が認識される場合，この資本に累積されたOCIは資本の個別項目から除外され，ヘッジされた資産または負債の当初取得価額またはその他の帳簿価額に直接含めなければならない（IFRS第9号5.11項）。

2 日本基準との相違点

　IFRSにおけるキャッシュ・フロー・ヘッジは，日本基準の繰延ヘッジの会計処理と類似しているといえる。ただし，為替予約取引をヘッジ手段として使用したキャッシュ・フロー・ヘッジは，以下の点で日本基準の会計処理と異なるため，留意が必要になる。

- ベーシス・アジャストメント（簿価調整）は包括利益計算書を通さずに，持分変動計算書上で行われる（リサイクルなし）。
- 為替予約等の振当処理は認められない。

3 設例による解説

　キャッシュ・フロー・ヘッジの具体的な会計処理について，為替予約取引を使って設例14－5－1で解説する。

設例14－5－1　キャッシュ・フロー・ヘッジの会計処理（為替予約取引）

［前提条件］
① 会社（3月決算）は，X1年5月1日に外貨建で原材料（100単位，原価1,000米ドル）を購入することを予定している。
② ①の原材料の購入取引が発生する可能性は非常に高い。
③ X1年2月1日に3か月後に予定している外貨建の原材料購入取引に係る外国為替リスクをヘッジするために，同数量・同期間（決済日は買掛金の支

払予定日である X1 年 5 月 31 日）の為替予約取引を行う。予約レートは 105 円／米ドルであった。

④ 外貨建の原材料購入取引をヘッジ対象，為替予約取引をヘッジ手段に指定している。他のヘッジ会計の要件も満たしていると判断している。

⑤ 為替レートの推移は以下のとおりとなっている。なお，本設例では取引開始日後のスポット・レートとフォワード・レートは等しいと仮定している。

	為替レート（円／米ドル）
X1 年 2 月 1 日（取引開始日）	105
X1 年 3 月 31 日（決算日）	108
X1 年 5 月 1 日（取引実行日）	110
X1 年 5 月 31 日（決済日）	113

⑥ 税効果は考慮しないものとする。

[会計処理（単位：円）]

＜X1 年 3 月 31 日の会計処理＞

為替予約取引の公正価値評価

(借) 為替予約　　　　　　(※) 3,000　(貸) 為替予約評価益（OCI）　(※) 3,000

(※) 3,000 円 = 1,000 米ドル ×（108 − 105）円／米ドル

＜X1 年 5 月 1 日の会計処理＞

① 為替予約取引の評価

(借) 為替予約　　　　　　(※) 2,000　(貸) 為替予約評価益（OCI）　(※) 2,000

(※) 2,000 円 = 1,000 米ドル ×（110 − 108）円／米ドル

② ベーシス・アジャストメント

資本に累積された OCI は資本の個別項目から除外し，ヘッジ対象である棚卸資産の取得価額に含める。

| (借) 棚卸資産 | (※1) 110,000 | (貸) 買掛金 | (※1) 110,000 |
| (借) 為替予約評価益
（累積OCI）(※3) | (※2) 5,000 | (貸) 棚卸資産 | (※2) 5,000 |

(※1) 110,000円＝1,000米ドル×110円／米ドル
(※2) 5,000円…OCIに累積された為替予約取引の公正価値の変動額。
(※3) 資本に累積されたOCIを，包括利益計算書を通さずに持分変動計算書上で直接振り替える。

＜X1年5月31日の会計処理＞
① 為替予約取引の決済

| (借) 現金預金 | (※1) 8,000 | (貸) 為替予約 | (※2) 5,000 |
| | | 為替差益 | (※3) 3,000 |

(※1) 8,000円＝1,000米ドル×(113－105)円／米ドル
(※2) 5,000円＝1,000米ドル×(110－105)円／米ドル
(※3) 3,000…差額で算出。

② 買掛金の決済

| (借) 買掛金 | (※1) 110,000 | (貸) 現金預金 | (※2) 113,000 |
| 為替差損 | (※3) 3,000 | | |

(※1) 110,000円…X1年5月1日に計上した買掛金。
(※2) 113,000円＝1,000米ドル×113円／米ドル
(※3) 3,000…差額で算出。

なお，日本基準において為替予約等の振当処理の簡便法（為替予約等の契約が外貨建取引の前に締結されている場合に，外貨建取引および金銭債権債務等に為替予約相場による円換算額を付す方法）を採用しているとき，IFRSにおけるキャッシュ・フロー・ヘッジと日本基準における振当処理の間で棚卸資産の計上額が異なる点に留意が必要と思われる。すなわち，IFRSにおけるキャッシュ・フロー・ヘッジの場合，棚卸資産が取引実行日のスポット・レートで換算され，為替予約取引の約定日から取引実行日までの為替レートの変動が棚卸資産のベーシス・アジャストメントの対象となる一方で，日本基準における為替予約等の振当処理の場合，為替予約取引の約定日から買掛金の決済日までの期間を対象とする予約レートにより棚卸資産が換算されるため，棚卸資産の計上額が異なることになる。

Q14-6 公正価値ヘッジの会計処理（先物取引）

> 先物取引を行った場合のIFRSにおける公正価値ヘッジの会計処理を教えてほしい。

A

公正価値ヘッジの会計処理では、ヘッジ手段に係る利得または損失とヘッジ対象に係る利得または損失は、ともに純損益に認識される。

ヘッジ対象とヘッジ手段はともに公正価値評価され、その変動は純損益で認識されるため、非有効部分は自動的に純損益で認識される。OCIオプションを選択した資本性金融商品をヘッジ対象とする場合、ヘッジ手段の公正価値の変動は非有効部分も含めてOCIに認識され、リサイクルもされない。

解説

1 公正価値ヘッジの会計処理

公正価値ヘッジは、認識されている資産もしくは負債または未認識の確定約定（あるいはそうした項目の構成要素）の公正価値の変動のうち、特定のリスクに起因し、純損益に影響する可能性があるものに対するエクスポージャーのヘッジと定義される。具体的な会計処理は以下のとおりである。

- ヘッジ手段に係る利得または損失は、純損益に認識される。
- ヘッジ対象に係る利得または損失は、ヘッジ対象の帳簿価額に調整されるとともに（該当がある場合）、純損益に認識される（償却原価で測定される金融資産の場合、実効金利を調整する。）。ヘッジ対象がFVOCIで測定される金融商品の場合には、ヘッジ対象に係る利得または損失を、純損益に認識しなければならない。ただし、ヘッジ対象が、OCIオプションが選択された資本性金融商品の場合には、ヘッジ対象に係る利得または損失を、OCIに認識しなければならない。
- ヘッジ対象とヘッジ手段はともに公正価値評価され、その変動は純損益で認識されるため、非有効部分は自動的に純損益で認識される。

2 ┃ 日本基準との相違点

IFRSにおける公正価値ヘッジと日本基準における時価ヘッジの会計処理は以下の点で異なるため，留意が必要になる。

- OCIオプションを選択した資本性金融商品をヘッジ対象とする場合，ヘッジ手段の公正価値の変動は非有効部分も含めてOCIに認識され，リサイクルもされない。
- 日本基準の時価ヘッジはその他有価証券のみが対象となり得るが，IFRSではそのようなヘッジ対象の制限はない。

3 ┃ 設例による解説

公正価値ヘッジの具体的な会計処理について，先物取引を使って設例14－6－1で解説する。

設例14－6－1　公正価値ヘッジの会計処理（先物取引）

[前提条件]
① 会社（3月決算）は，X1年10月1日に上場株式100株を100,000で購入した。
② ①の上場株式について，A社はFVOCIオプションを選択し，公正価値の変動額をOCIに認識する。
③ 上場株式の価格リスクをヘッジするため，X1年10月1日に同数量の先物契約（売建の約定価格は100,000）を締結した。
④ 上場株式をヘッジ対象，先物契約をヘッジ手段に指定している。他のヘッジ会計の要件も満たしていると判断している。
⑤ X2年5月1日に上場株式を売却し，先物契約を同時に決済した。
⑥ 株式の公正価値の推移は以下のとおりとなっている。

	株式の公正価値
X1年10月1日	100,000
X2年3月31日	90,000
X2年5月1日	85,000

⑦ 税効果は考慮しないものとする。

[会計処理]

＜X2年3月31日の会計処理（ヘッジ対象とヘッジ手段の公正価値評価）＞

公正価値ヘッジの場合，ヘッジ対象の公正価値の変動とヘッジ手段の公正価値の変動はともに純損益に認識されることが原則であるが，ヘッジ対象である株式についてFVOCIオプションが選択された場合，公正価値の変動がOCIに計上されるため，ヘッジ手段の公正価値の変動もOCIに計上する。

（借）	有価証券評価差額 （OCI）	(※1) 10,000	（貸）	有価証券	(※1) 10,000
（借）	有価証券先物契約	(※2) 10,000	（貸）	有価証券先物契約評価益（OCI）	(※2) 10,000

（※1） 10,000 ＝ 取得価額100,000 － X2年3月31日時点の株式の公正価値90,000
（※2） 10,000 ＝ 先物契約の売建約定価格100,000 － X2年3月31日時点の株式の公正価値90,000

＜X2年5月1日の会計処理（売却時の会計処理）＞

FVOCIオプションが選択された資本性金融商品については，認識の中止に際して，OCIに認識されている公正価値変動の累計額が純損益にリサイクルされない。このため，ヘッジ対象である上場株式の売却時に，売却金額と帳簿価額との差額をOCIに計上する。さらに，ヘッジ手段である先物契約を決済し，公正価値の変動をOCIに計上する。

（借）	現金預金	(※1) 85,000	（貸）	有価証券	(※2) 90,000
	有価証券売却損（OCI）	(※3) 5,000			
（借）	有価証券先物契約	(※4) 5,000	（貸）	有価証券先物契約評価益（OCI）	(※4) 5,000
（借）	現金預金	(※5) 15,000	（貸）	先物契約	(※5) 15,000

(※1) 85,000…株式の売却金額（X2年5月1日時点の公正価値）（前提条件⑥参照）。
(※2) 90,000…X2年3月31日時点の株式の公正価値（前提条件⑥参照）。
(※3) 差額で算出。
(※4) 5,000 = 15,000 − X2年3月31日からX2年5月1日までの公正価値の変動 10,000
(※5) 15,000 = 先物契約の売建約定価格 100,000 − X2年5月1日時点の公正価値 85,000

Q14-7　在外営業活動体に対する純投資のヘッジの会計処理

在外営業活動体に対する純投資のヘッジの会計処理を教えてほしい。

A

在外営業活動体に対する純投資のヘッジの会計処理では，ヘッジ手段に係る利得または損失のうち，ヘッジの有効部分は純投資から生じる為替換算調整勘定を相殺するようにOCIに認識され，非有効部分は純損益に認識される。

解説

1 在外営業活動体に対する純投資のヘッジの会計処理

在外営業活動体に対する純投資のヘッジは，キャッシュ・フロー・ヘッジと同様に会計処理される。具体的な会計処理は以下のとおりである。

- ヘッジ手段に係る利得または損失のうち，ヘッジの有効部分は純投資から生じるOCI（為替換算調整勘定）を相殺するようにOCIに認識される。
- ヘッジの非有効部分は，純損益に認識される。

2 日本基準との相違点

IFRSでは，在外営業活動体に対する純投資のヘッジに際し，機能通貨の異なる支店や，純投資を構成するとみなされる長期の貨幣性項目等もヘッジ対象になり得るが，日本基準では，在外支店に対する持分投資のヘッジや，資本項目以外の貨幣性項目のヘッジは認められない。

3 設例による解説

在外営業活動体に対する純投資のヘッジの具体的な会計処理について、設例14－7－1で解説する。

設例14－7－1　在外営業活動体に対する純投資のヘッジの会計処理

[前提条件]
① P社（3月決算）は、X1年4月1日に米国にあるS社の発行済株式総数の100%を10,000米ドルで取得した。
② P社は、X1年4月1日に10,000米ドルの借入金をS社に対する純投資のヘッジ手段として指定した。
③ 他のヘッジ会計の要件も満たしているものとする。
④ 為替レートの推移は以下のとおりとなっている。なお、本設例では取引開始日後のスポット・レートとフォワード・レートは等しいと仮定している。

	為替レート（円／米ドル）
X1年4月1日	100
X1年度平均レート	95
X2年3月31日	90

なお、X1年度の為替レートに大幅な変動が生じていないことから、ここでは、S社の期中の損益についてX1年度の期中平均レートで換算する。
⑤ 税効果は考慮しないものとする。

[会計処理（単位：円）]
＜X2年3月31日の会計処理＞
① ヘッジ手段である為替予約の公正価値評価
　ヘッジ手段である借入金を期末の為替レートで換算し、換算差額をOCIに計上する。

（借）借入金	（※）100,000	（貸）為替差損益（OCI）	（※）100,000

（※）　100,000円＝10,000米ドル×（100－90）円／米ドル

② OCIと為替換算調整勘定の相殺

個別財務諸表でOCIに計上したヘッジ手段である借入金に係る換算差額を，連結財務諸表では子会社の為替換算調整勘定と相殺する。

(借)	為替差損益 （OCI）	(※)100,000	(貸)	為替換算調整勘定 （OCI）	(※)100,000

(※) 100,000円…個別財務諸表で認識したヘッジ手段である借入金に係る換算差額。

[在外営業活動体に対する純投資のヘッジの全体像]

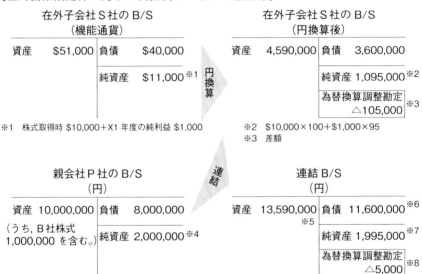

なお，本設例では，取引の単純化のために，ヘッジ対象の期首純資産10,000米ドルに対して10,000米ドルの借入金をヘッジ手段に指定することによりフルヘッジをかけている。この場合，在外子会社の損益によってはオーバー・ヘッジ部分が発生する可能性があり，有効性の要件上，問題となり得るため，実務上は純資産の額を下回る金額をヘッジ手段として指定しているものと思われる。

Q14-8 ヘッジのリバランス（バランス再調整）とヘッジ会計の中止

バランス再調整とヘッジ会計の中止の会計処理について，IFRS の取扱いを教えてほしい。

A

IFRS 第9号では，従前のヘッジ関係がヘッジ有効性[4]の要求に合致しなくなった場合，適格要件を満たすようにリバランスすることが求められる。

リバランスが行われたとしても，ヘッジ会計そのものは継続しているものとして会計処理される。ただし，リバランス前の非有効部分は，ヘッジ会計の部分的な中止として会計処理され，純損益が認識される。

解説

IFRS 第9号では，ヘッジの事後的な評価においては，最初にヘッジ関係に係るリスク管理目的が変わっていないかを評価し，リスク管理目的が変更されている場合はヘッジ会計を中止しなければならない。また，経済的関係がもはや存在しない，または信用リスクがヘッジ関係に優越していることが判明した場合にもヘッジ会計を中止する必要がある（IFRS 第9号6.5.6項）。

その一方で，リスク管理目的は変更されていないが，不適切な非有効性につながるようなヘッジ比率のアンバランスが見られる場合には，リバランス（バランス再調整）を行わなければならない。ヘッジの有効性とリバランスおよびヘッジ会計の中止の全体像は，図表14－8－1のとおりとなる。

---

4 詳細は前記「Q 14－3　IFRS におけるヘッジ会計の適格要件②」参照。

図表14－8－1　ヘッジの有効性とリバランスおよびヘッジ会計の中止の全体像[5]

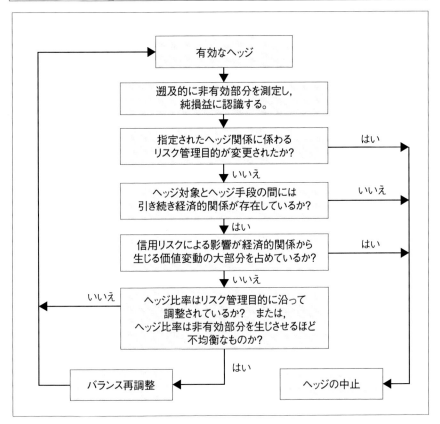

　なお，前記「Q14－3　2（1）③　実態に合ったヘッジ比率」に記載のとおり，多くの場合はヘッジ比率が1対1となるため，通常，ヘッジのリバランスは必要ない。その一方で，コモディティ等のヘッジの場合には，ヘッジのリバランスが必要になる場合がある。特に，原油やジェット燃料，天然ガス，金等の各種コモディティを多く扱う業種では影響があるものと思われる。

5　「IFRS　国際会計の実務　International GAAP 2015 金融商品・保険契約 Japan Edition 5」アーンスト・アンド・ヤングLLP著　新日本有限責任監査法人　日本語版監修　レクシスネクシス・ジャパン　P.843。

1 ヘッジのリバランス（バランス再調整）

リバランスとは，ヘッジの有効性の要求に従ったヘッジ比率を維持する目的で，すでに存在しているヘッジ関係のヘッジ対象またはヘッジ手段の指定された量を調整することを意味する（IFRS第9号B6.5.7項）。具体的には，リバランスは以下の方法によって行う（IFRS第9号B6.5.16項）。

- ヘッジ対象の分量の増加
- ヘッジ手段の分量の増加
- ヘッジ対象の分量の減少
- ヘッジ手段の分量の減少

2 ヘッジ会計の部分的な中止

ヘッジの適格要件が満たされなくなった場合には，ヘッジ会計を完全に，または部分的に中止しなければならない（IFRS第9号6.5.6項）。具体的な会計処理は図表14－8－2のとおりとなる。

図表14－8－2　ヘッジ会計の中止の会計処理

	公正価値ヘッジの場合	キャッシュ・フロー・ヘッジの場合
ヘッジ対象	・償却原価測定のヘッジ対象の場合は，修正後の帳簿価額を新たな償却原価の簿価とし，残存期間にわたって原則として実効金利法を適用する。	・ヘッジ対象の原則的な会計処理を行う。
ヘッジ手段	・ヘッジの中止後もヘッジ手段が存在する場合には，公正価値で測定し，評価差額は純損益で処理する。	・OCIで繰り延べられていたキャッシュ・フロー剰余金は，ヘッジ対象が損益に影響を与えるまで引き続き繰り延べる。 ・ヘッジ対象における予定取引の発生が見込まれない場合は，繰り延べられていたOCIは即時に純損益として処理する。

また，日本基準では，ヘッジ関係が有効性の評価基準を満たさなくなった場合，ヘッジ会計を全体として中止することが求められる。その一方，IFRS第9号では，従前のヘッジ関係がヘッジ有効性の要求に合致しなくなった場合，適格要件を満たすようにリバランスすることが求められる。リバランスを行うことによって，ヘッジ全体の取消しおよび再指定を行うことなく，ヘッジの有効部分をヘッジ会計の継続として会計処理することになる。リバランス前のヘッジの非有効部分は，ヘッジ会計の部分的な中止として会計処理され，純損益が認識される。

3 設例による解説

ヘッジのリバランスとヘッジ会計の中止の具体的な会計処理について，設例14－8－1で解説する。

設例14－8－1　ヘッジのリバランスとヘッジ会計の中止の会計処理

[前提条件]
① 会社（3月決算）は，X1年10月1日において，12か月後に商品aを1,000トン購入する非常に可能性の高い予定取引を有している。
② 商品aに利用可能なデリバティブ取引がないため，会社は過去の相関関係に基づき，12か月後の商品aの予定購入取引をヘッジするためにベンチマーク商品bに係る1,200トンの先渡契約をヘッジ手段に指定する（ヘッジ比率は1.2対1となる）。
③ 他のヘッジ会計の要件も満たしていると判断している。
④ X2年3月31日時点で，ヘッジ対象の公正価値の変動は100であり，ヘッジ手段の公正価値の変動は110であった。
⑤ X2年3月31日時点の有効性評価によると，この先の適切なヘッジ比率は1.1対1であると考え，ヘッジ比率を再設定することにした。会社はヘッジ手段を調整してヘッジ比率を調整する方針である。
⑥ 税効果は考慮しないものとする。

[会計処理]
＜X2年3月31日の会計処理＞

① ヘッジ手段である先渡契約の公正価値評価

ヘッジ手段である先渡契約を公正価値評価し，公正価値の変動のうち，有効部分をOCIに計上し，非有効部分を純損益に認識する。

(借)	商品先渡契約評価益 （OCI）	(※2) 100	(貸)	商品先渡契約 （ヘッジ手段）	(※1) 110
	商品先渡契約評価益 （P/L）	(※3) 10			

(※1)　110…X2年3月31日時点の先渡契約の公正価値（前提条件④参照）。
(※2)　100…ヘッジの有効部分（ヘッジ対象の公正価値の範囲内の部分）（前提条件④参照）。
(※3)　10…ヘッジの非有効部分（ヘッジ対象の公正価値を超える部分）（前提条件④参照）。

② ヘッジのリバランスとヘッジ会計の中止

ヘッジ比率を再設定する場合，ⅰ　ヘッジ手段の一部についてヘッジ指定を解除するか，ⅱ　ヘッジ対象を追加で指定することにより，ヘッジ比率の再設定が可能になる。会社はⅰを選択した。この場合，100トンの商品bの先渡契約について，ヘッジ会計を中止することになる。具体的には，商品bの先渡契約の公正価値の変動額110のうち，100/1,200相当の9についてトレーディング目的のデリバティブに振り替えることになる。このようなリバランスを行うことにより，ヘッジの有効部分（1,100/1,200相当の101）をヘッジ会計の継続として会計処理することができる。

(借)	商品先渡契約 （ヘッジ手段）	(※) 9	(貸)	商品先渡契約 （トレーディング目的）	(※) 9

(※)　9 = 110 × 100 ÷ 1,200

＜参考文献＞

「図解でスッキリ　デリバティブの会計入門」新日本有限責任監査法人編　中央経済社
「ここが変わった！　税効果会計」新日本有限責任監査法人編　中央経済社
「設例でわかる　包括利益計算書のつくり方（第2版）」新日本有限責任監査法人編　中央経済社
「設例でわかる　キャッシュ・フロー計算書のつくり方Q＆A」新日本有限責任監査法人編　中央経済社
「為替換算調査勘定の会計実務（第2版）」新日本有限責任監査法人編　中央経済社
「会計実務ライブラリー4　外貨建取引会計の実務（第2版）」新日本有限責任監査法人編　中央経済社
「完全比較　国際会計基準と日本基準（第3版）」新日本有限責任監査法人編　清文社
「IFRS　国際会計の実務　International GAAP 2015　金融商品・保険契約 Japan Edition 5」アーンスト・アンド・ヤングLLP著　新日本有限責任監査法人　日本語版監修　レクシスネクシス・ジャパン
「改訂8版　金融商品会計の完全解説」伊藤眞・荻原正佳著　財経詳報社
「外貨建取引・通貨関連デリバティブの会計実務（第2版）」伊藤眞著　中央経済社
「ヘッジ取引の会計と税務（第5版）」荻茂生・長谷川芳孝著　中央経済社
「デリバティブ取引の経理入門」監査法人トーマツ編　中央経済社
「外貨建取引の経理入門」監査法人トーマツ編　中央経済社
「別冊税務弘報　改正税法・新会計基準の税効果会計」中央経済社

＜執筆者紹介＞（五十音順・新日本有限責任監査法人　所属）

行事　久仁子（ぎょうじ　くにこ）（第8章・第9章）

公認会計士　シニア　第1事業部

ナレッジセンターにおいて事例調査および会計監理部において監査部門への会計に係る情報提供等の業務に従事した後，主に製造業，食品卸売業，サービス業に係る監査業務に従事している。

著書（共著）に「『経理の状況』作成マニュアル」，「会計処理アドバンストＱ＆Ａ」（以上，中央経済社）等がある。この他に，『旬刊経理情報』（中央経済社）に有価証券報告書等の開示分析記事（「平成28年3月期『有報』分析」など）を寄稿。

佐久間　大輔（さくま　だいすけ）（第6章）

公認会計士　マネージャー　金融事業部　金融部

銀行業を中心に，リース業，信用金庫，信用組合等の監査業務，米国会計基準への移行や内部統制報告制度（J-SOX）の導入支援，文書化支援，内部監査支援業務，オペレーショナル・リスク管理に関するコンサルティング等の業務に従事する他，セミナー講師なども務める。

著書（共著）に「図解でざっくり会計シリーズ5　連結会計のしくみ（第2版）」，「ケース別　債務超過の会計実務」，「設例でわかる　資本連結の会計実務」，「ここが変わった！　税効果会計」，「図解でスッキリ　デリバティブの会計入門」（以上，中央経済社）がある。この他に，雑誌への寄稿も行っている。

藤波　竜太（ふじなみ　りゅうた）（第4章）

公認会計士　マネージャー　金融事業部　金融部

メガバンク，大手信託銀行，大手信販，クレジットカード等の金融機関に対する監査業務（米国会計基準の財務諸表に対する監査業務を含む。）に従事。また，政府系金融機関，地方銀行等に対して内部統制制度（J-SOX）評価支援や財務デューデリジェンス等の各種アドバイザリー業務従事する他，外部向けのセミナー講師なども務める。

著書（共著）に「図解でざっくり会計シリーズ3　金融商品会計のしくみ」，「設例でわかるキャッシュ・フロー計算書のつくり方Ｑ＆Ａ」，「ここが変わった！　税効果会計」（以上，中央経済社）がある。また，「ビジネス実務相談室」『旬刊経理情報』（中央経済社）への寄稿多数。

船木　博文（ふなき　ひろふみ）（第1章～第3章）

公認会計士　マネージャー　金融事業部　金融部

主に地方銀行，信用金庫等の監査業務および会計アドバイザリー業務に従事。また，金融部金融センターに所属し，地域金融機関向けサービスの拡充に取り組む。

著書（共著）に「信用金庫・信用組合の会計実務と監査−自己査定・償却引当編−」（経済法令研究会），「持株会社の運営・移行・解消の実務」（中央経済社）がある。

本橋　正史（もとはし　まさし）（第11章・第12章）

公認会計士　マネージャー　第3事業部

主に大手製造業や卸売業，リース業などの監査業務（IFRSに基づく財務諸表に対する監査業務や内部統制監査業務を含む。）に従事。また，財務デューデリジェンス業務やリファーラル業務にも従事している。

山岸　正典（やまぎし　まさのり）（第14章）

公認会計士　マネージャー　品質管理本部　IFRSデスク

上場保険会社，リース会社，映画会社等の監査業務に従事するとともに，金融機関のIFRS導入支援，日本基準・米国会計基準のGAAPコンバージョン，J-SOX導入支援，損害保険会社の設立支援業務等の各種アドバイザリー業務に従事。平成28年からは，IFRS導入（または導入予定）クライアントに対して，IFRSに関するテクニカル面のサポートを行う業務に従事している。

著書（共著）に「設例でわかる　キャッシュ・フロー計算書のつくり方Q&A」（中央経済社）があり，また，法人HP（企業会計ナビ）の運営業務に従事（解説記事の執筆等）している他，外部向けセミナーの講師も務める。

山澤　伸吾（やまざわ　しんご）（第10章）

公認会計士　マネージャー　第4事業部

平成25年から平成28年までの間，会計監理部にて会計に係る法人内の質問対応および法人内外への情報提供等の業務に従事。現在は，主に化学業界，石油業界の監査業務に従事する他，外部向けのセミナー講師も務める。

主な著書（共著）に「こんなときどうする？　減損会計の実務詳解Q&A」，「ケースから引く　組織再編の会計実務」，「連結財務諸表の会計実務（第2版）」（以上，中央経済社）などがある。

山本　浩志（やまもと　ひろし）（第5章）

公認会計士　シニア　金融事業部　金融部

情報・通信業，海運業，製造業，卸売業等の監査業務の他，上場支援業務を経て，現在は，銀行業，SPCの監査業務や財務デューデリジェンス業務に従事している。

吉田　剛（よしだ　たけし）（第7章・第13章）

公認会計士　パートナー　品質管理本部　会計監理部　兼　第4事業部

食品製造業や石油・ガス開発業等の監査業務および会計に係る情報提供，法人内の質問対応等の業務に従事。

また，企業会計基準委員会（ASBJ）企業結合専門委員会の専門委員ならびに日本公認会計士協会　会計制度委員会　副委員長および同委員会　連結・企業結合等検討専門委員会の専門委員を務める他，法人内部の研修講師，外部向けのセミナー講師も多数務める。

著書（共著）に，「取引手法別　資本戦略の法務・会計・税務」，「こんなときどうする？減損会計の実務詳解Q&A」，「連結財務諸表の会計実務（第2版）」（以上，中央経済社）など多数。この他に，雑誌等への寄稿，法人HPの企業会計ナビ「会計情報トピックス」の執筆なども数多く行っている。

【編集・執筆責任者】
吉田　剛

【レビューア（五十音順）】
石田　昌朗（EY税理士法人）
越智　淳（以下，新日本有限責任監査法人）
柏尾　林太郎
窪寺　信
黒木　賢治
佐久間　大輔
武澤　玲子
福田　慶久
堀井　秀樹

【編者紹介】

EY | Assurance | Tax | Transactions | Advisory

新日本有限責任監査法人について

新日本有限責任監査法人は，EYの日本におけるメンバーファームであり，監査及び保証業務を中心に，アドバイザリーサービスなどを提供しています。詳しくは，www.shinnihon.or.jp をご覧ください。

EYについて

EYは，アシュアランス，税務，トランザクション及びアドバイザリーなどの分野における世界的なリーダーです。私たちの深い洞察と高品質なサービスは，世界中の資本市場や経済活動に信頼をもたらします。私たちはさまざまなステークホルダーの期待に応えるチームを率いるリーダーを生み出していきます。そうすることで，構成員，クライアント，そして地域社会のために，より良い社会の構築に貢献します。

EYとは，アーンスト・アンド・ヤング・グローバル・リミテッドのグローバルネットワークであり，単体，又は複数のメンバーファームを指し，各メンバーファームは法的に独立した組織です。アーンスト・アンド・ヤング・グローバル・リミテッドは，英国の保証有限責任会社であり，顧客サービスは提供していません。詳しくは，ey.com をご覧ください。

本書は一般的な参考情報の提供のみを目的に作成されており，会計，税務及びその他の専門的なアドバイスを行うものではありません。新日本有限責任監査法人及び他のEYメンバーファームは，皆様が本書を利用したことにより被ったいかなる損害についても，一切の責任を負いません。具体的なアドバイスが必要な場合は，個別に専門家にご相談ください。

ヘッジ会計の実務詳解Q&A

2017年4月25日　第1版第1刷発行
2025年4月10日　第1版第7刷発行

編　者　新日本有限責任監査法人
発行者　山　本　　　継
発行所　㈱中央経済社
発売元　㈱中央経済グループ
　　　　　パブリッシング

〒101-0051　東京都千代田区神田神保町1-35
電話　03 (3293) 3371 (編集代表)
　　　03 (3293) 3381 (営業代表)
https://www.chuokeizai.co.jp
製版／文唱堂印刷㈱
印刷・製本／昭和情報プロセス㈱

Ⓒ 2017 Ernst & Young ShinNihon LLC.
All Rights Reserved.
Printed in Japan

＊頁の「欠落」や「順序違い」などがありましたらお取り替えいたしますので発売元までご送付ください。(送料小社負担)
ISBN978-4-502-22221-4　C3034

JCOPY〈出版者著作権管理機構委託出版物〉本書を無断で複写複製(コピー)することは、著作権法上の例外を除き、禁じられています。本書をコピーされる場合は事前に出版者著作権管理機構(JCOPY)の許諾を受けてください。
JCOPY〈https://www.jcopy.or.jp　eメール：info@jcopy.or.jp〉

一目でわかるビジュアルガイド
図解でざっくり会計シリーズ 全9巻

新日本有限責任監査法人［編］　　　各巻1,900円＋税

本シリーズの特徴
- ■ シリーズキャラクター「ざっくり君」がやさしくナビゲート
- ■ コンセプトは「図とイラストで理解できる」
- ■ 原則，1テーマ見開き
- ■ 専門用語はできるだけ使わずに解説
- ■ 重要用語はKeywordとして解説
- ■「ちょっと難しい」プラスαな内容はOnemoreとして解説

①	税効果会計のしくみ	5つのステップでわかりやすく解説。連結納税制度や組織再編，資産除去債務など，税効果に関係する特殊論点についてもひと通り網羅。
②	退職給付会計のしくみ	特有の用語をまとめた用語集付き。リスク分担型企業年金の会計処理等もフォロー。
③	金融商品会計のしくみ	ますます複雑になる重要分野を「金融資産」，「金融負債」，「デリバティブ取引」に分けて解説。
④	減損会計のしくみ	減損会計の概念を携帯電話会社を例にしたケーススタディ方式でやさしく解説。
⑤	連結会計のしくみ	のれん・非支配株主持分・持分法などの用語アレルギーを感じさせないように，連結決算の基礎をやさしく解説。
⑥	キャッシュ・フロー計算書のしくみ	どこからお金が入り，何に使ったのか，「会社版お小遣い帳」ともいえる計算書のしくみを解説。
⑦	組織再編会計のしくみ	各章のはじめに組織再編の全体像を明示しながら解説。組織再編の類型や適用される会計基準，さらに各手法の比較まで言及。
⑧	リース会計のしくみ	リース取引のしくみや，資産計上するときの金額の算定方法等，わかりやすく解説。特有の用語集付。
⑨	決算書のしくみ	貸借対照表，損益計算書，CF計算書の構造から，決算書に表れる大小事件の読み方までわかりやすく解説。

■中央経済社■